1x1 der AQUARISTIK

1x1 der AQUARISTIK

Ausstattung, Technik, Pflege

Jeremy Gay

KOSMOS

Aus dem Englischen übersetzt von Dr. Hans W. Kothe, Jena.

Die Originalausgabe erschien 2005 unter dem Titel: "The Perfect Aquarium" bei Hamlyn Octopus, einem Imprint von Octopus Publishing Group Ltd, 2-4 Heron Quays, Docklands, London E14 4JP.
ISBN 0 600 61216 3.

Umschlaggestaltung der deutschen Ausgabe von eStudio Calamar unter Verwendung von Farbaufnahmen von Burkard Kahl.

Mit 349 Farbfotos und 60 Farbzeichnungen.

Bibliografische Information der Deutschen Nationalbibliothek
Die Deutsche Nationalbibliothek verzeichnet diese Publikation in der Deutschen Nationalbibliografie; detaillierte bibliografische Daten sind im Internet über http://dnb.ddb.de abrufbar.

Gedruckt auf chlorfrei gebleichtem Papier

Für die deutsche Ausgabe:

ISBN 978-3-440-10722-5
Redaktion: Angela Beck
Produktion: Kirsten Raue, Eva Schmidt
Satz: TypoDesign, Kist
Printed in China / Imprimé en Chine

INHALT

EINFÜHRUNG

Viele Aquarianer beschäftigen sich schon seit ihrer Jugend mit Zierfischen, wobei ihre Leidenschaft oft mit ein oder zwei Goldfischen begonnen hat, die in einem größeren Glas gehalten wurden. Und wenn die Pflege von Fischen in einem Aquarium im ersten Moment auch nur nach zusätzlicher Arbeit aussehen mag, so stellt man doch sehr häufig fest, dass die meisten Menschen schon nach wenigen Besuchen in einem Zoofachgeschäft anfangen, sich immer tiefer in diese Materie zu vertiefen.

Vermutlich gibt es auf keinem Gebiet der Heimtierhaltung so viele Möglichkeiten der Selbstverwirklichung wie in der Aquaristik – angefangen beim Entwurf des Beckens bis hin zur Auswahl der Fische. Und steht dann schließlich ein kreativ gestaltetes Aquarium im Wohnzimmer, hat man die Chance, täglich einen Blick in eine Unterwasserwelt zu werfen, die einem normalerweise vollständig verborgen geblieben wäre.

Ziel dieses Buchs ist es, eine klar strukturierte Anleitung für die tägliche Beschäftigung mit einem Aquarium zu liefern. Dabei hoffen wir, dass sowohl Neueinsteiger als auch erfahrene Aquarianer von den zahlreichen Hinweisen profitieren können, denn diese sollen dem Leser nicht nur neue Kenntnisse vermitteln, sondern ihn außerdem zu eigenen Ideen inspirieren.

In einem Teil des Buches werden außerdem Kalt-, Warm und Meerwasserfische im Detail beschrieben. So finden Sie dort Angaben über die Größe der Tiere, ihre Nahrungsansprüche, die Verträglichkeit gegenüber anderen Arten und Informationen, welche Ausrüstung für ihre Pflege notwendig ist. Zusätzlich gibt es aber auch Hinweise zur Haltung häufiger Aquarienpflanzen und wirbelloser Meerestiere sowie zahlreiche Tipps, was beim Kauf von Becken und Ausrüstung zu beachten ist, und wie die Installation erfolgen muss. Außerdem beschäftigen sich einige Kapitel mit der Pflege von Aquarien und wie man dafür sorgt, dass die Fische gesund bleiben.

Die Haltung von Zierfischen ist ein ungeheuer faszinierendes Hobby, das außerdem, wie man schon seit langem weiß, eine beruhigende Wirkung auf die Betrachter hat. Daher ist es auch kein Zufall, dass an Orten, wo sich unter starker Anspannung stehende Menschen aufhalten, etwa im Wartezimmer eines Zahnarztes, häufig ein Aquarium steht. Außerdem haben wissenschaftliche Untersuchungen gezeigt, dass die Beobachtung von Fischen in einem Aquarium helfen kann, den Blutdruck zu senken, so dass die Haltung von Zierfischen durchaus dazu beitragen kann, den Stress des heutigen Alltags ein wenig zu lindern. Und weil das vorliegende Buch alle Grundlagen für die Einrichtung und Pflege eines Aquariums liefert, sollte es auch jedem möglich sein, sich ein prächtig funktionierendes Aquarium einzurichten. Dafür wünschen wir gutes Gelingen!

Oben Die Betrachtung dieses behäbigen roten Ranchu, dessen Haltung ziemlich problemlos ist, wirkt überaus beruhigend.

Rechts Neonsalmler gehören zu den beliebtesten und fast immer verfügbaren Zierfischen. Da sie nicht sehr groß werden, kann man sie auch in kleineren Becken halten.

Unten Der wunderschön gezeichnete Picassofisch ist eine Meerwasserart für erfahrene Aquarianer.

Kalt-, Warm- oder Meerwasser-aquarium?

Möglicherweise ist Ihr Wunsch, sich selbst ein Aquarium einzurichten, bei dem Besuch eines Zoofachgeschäftes mit besonders hübsch eingerichteten Schauaquarien entstanden, oder Sie haben ein attraktives Becken in einem Büro, einem Restaurant, einem Buch, einer Zeitschrift oder im Fernsehen gesehen. Was auch immer der Anlass war: Sobald Sie beschlossen haben, sich die wunderbare Welt der Aquaristik zu erschließen, müssen Sie als erstes entscheiden, welche Art von Fischen Sie eigentlich halten möchten.

Die unterschiedlichen Möglichkeiten

Selbst wenn Sie Neuling auf dem Gebiet der Aquaristik sind, haben Sie vielleicht dennoch schon einmal von Goldfischen (*Carassius auratus*), Clownfischen (*Amphiprion ocellaris*) oder Siamesischen Kampffischen (*Betta splendens*) gehört. Aber möglicherweise wissen Sie nicht, dass die drei Arten sehr unterschiedliches Wasser benötigen und daher nicht zusammen in einem Becken gehalten werden können. Grundsätzlich lassen sich bezüglich der Wasserbedingungen drei verschiedene Gruppen unterscheiden, denen Sie fast alle erhältlichen Zierfische zuordnen können:

- Kaltwasserfische
- Warmwasserfische
- Meerwasserfische

Aquaristik früher und heute

Der Goldfisch, eine Kaltwasserart, gilt als der älteste Zierfisch, denn er wurde nachweislich schon vor etwa tausend Jahren in China gehalten. Dagegen ist Meerwasseraquaristik eine noch relativ junge Form der Zierfischhaltung, die sich aber immer größerer Beliebtheit erfreut. Ihre Anfänge liegen in den 50er Jahren des letzten Jahrhunderts, als es durch den verstärkten Luftverkehr und die Erfindung von Polyäthylenbeuteln möglich wurde, Fische auch über längere Strecken zu transportieren. Allerdings war die erforderliche Technik damals noch unzureichend und das Wissen über viele Meeresfische und Wirbellose sehr gering. Das änderte sich erst in den 80er Jahren, und selbst heute benötigt man für die Meerwasseraquaristik viel Erfahrung und eine Reihe technischer Hilfsmittel, um diesen Fischen das Leben hinter Glas zu ermöglichen.

Häufig gestellte Fragen zu den verschiedenen Zierfischen

Was ist der Unterschied zwischen Kalt-, Warm- und Meerwasserfischen?
Kalt- und Warmwasserfische stammen aus dem Süßwasser, kommen also in Flüssen, Seen und Teichen vor, während Meeresfische sich an das Leben im Salzwasser angepasst haben.

Warum kann man Süß- und Meerwasserfische nicht zusammen halten?
Fische haben sich über Millionen von Jahren perfekt an ihre jeweilige Umgebung angepasst. Daher ist es einem Meerwasserfisch aufgrund unterschiedlicher physiologischer Voraussetzungen auch nicht möglich, im Süßwasser zu leben. Und für alle Süßwasserfische gilt umgekehrt das Gleiche.

Warum können Kalt- und Warmwasserfische nicht gemeinsam gehalten werden?
Auch hier macht es die unterschiedliche, physiologische Anpassung an die Bedingungen des natürlichen Lebensraumes den Tieren unmöglich, in der jeweils anderen Umgebung zu überleben. So vertragen Goldfische (siehe S. 127–132) Wassertemperaturen bis etwa 4 °C, während ein Siamesischer Kampffisch (siehe S. 135) schon unter 20 °C ernsthafte gesundheitliche Probleme bekommt.

Gibt es Kaltwasserfische aus dem Meer?
Ja, es gibt auch in den kälteren Meeren der Erde eine Vielzahl ganz unterschiedlicher Fische, die allerdings nur sehr selten in Aquarien gehalten werden. Der Hauptgrund dafür ist, dass Kaltwassermeeresfische deutlich mehr Sauerstoff benötigen als tropische Arten, so dass man das Beckenwasser bei der Haltung solcher Arten kühlen muss, was technisch aufwändiger und daher teurer ist, als es zu erwärmen. Außerdem leben in den tropischen Meeren viele nicht zu große und zudem besonders farbenprächtige Fische, und die sind bei den Aquarianern weitaus begehrter.

Mit welchen Fischen soll ich beginnen?
Wenn Sie nie ein Aquarium besessen haben, sollten Sie mit Kaltwasserarten oder tropischen Süßwasserfischen beginnen, denn diese sind in der Regel deutlich robuster als Meerwasserfische und tolerieren daher auch schon einmal kleinere Fehler. Außerdem kann man die Vertreter beider Gruppen in nur wenig aufbereitetem Leitungswasser halten, während Meeresfische speziell gereinigtes und dann mit Salz angereichertes Wasser benötigen. So verführerisch Meereswasserfische auch sein mögen – verzichten Sie als Anfänger auf einen Kauf.

Ganz links Goldfische, die weltweit zu den am häufigsten gehaltenen Zierfischen gehören, sind eine gute Wahl für Anfänger.

Mitte Die Falschen Clownfische sind ein hübscher Blickfang, benötigen aber unbedingt ein genau auf ihre Bedürfnisse angepasstes Becken.

Links Der aus den Tropen stammende Siamesische Kampffisch braucht vergleichsweise hohe Temperaturen, so dass man ihn nur in einem Warmwasseraquarium halten kann.

Unterschiedlicher Schwierigkeitsgrad

Selbst Fische, die aus ähnlichen Biotopen stammen, verhalten sich in einem Aquarium häufig ganz unterschiedlich. So nehmen einige Arten beispielsweise bereitwillig das angebotene Futter oder vermehren sich sogar. Dagegen fressen andere ausgesprochen schlecht oder verweigern oft auch die Nahrung, und es gibt eine Reihe von Arten, die sich auch nicht mit anderen, im Becken lebenden Fischen vertragen.

Robuste und empfindliche Arten

Der Aufwand, der bei der Haltung von Zierfischen betrieben werden muss, kann sehr unterschiedlich sein. So gelten beispielsweise Goldfische oder Guppys (*Poecilia reticulata;* siehe S. 127-132 und 158), die schon von unzähligen Aquarianergenerationen in aller Welt mit großem Erfolg gehalten und gezüchtet wurden, als einfach zu pflegende Aquarienfische, während bei anderen Arten oft deutlich mehr Aufwand betrieben werden muss.
Letzteres gilt beispielsweise für die Diskusfische (*Symphysodon* spp.; siehe S. 147), deren Pflege über Jahrzehnte als sehr schwierig galt, weil sie kümmern oder sogar eingehen, wenn man ihnen nicht optimale Bedingungen bietet. Dass ihre Haltung heute dennoch möglich ist, verdanken wir besonders engagierten Aquarianern, die bereit waren, sehr viel Zeit und Arbeit in ihr Hobby zu investieren und zudem einen höheren technischen Aufwand zu betreiben, um auch für diese außerordentlich attraktiven Zierfische die Haltungsbedingungen herauszufinden, unter denen sie artgerecht in Aquarien leben können.

Der richtige Einstieg

Zwar gibt es sowohl bei Kalt-, Warm- und Meerwasserarten robustere als auch empfindlichere Arten, aber grundsätzlich machen Kaltwasserfische deutlich weniger Probleme als etwa Meerwasserfische. Das hat nicht zuletzt damit zu tun, dass Erstere gut an die jahreszeitlichen Wechsel ihrer Umgebung angepasst sind, und daher Schwankungen besser vertragen als etwa Korallenfische, in deren Lebensraum das ganze Jahr über gleiche Bedingungen herrschen.
Tropische Süßwasserfische, von denen es in den Gewässern wärmerer Regionen eine riesige Auswahl mit ganz unterschiedlichen Ansprüchen gibt, sind bezüglich ihrer Ansprüche etwa zwischen Kalt- und Meerwasserfischen anzusiedeln.

Tipp

Wenn Sie Neueinsteiger auf dem Gebiet der Aquaristik sind, sollten Sie Ihrem Zoofachhändler das mitteilen, damit er Sie auf Arten aufmerksam machen kann, die für Gesellschaftsbecken ungeeignet sind.

Unten Der große Pfauenaugenbuntbarsch ist zwar leicht zu halten, frisst aber kleinere Fische, so dass er sich nicht für ein Gesellschaftsbecken eignet.

Ganz unten Guppys stehen weit unten in der Nahrungskette und werden daher von zahlreichen anderen Fischen gefressen.

Daher sollten sich auch alle, die mit dem Gedanken spielen, irgendwann einmal Korallenfische zu halten, zunächst einmal tropische Süßwasserfische anschaffen, unter denen es deutlich mehr robuste Arten gibt. Mit diesen kann man sehr gut die notwendige aquaristische Erfahrung sammeln, die für die Haltung von Meerwasserfischen erforderlich ist, denn bezüglich Ausrüstung, Fütterung, regelmäßigen Pflegemaßnahmen und Vorbeugung von Krankheiten gibt es bei allen Zierfischgruppen zahlreiche Überschneidungen.

Gesellschafts- oder Artenbecken

Wie in jedem Lebensraum, so gibt es auch in aquatischen Biotopen die typischen Räuber-Beute-Beziehungen. Dabei sind kleine Fische zumeist Beutetiere, während größere Arten es geschafft haben, durch spezielle Anpassungen, etwa eine gute Tarnung, in der Nahrungskette weiter nach oben zu gelangen.
Auf ein Aquarium übertragen heißt das: Raubfische sind zumeist nicht für ein Gesellschaftsbecken geeignet, ebenso wenig wie viele Revier bildende Arten oder Fische, die ganz besondere Bedingungen und daher ein speziell eingerichtetes Aquarium benötigen. Diese sollte man auch unter keinen Umständen mit anderen vergesellschaften, weil das unweigerlich zu Problemen führt. Dagegen lassen sich friedliche Arten sehr gut in einem Gesellschaftsaquarium halten. Aus diesem Grund werden im Handel auch überwiegend Zierfische für Gesellschaftsbecken angeboten, weil diese mit ihrem breiten Spektrum verschiedenster Farben weitaus beliebter sind als die zumeist schlichteren Fische für ein Artenbecken. Daher werden in dem vorliegenden Buch auch hauptsächlich Fische für Gesellschaftsaquarien vorgestellt.

Oben Der Kurzflossen-Zwergfeuerfisch ist ein geschickter Räuber, der sich selbst durch Giftstachel vor Feinden schützt.

Die richtige Wahl

Einer der großen Vorteile der Zierfischhaltung ist die riesige Auswahl an attraktiven und interessanten Arten, die Aquarianern für ihr Hobby zur Verfügung stehen. Daher sollte auch jeder geeignete Fische für seinen Geschmack finden, denn es gibt nicht nur außerordentlich farbenprächtige Tiere, sondern auch ungewöhnlich aussehende Exemplare oder solche mit sehr interessanten Verhaltensweisen.

Verfügbare Arten

Schaut man sich die im Fachhandel angebotenen Zierfische genauer an, so stellt man schnell fest, dass die tropischen Süßwasserfische deutlich in der Überzahl sind. Aus dieser Gruppe findet man selbst in kleineren Zoohandlungen zumeist Hunderte von Arten, während die Zahl der tropischen Meerwasserfische weitaus geringer ist. Dabei haben selbst auf Meeresaquaristik spezialisierte Händler selten mehr als 50 Arten vorrätig. Bei den Kaltwasserfischen ist die Auswahl an verschiedenen Arten normalerweise sogar noch geringer, denn aus dieser Gruppe sind oft nur die verschiedenen Zuchtformen des Goldfisches (*Carassius auratus*; siehe S. 127) erhältlich. Einzelheiten zur Verfügbarkeit der unterschiedlichen Zierfischgruppen finden Sie in der Tabelle unten auf der Seite.

Kaltwasserfische

Auch wenn Kaltwasserfische nur in einer geringen Artenzahl im Fachhandel erhältlich sind, so tummeln sich in absoluten Zahlen betrachtet weltweit doch Millionen von ihnen in Gartenteichen und Aquarien. Und das ist durchaus verständlich, denn vor allem die beliebten Goldfische und Kois sind attraktive, unproblematische und langlebige Pfleglinge, die eine Haltung durchaus lohnend machen.

Tropische Meeresfische

Wie bereits erwähnt, gibt es bei tropischen Süßwasserfischen ein riesiges Angebot verschiedener Arten, so dass man unter ihnen sowohl Tiere für Anfänger als auch für Experten findet. Wozu brauchen wir dann noch tropische Korallenfische, für deren Haltung man deutlich mehr Aufwand betreiben muss? Die Antwort ist einfach: Korallenriffe lassen sich mit keinem anderen Unterwasserlebensraum vergleichen. Als Meereswasseraquarianer könnten Sie eines Tages einfach beschließen, Sie würden gern einen hellrosa Fisch haben oder einen orangefarbenen mit weißen Streifen – unter den Korallenfischen werden Sie ihn finden.

Warum diese Tiere eine so große Vielfalt unterschiedlicher Farben und Formen zeigen, muss die Wissenschaft erst noch genau klären, aber für den Aquarianer ist es sicher auch viel wichtiger, dass er wunderschöne Fische pflegen kann, von denen viele wie handbemalt aussehen. Allerdings holt man sich damit Tiere ins Haus, deren Haltung eine beträchtliche Herausforderung darstellen kann, wobei Unerfahrenheit oder Unkenntnis nicht selten fatale Folgen haben. Daher sollten Sie sich zunächst auch genau informieren, welche Arten für Ihr Becken geeignet sind, denn auch bei diesen wird die Auswahl noch groß genug sein.

Vergleich der unterschiedlichen Zierfischgruppen

LEBENSRAUM	ARTENZAHL (GESAMT)	VERFÜGBARKEIT IM HANDEL	MÖGLICHE BESATZDICHTE	FINANZIELLER AUFWAND
Kaltwasser	klein	groß	gering	gering
Warmwasser	groß	groß	hoch	gering
Meerwasser	groß	klein	gering	hoch

Oben Ein tropisches Süßwasserbecken bietet die größte Auswahl an Fischen, und die meisten Arten sind auch regelmäßig erhältlich.

Mitte Für Kaltwasseraquarien gibt es nur verhältnismäßig wenige Arten, von denen aber oft sehr farbenprächtige Zuchtformen existieren.

Rechts Ein Meerwasserbecken kann Lebensraum für interessante Fische und Wirbellose sein, die aber nicht immer verfügbar und zudem oft sehr kostspielig sind.

Für jeden Geschmack etwas

Aquarien lassen sich ganz unterschiedlich einrichten, wobei die Palette von annähernd natürlich gestalteten Fluss- oder Bachbetten über phantasievolle Unterwassergärten bis hin zu einer Dekoration mit Unterwasserschlössern, kleinen Brücken oder auch Plastiktauchern reicht. Ob Sie Ihr Becken naturnah einrichten oder eine reine Phantasiewelt gestalten, bleibt natürlich Ihnen überlassen, auch wenn einige Dekorationsgegenstände praktischer sind als andere.

Künstliche Unterwasserwelten

Bei dieser Art von Becken, die manchmal auch Schmuckaquarien genannt werden, geht es in erster Linie darum, eine für den Betrachter optisch ansprechende Umgebung zu schaffen, in der die Fische eher als zusätzlicher Blickfang dienen sollen. Natürlich ließe sich in solchen Becken aber auch ein Korallenriff gestalten, wenngleich man dafür in der Regel keine lebenden Korallen verwenden würde, sondern Korallennachbildungen und vielleicht ein versunkenes Wrack.

Vorteile von Schmuckaquarien

Dekorationsgegenstände aus Kunststoff können leicht herausgenommen und gereinigt werden, und sie beeinflussen – anders als eine vermodernde Pflanze oder eine absterbende Koralle – die Wasserqualität nicht. Außerdem kann man in solchen Becken auch Pflanzen fressende Fische in einer natürlichen aussehenden Umgebung halten, weil die künstlichen Gewächse nicht zerstört werden. Als Kritik wird oft geäußert, diese Aquarien würden keinerlei Ähnlichkeit mit den natürlichen Lebensräumen der gehaltenen Fische haben, wobei man den Einwand für Zuchtformen aber natürlich nicht gelten lassen kann, denn diese kommen in der Natur ja überhaupt nicht vor.

Lassen Sie sich inspirieren

Der beste Ort, um sich Ideen für die Einrichtung eines Schmuckaquariums zu holen, ist die Zoohandlung, denn dort kann man sich leicht einen Überblick über die verschiedenen Dekorationsstücke wie Wracks, antike Ruinen oder andere Gegenstände verschaffen.

Naturnahe Aquarien

Bei naturnahen Becken versucht man, natürliche Lebensräume möglichst genau nachzubilden. Dazu werden Materialien verwendet, die auch in einem See oder Fließgewässer vorkommen könnten, angefangen beim Bodengrund bis hin zu Steinen oder Wurzeln. Natürlich kann man auch Nachbildung aus Kunststoff verwenden, aber die müssen dann möglichst naturgetreu sein. Beliebte Themen für solche Becken sind schnell fließende Gebirgsbäche, sandige Flussläufe, das Felsufer eines Sees oder ein Korallenriff.

Wichtige Grundregeln

Will man Teile eines natürlichen Gewässers nachbilden, sollte man die Dekorationsgegenstände etwas unregelmäßig anordnen und zudem auf eine maßstabgerechte Auswahl achten, damit das Becken möglichst naturgetreu wirkt. Für die Einrichtung kann man Steine und Wurzeln verwenden, und in die meisten der naturnah gestalteten Becken gehören außerdem Pflanzen (siehe unten).

Biotopaquarien

In einem Biotopbecken sollten nicht nur alle Fische, sondern möglichst auch die Pflanzen dem gleichen Gewässertyp entstammen, damit ein kleines Ökosystem entsteht, das dem Originalbiotop in der Natur weitgehend ähnelt. So kann man beispielsweise einen Ausschnitt des Amazonas oder eines seiner Nebenflüsse nachbilden und darin Fische halten, die in dieser Region

Tipp

Unschätzbare Anregungen für Biotopbecken kann man sich in vielen Zoos und öffentlichen Schauaquarien holen.

Oben Das hier abgebildete, natürlich gestaltete Aquarium ist ein harmonischer Lebensraum für Fische und Pflanzen, die so auch am natürlichen Standort gemeinsam vorkommen könnten.

Oben Da in diesem Becken nur Zuchtformen leben und die Pflanzen sehr gleichmäßig arrangiert wurden, muss man es wohl als Schmuckaquarium bezeichnen.

Oben In diesem Meeresaquarium wurde ein Riff nachgebildet, einschließlich lebender Korallen und dort vorkommender Fische.

tatsächlich zusammen vorkommen, so dass man ständig einen Blick in einen Lebensraum werfen kann, wie es ihn viele Tausend Kilometer entfernt ganz ähnlich tatsächlich gibt.
Völlig naturgetreu lassen sich solche Becken allerdings nicht gestalten, denn man kann in einem Aquarium beispielsweise keine räuberischen Arten zusammen mit ihren Beutefischen halten, auch wenn dies in der Natur der Fall ist. Und da es sich beim Amazonas um einen gewaltigen Strom mit unzähligen Nebenflüssen handelt, leben Arten, als deren Heimat das Amazonasgebiet angegeben wird, tatsächlich oft Tausende Kilometer voneinander entfernt.

Die Natur als Vorbild

Für Biotopbecken lassen sich die besten Anregungen in der Natur finden. Schauen Sie sich ein natürliches Gewässer genau an und prägen sie sich dabei ein, wie sich die Wasserlebewesen an ihre Lebensräume angepasst haben und dabei ein Bild natürlicher Schönheit bieten.

Die Kosten

Ihr erstes Aquarium muss keine aufwändige und teure Anschaffung sein. Was Fische jedoch benötigen, ist sauberes, sauerstoffreiches, gut gefiltertes Wasser mit der richtigen Temperatur; außerdem sollten die Tiere in einem Aquarium gehalten werden, das für ihre Größe und für den Umfang ihrer Aktivitäten geeignet ist. Zusätzlich ist dann noch eine Abdeckung erforderlich, in der zumeist auch die Beleuchtung untergebracht wird.

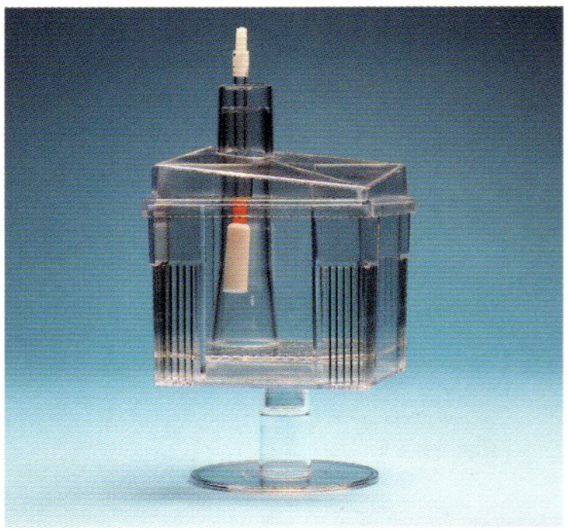

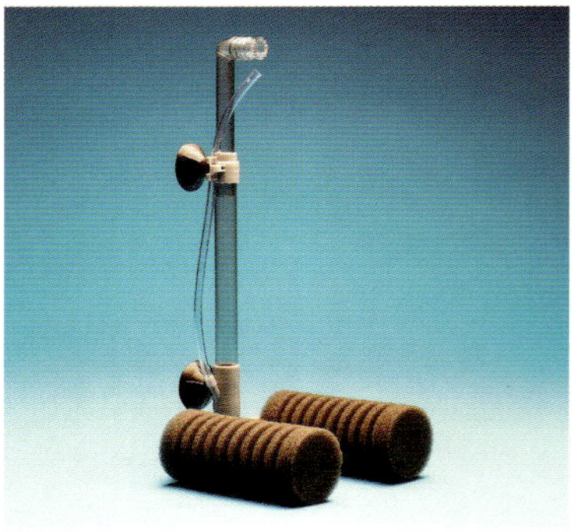

Anfänger-Sets

Gleichgültig, ob Sie nun Kalt-, Warm- oder Meerwasserfische halten – was Sie anfangs in jedem Fall benötigen, sind folgende Ausrüstungsgegenstände:

- Aquarium
- Abdeckung
- Filter
- Bodengrund
- Wasseraufbereitungsmittel
- Test-Sets
- Thermometer
- Heizstab (für Warmwasserfische)
- Dekorationsgegenstände
- Styroporunterlage (zum sicheren Aufstellen des Beckens)
- Untergestell oder Aquarienschrank

Ausgaben für das Becken

Logischerweise sind kleinere Becken in aller Regel deutlich preiswerter als größere Aquarien, denn:

1 das Glas kann dünner sein, weil der Wasserdruck geringer ist,

2 Filter und Luftpumpen können wegen des geringeren Wasservolumens kleiner dimensioniert sein,

3 es wird von allem etwas weniger benötigt – weniger Bodengrund, weniger Wasseraufbereitungsmittel, weniger Licht.

Allerdings haben größere Aquarien den unbestreitbaren Vorteil, dass Sie in einem solchen Becken nicht nur mehr Fische halten können, sondern auch größere Arten, für die kleine Aquarien naturgemäß völlig ungeeignet sind.

Oben Ein luftbetriebener Innenfilter ist preiswert und für kleinere Süßwasseraquarien völlig ausreichend.

Mitte Noch preiswerter ist dieser luftbetriebene Schwammfilter, der auch gern in Aufzuchtbecken verwendet wird.

Unten Ein großer Außenfilter sorgt dank seiner guten Filterleistung für eine ausgezeichnete Wasserqualität, hat aber auch seinen Preis.

Ausgaben für Fische

Die meisten Kaltwasserarten gehören zu den preiswerten Zierfischen, aber auch viele tropische Arten sind erschwinglich, vor allem dann, wenn sie sich in großem Maßstab vermehren lassen. Dagegen muss man für Korallenfische deutlich höhere Kosten veranschlagen, aber weil inzwischen immer mehr Arten nachgezüchtet werden, sinken auch hier langsam die Preise. Dennoch verursachen Kaltwasseraquarien immer noch nur einen Bruchteil der Kosten für ein Meeresaquarium.

Kosten für den Unterhalt

Zu den laufenden Ausgaben für den Unterhalt eines Aquariums gehören zunächst einmal die Stromkosten. So sind für einfache Systeme mindestens drei elektrische Geräte erforderlich: eine Lampe, eine Heizung und ein Filter, während es bei Meerwasser- oder aufwändigen Süßwasserbecken durchaus bis zu acht elektrische Geräte sein können. Zwar benötigen Filter und Pumpen nur wenig Strom, aber besonders die Beleuchtung für große Becken, die wegen der Pflanzen normalerweise rund 12 Stunden täglich in Betrieb sein muss, kann in dieser Zeit einige hundert Watt verbrauchen und die Stromrechnung daher durchaus spürbar belasten.

Die folgende Aufstellung gibt einen Überblick über die Kosten für Zubehörteile und Material, das man zur Instandhaltung und Pflege eines Aquariums unbedingt benötigt:

- Filter – das Filtermaterial muss etwa alle sechs Monate ersetzt werden (siehe S. 38)
- Beleuchtung – ungefähr alle 12 Monate werden neue Röhren fällig
- Fischfutter
- Arzneien zur Behandlung von Fischkrankheiten
- Test-Sets
- Wasseraufbereitungsmittel
- Ersatzteile für Filter und Pumpen
- Algenmagnet
- Pflanzendünger
- Meeressalz (nur bei Meerwasserbecken)

Tipp

Wenn Sie sich einen Überblick über die zu erwartenden Ausgaben verschaffen wollen, fragen Sie am besten Ihren Händler, was ein Aquarium in der gewünschten Größe, einschließlich der Fische und des Zubehörs, kosten würde.

Unten Ein solches Test-Set zur Überprüfung der Wasserqualität sollte unbedingt auf Ihrem Einkaufszettel stehen.

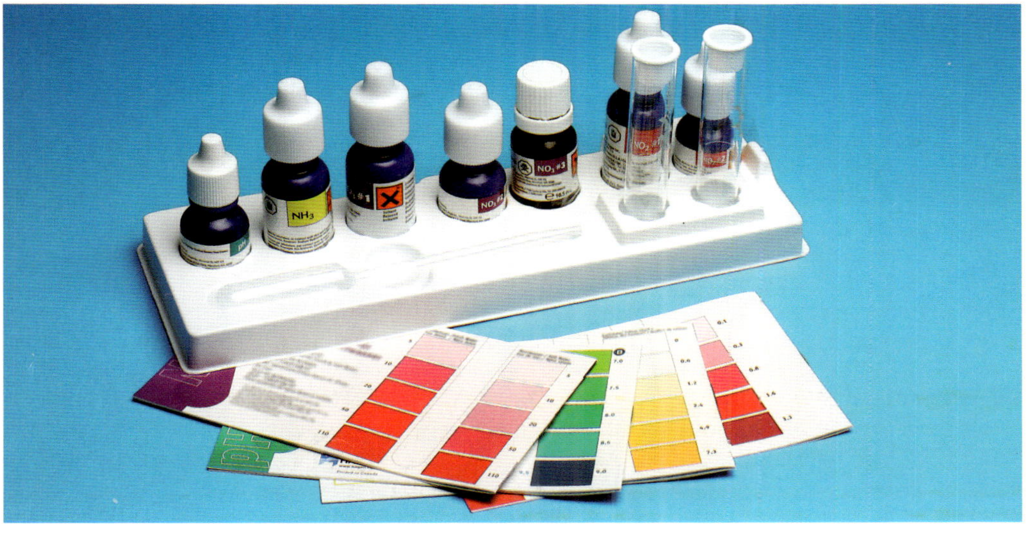

Der Zeitaufwand

Wenn Sie einen Plan entwerfen, wie groß Ihr Aquarium sein soll und welche Fische Sie darin halten möchten, sollten Sie auch den später notwendig werdenden Zeitaufwand in Ihre Überlegungen mit einbeziehen. Zwar ist die zeitliche Belastung bei der Zierfischhaltung vergleichsweise gering, aber es gibt doch einige Dinge, die regelmäßig zu erledigen sind. Dazu gehört natürlich die tägliche Fütterung der Tiere, aber man muss beispielsweise auch regelmäßig einen Teil des Beckenwassers wechseln, was bei größeren Aquarien naturgemäß etwas mehr Zeit erfordert, denn es muss ja deutlich mehr Wasser ausgetauscht werden.

Regelmäßige Pflegemaßnahmen

Um sich einen Überblick über die anfallenden Arbeiten bei der Zierfischhaltung zu verschaffen, können Sie sich an folgenden Listen orientieren. Einige dieser täglichen, wöchentlichen und monatlichen Arbeiten werden nur bei der Haltung bestimmter Arten fällig, aber die meisten gehören zu den routinemäßigen Aufgaben jedes Aquarianers.

Tägliche Aufgaben

- Überprüfung der Wassertemperatur
- Fütterung der Fische
- Ein- und Ausschalten der Beleuchtung
- Zahlenmäßige Kontrolle der Fische
- Überprüfung auf Anzeichen einer Krankheit

Wöchentliche Aufgaben

- Qualität des Aquarienwassers testen
- Algen von den Scheiben entfernen
- Teilweiser Wasserwechsel (möglichst alle vierzehn Tage)
- Pflanzen düngen/Zusätze für Korallenwachstum hinzufügen
- Wenn notwenig, verdunstetes Wasser ersetzen

Monatliche Aufgaben

- Bodengrund reinigen
- Pflanzen einkürzen
- Filter reinigen
- Reinigen der Spritzwasserschutzscheibe unter den Leuchtstoffröhren

So sparen Sie Zeit

Nachdem Sie die notwendigen Aufgaben nun auf einem Blick vor sich haben, sollten Sie auch in etwa einschätzen können, wie viel Arbeit auf Sie zukommt. Lassen Sie sich davon aber nicht abschrecken! Viele dieser Aufgaben sind innerhalb weniger Minuten erledigt, aber es gibt auch Dinge, die etwas zeitaufwändiger sind. Allerdings lassen sich diese Arbeiten oft miteinander kombinieren, was den Zeitaufwand wiederum verringert. So kann man das Absaugen von Mulm beispielsweise mit dem Entfernen von Algen verbinden, oder die Filterreinigung mit einem routinemäßigen Wasserwechsel. Dadurch benötigt man auch für aufwändigere Aufgaben kaum mehr als eine Stunde (siehe S. 103).

Anspruchsvollere Pfleglinge

Die gerade gemachten Aussagen gelten allerdings nur für ein Aquarium mit pflegeleichten Fischen. Schafft man sich schwierigere Arten an, muss man oft deutlich mehr Zeit investieren. Ein Beispiel dafür ist der Diskusfisch (*Symphysodon* spp.; siehe S. 147). Will man diese Tiere in optimalem Zustand halten, muss man beispielsweise sehr häufige Teilwasserwechsel durchführen und zudem spezielles Futter anbieten.

Allerdings kommt es nicht nur darauf an, welche Fischart gehalten wird, sondern es spielt auch eine Rolle, wie viele und welche Lebewesen in einem Aquarium gepflegt werden sollen. So braucht man für ein dicht bepflanztes Aquarium mehr Zeit, weil man sich auch noch um die Pflanzen kümmern muss, während in tropischen Meeresaquarien die zumeist recht empfindlichen wirbellosen Tiere zusätzliche Pflege benötigen. Die genaue Einschätzung des wirklich erforderlichen Zeitaufwandes ist allerdings oft schwierig. Kommt es später beispielsweise zu einer unerwarteten Vermehrung der Fische, muss man nicht nur zusätzliche Becken und Ausrüstungsgegenstände anschaffen, sondern man benötigt dann natürlich auch mehr Zeit.

Oben Das regelmäßige Absaugen des Mulms dauert nicht lange, verbessert aber die Bedingung im Becken.

Rechts Diskusfische brauchen stets optimale Bedingungen, weil man sich sonst nicht lange an ihnen erfreuen kann.

Realistische Einschätzung

Versuchen Sie die Zeit, die Sie für die Pflege der Fische haben, möglichst realistisch einzuschätzen, und wählen Sie dann die geeigneten Arten aus. Wenn Sie häufig in Urlaub fahren, sind pflegeleichte Kalt- oder tropische Süßwasserfischen sicher die beste Wahl. Wenn Sie nur Zeit und Platz für ein Aquarium haben, sollten Sie keine Fische kaufen, die sich leicht fortpflanzen oder sehr groß werden, und wenn Sie häufig umziehen, empfiehlt es sich, einen einfachen Aufbau zu wählen, damit der Transport und die erneute Installation nicht mit zu viel Stress verbunden ist.

Pflege der Fische

Vor der endgültigen Anschaffung eines Aquariums sollte man sich noch einmal der Verantwortung bewusst werden, die mit der Haltung von Tieren verbunden ist. So benötigt jedes Lebewesen in menschlicher Obhut nicht nur geeignetes Futter, sondern auch eine artgerechte Unterbringung, um sich wirklich wohl fühlen zu können. Und da Fische zu den Tieren gehören, die ihre Bedürfnisse kaum mitteilen können, sind Versäumnisse bei ihnen nicht immer leicht zu erkennen.

Das Wichtigste zuerst

Leider hat es schon immer Fische gegeben, die unter der unsachgemäßen Pflege unerfahrener Aquarianern leiden mussten. Damit Ihre Tiere kein ähnliches Schicksal erleiden, sollten Sie eines unbedingt beachten: Alle Fische müssen in einem gefilterten Aquarien gehalten werden, und das gilt auch für Arten, bei denen leider oft darauf verzichtet wird, etwa für Goldfische oder Siamesische Kampffische (siehe S. 127–132 und 135). Zwar ist es schwer, das Dasein von Fischen, die in stark ammoniakhaltigem Wasser leben müssen, mit einer Situation des menschlichen Lebens zu vergleichen, aber man kann sich die Qualen vielleicht vorstellen, wenn man weiß, dass bereits ziemlich geringe Mengen des giftigen Ammoniaks ausreichen können, um einen Fisch zu töten.

Oben Da Fische nicht an hohe Ammoniakkonzentrationen angepasst sind, können überhöhte Werte in Aquarien fatale Folgen haben.

Warum ist die Filterung so wichtig?

Durch die Atmung und die Ausscheidungen der Fische reichert sich mit der Zeit giftiges Ammoniak im Aquarium an. In der Natur verursacht diese Substanz wegen der oft gewaltigen Größe des Wasserkörpers und des dort herrschenden Gleichgewichts keine Probleme, aber wenn Fische in einem vergleichsweise kleinen Wasservolumen leben müssen, gelten andere Regeln. Daher sollten alle Aquarien mit einem Filter ausgestattet werden, der Materialien enthält, in denen sich schnell unzählige, Ammoniak abbauende Bakterien ansiedeln (siehe S. 38-39). Denn erst sie sorgen dafür, dass sich eine Wasserqualität einstellt, in der Fische gesund leben können. Leider sind die Bakterien aber empfindlich gegenüber Chlorbeimischungen im Leitungswasser, so dass dieses unter Umständen durch spezielle Mittel aufbereitet werden muss (siehe S. 82–83).

Stellen Sie Fragen

Nur wenn Sie für die richtigen Bedingungen in Ihrem Aquarium sorgen, werden Ihre Fische gut gedeihen, die optimale Größe erreichen und sich unter Umständen sogar fortpflanzen. Daher ist es besonders wichtig, dass Sie sich zunächst so gut wie möglich über die Bedürfnisse der einzel-

Links Ein motorbetriebener Innenfilter trägt zu optimalen Wasserbedingungen im Aquarium bei.

nen Arten informieren. Das kann mit Hilfe von Aquarienbüchern geschehen, man kann sich aber auch einem Aquarienverein anschließen, befreundete Aquarianer um Rat fragen oder regelmäßig den Zoofachhändler aufsuchen. Wenn Sie so vorgehen, werden Sie bereits ein Jahr später deutlich an Erfahrung gewonnen haben und nach spätestens fünf Jahren dann ebenfalls zu den Experten gehören. Und mit jedem Problem, das Sie lösen, werden Sie nicht nur zusätzliche Erkenntnisse und Erfahrungen gewinnen, sondern zweifellos eine noch größere Freude an diesem faszinierenden Hobby haben.

Realistische Einschätzung

Wenn Sie wenig Freizeit haben und ein begrenztes Haushaltsbudget, ist die Zierfischhaltung vielleicht doch nicht das richtige Hobby für Sie. Schließlich sollte die Betonung auf „Haltung“ liegen, denn Sie werden nur Freude an Ihren Tieren haben, wenn Sie ausreichend Zeit und Mittel für ihre Pflege aufbringen können. Daher sollten Sie vor Anschaffung eines Aquariums noch einmal gründlich darüber nachdenken, ob Sie allen Erfordernissen wirklich nachkommen können.

Richtig oder falsch

Richtig

- ✔ Regelmäßige Teilwasserwechsel durchführen
- ✔ Die Fische nach und nach kaufen
- ✔ Futterreste regelmäßig entfernen
- ✔ Für eine gute Filterung sorgen
- ✔ Die Wasserwerte regelmäßig überprüfen
- ✔ Das Becken nicht zu dicht besetzen

Falsch

- × Auswaschen des Filtermaterials unter dem Wasserhahn (siehe S. 38–39)
- × Alle Fische auf einmal einsetzen
- × Überfütterung der Fische
- × Kranke Fische in der Toilette hinunterspülen
- × Gemeinsame Haltung von unverträglichen Arten
- × Haltung in zu kleinen Becken

Links Die Haltung eines so großen Buntbarschschwarms ist nur in einem geräumigen, gut gefilterten und optimal gepflegten Aquarium möglich.

Das richtige Becken

Wenn Sie zum ersten Mal ein Aquarium einrichten, sollten Sie sich beim Kauf des Beckens ausreichend Zeit lassen, damit Sie auch wirklich das richtige Modell wählen. Ganz einfach ist das nämlich nicht, weil es heute eine große Auswahl unterschiedlicher Becken gibt, darunter rechteckige, rundliche, sechseckige und sogar dreieckige Konstruktionen. Am besten geeignet sind aber immer noch rechteckige Standardaquarien, also Becken, die zwei- oder dreimal so lang wie breit sind, und die nicht nur einen großen Oberflächenbereich für den Austausch von Gasen haben, sondern auch viel freien Schwimmraum für die Fische bieten.

Die optimale Größe

Verglichen mit den natürlichen Biotopen unserer Zierfische sind selbst geräumige Aquarien immer noch eher winzig, so dass ein Becken eigentlich nicht groß genug sein. Dazu kommt, dass sich in größeren Aquarien viel leichter konstante Bedingungen einstellen und aufrechterhalten lassen, als in kleineren Becken. Berücksichtigen Sie bei der Wahl der richtigen Größe aber auch die Besonderheiten der Fische, die Sie halten möchten. So sind für hoch gebaute Arten, etwa Skalare (siehe S. 146), die zumeist aus tiefen Gewässern kommen, höhere Aquarien die weitaus beste Wahl, während man bei einem Becken für Schwarmfische bedenken muss, dass diese immer in Gruppen gehalten werden müssen, so dass eine gewisse Beckengröße nicht unterschritten werden darf.

Unten In diesem eingebauten Filterkasten können Pumpe, Filtermaterial und Heizungsthermostat untergebracht werden.

Die Wahl des richtigen Beckens

- Fragen Sie Ihren Zoofachhändler nach dem Material des Aquariums; Kunststoffbecken zerkratzen sehr leicht.
- Erkundigen Sie sich nach einer Garantie gegen Lecks.
- Fragen Sie nach, ob für das Becken eine Styroporunterlage notwendig ist (siehe S. 27).
- Berechnen Sie das Beckenvolumen (siehe S. 24–25). In ungewöhnlich geformte Aquarien passt oft weniger Wasser als in rechteckige Standardbecken.
- Achten Sie darauf, ob sich weiteres Zubehör anbringen lässt, etwa ein Futterautomat.
- Messen Sie aus, ob das Aquarium durch die Tür passt und ob Zimmerdecke und Untergestell stabil genug sind, um die Last des Beckens zu tragen (siehe S. 31).

Überlegungen zur Form

Unkonventionell gestaltete Becken sind in ästhetischer Hinsicht oft ansprechender als die herkömmlichen, rechteckigen Behälter, aber besonders runde Aquarien sind oft auch schwieriger zu reinigen, und die darin lebenden Fische wirken nicht selten verzerrt. Allerdings gilt das nicht nur für die Beckenbewohner, sondern umgekehrt auch für Personen, die sich einem solchen Aquarium nähern, was zu panischen Fluchtversuchen der Fische und zu Verletzungen führen kann. Unpraktisch ist außerdem die zumeist kleine Öffnung solcher Behälter, die es unmöglich macht, größere Dekorationsgegenstände, etwa eine Wurzel, einzusetzen.

Tipp

Erkundigen Sie sich beim Händler, ob das in Frage kommende Becken auch für die Fische geeignet ist, die Sie halten möchten. So können offene Aquarien zwar sehr attraktiv gestaltet werden, sie sind aber für häufig springende Arten wie den Marmorierten Beilbauchfisch (*Carnegiella strigata*; siehe S. 139) aus Südamerika völlig ungeeignet.

Komplettsysteme

Bei Komplettsystemen hat der Hersteller häufig bereits einen geeigneten Filter fest in das Aquarium eingebaut, was den Vorteil hat, dass Sie sich um die richtige Kapazität keine Gedanken machen müssen. Viele dieser Becken werden außerdem mit einer passenden Heizung und Beleuchtung sowie Wasseraufbereitungsmitteln, Fischfutter, Wasserthermometer, Fangnetz und weiterem nützlichen Zubehör, etwa einem Aquarienbuch, geliefert, so dass Sie vor dem Befüllen mit Wasser nur noch Pflanzen und Dekorationsgegenstände einsetzen müssen. Komplettsysteme sind besonders bei Neueinsteigern beliebt, weil beim Kauf eines solchen Sets nicht die Gefahr besteht, wichtige Zubehörteile zu vergessen. Außerdem sind solche Systeme fast immer deutlich preiswerter, als wenn man die einzelnen Komponenten kaufen würde.

Entscheiden Sie sich für Qualität

Wie gerade ausgeführt, müssen Sie bei der Wahl des richtigen Beckens eine Reihe von Faktoren berücksichtigen, damit auch tatsächlich ein geeignetes Aquarium angeschafft wird. Wenn für dem Kauf mehrere Becken in Frage kommen, sollten Sie sich, sofern Ihr Budget das erlaubt, für das hochwertigere Modell eines Markenherstellers entscheiden, um Qualität mit Garantie zu erwerben. Langfristig zahlt sich das aus.

Rechts Bei diesem Komplettaquarium ist alles dabei, was Sie für die Haltung Ihrer Fische benötigen. Normalerweise ist die Anschaffung eines solchen Sets deutlich billiger, als der Kauf der Einzelkomponenten.

Berechnung des Wasservolumens

Es ist wichtig, das Volumen seines Aquariums genau zu kennen, damit man beispielsweise einen Filter oder einen Heizstab in der richtigen Größe anschaffen kann. Wichtig ist diese Kenntnis aber auch, wenn es darum geht, den optimalen Fischbesatz zu errechnen, oder wenn bei einer im Becken aufgetretenen Krankheit ein Arzneimittel in der richtigen Konzentration hinzugefügt werden muss.

Verwenden Sie die richtigen Ausgangswerte

Wenn man das Volumen eines Aquariums anhand der äußeren Abmessungen berechnet, erhält man als Wert das Bruttovolumen, bei dem weder Bodengrund noch Dekorationsgegenstände berücksichtigt sind und außerdem davon ausgegangen wird, dass das Becken bis an den Rand gefüllt ist. Allerdings kann man mit dieser Zahl wenig angefangen, weil solche Ausgangsbedingungen unrealistisch sind, denn in den meisten Aquarien befindet sich die Wasseroberfläche etwa 5 cm unterhalb des oberen Beckenrandes; außerdem nehmen beispielsweise Bodengrund oder größere Steine einen erheblichen Teil des Raumes in Anspruch. Daher sollte man das tatsächliche Volumen stets etwa 10% unterhalb des Bruttovolumens ansetzen.

Das Berechnen der Wasseroberfläche

Die Größe der Wasseroberfläche eines Aquariums sollten Sie in jedem Fall kennen, denn mit ihrer Hilfe lässt sich berechnen, wie viele Fische Sie in einem Becken halten können. Die Rechnung ist einfach, wie das folgende Beispiel zeigt. Hat ein Aquarium eine Größe von 60 × 38 × 30 cm, so ist es 60 cm lang, 38 cm breit und 30 cm hoch.

Wenn Sie nun die Länge mit der Breite multiplizieren, erhalten Sie die Ausmaße der Wasseroberfläche in Quadratzentimetern, also 60 × 30 cm = 1 800 cm².

Berechnung des Bruttovolumens

Zur Berechnung des Bruttovolumens nimmt man die eben ermittelte Zahl für die Wasseroberfläche und multipliziert sie mit der Höhe des Beckens:
$1\,800\ \text{cm}^2 \times 38\ \text{cm} = 68\,400\ \text{cm}^3$

Zur Umrechnung in Liter wird diese Zahl durch 1 000 geteilt, das heißt, das Becken in dem gewählten Beispiel hat ein Bruttovolumen von etwa 68 Litern.

Berechnung der Wasseroberfläche
Zur Berechnung der Wasseroberfläche eines Aquariums werden Länge und Breite multipliziert.

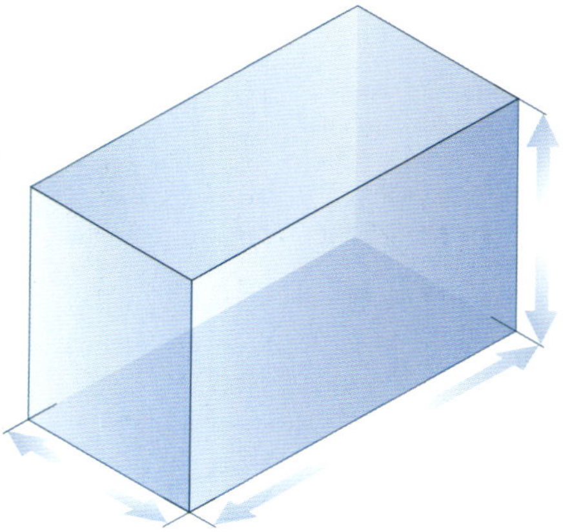

Berechnung des Volumens
Um das Volumen eines Beckens zu berechnen, multipliziert man den errechneten Oberflächenwert mit der Höhe.

Besatzdichte

Es ist eine Tatsache, dass fast alle Aquarien zu dicht mit Fischen besetzt sind, so dass die vorhandene Wassermenge eigentlich zu gering ist, um die anfallenden Abfallstoffe ausreichend zu verdünnen. Daher kommt es bei einem Ausfall des Filters auch unweigerlich zu Problemen, denn im Becken sind nie genug Bakterien für den Abbau der schädlichen Substanzen vorhanden. Außerdem reicht eine unbewegte Wasseroberfläche normalerweise nicht aus, um den Austausch von Gasen, vor allem Sauerstoff zu gewährleisten.

Wie groß der Besatz in einem Aquarium sein darf, hängt von drei hauptsächlichen Faktoren ab: Von der Größe des Filters, oder genauer gesagt von der Zahl der nützlichen Bakterien, die sich darin ansiedeln können, von der Menge des gelösten Sauerstoffs im Wasser und von der Häufigkeit der Teilwasserwechsel (siehe S. 170). Zwar gibt es zahlreiche Tipps, wie viele Fische welcher Größe sich in welchen Becken problemlos halten lassen, aber da die Verhältnisse in unterschiedlichen Aquarien nie ganz identisch sind, können dies nur Richtwerte sein. Fest steht jedoch, dass man heute dank verbesserter Technik und genauerer Kenntnis der Wasserchemie sehr viel mehr Fische in einem Becken halten kann als früher. Wegen des größeren Wasserdurchsatzes setzt man bei der Berechnung für Meerwasseraquarien übrigens die Fischlänge nicht in Beziehung zur Wasseroberfläche, wie es bei tropischen Süßwasseraquarien der Fall ist, sondern zum Volumen.

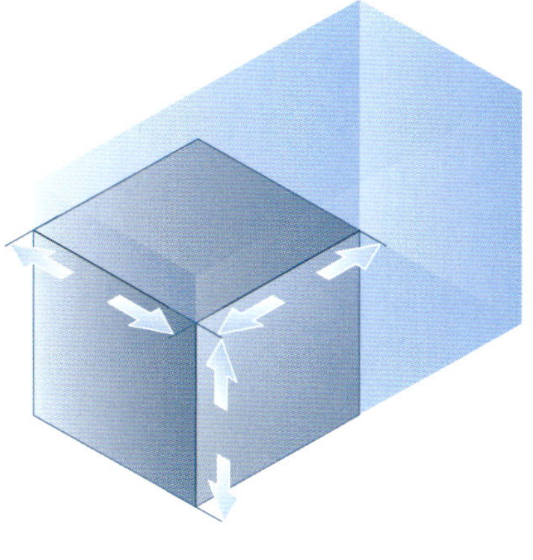

Berechnung des Würfelvolumens
Ein Aquarium mit den Maßen 60 x 38 x 30 cm und einem 30 x 30 x 30 cm großen Teilbereich.

Häufig gestellte Fragen zur Besatzdichte

Warum halten Zoohändler so viele Fische in einem Becken, lassen die Aquarianer dies aber nicht tun?

In einer Zoohandlung sind die Fische nur vorübergehend in den Becken untergebracht, weil sie ja zumeist schnell wieder verkauft werden. Außerdem haben Händler ihre Aquarien oft mit großen Vorratsbecken verbunden, so dass ein permanenter Wasseraustausch stattfindet, oder es werden sehr viel häufigere Teilwasserwechsel durchgeführt (bis zu zweimal täglich). Kurz gesagt: Die Fische erhalten dort eine sehr intensive Betreuung durch geschulte Mitarbeiter, die Aquarianer zu Hause normalerweise kaum leisten können.

Tipps zur Besatzdichte

Typ	Besatzdichte
Kaltwasserfische	2,5 cm Fisch pro 60 cm^2 Wasseroberfläche
Tropische Süßwasserfische	2,5 cm Fisch pro 30 cm^2 Wasseroberfläche
Meerwasserfische	2,5 cm Fisch pro 10 Liter Wasser, sofern im Becken nur Fische gehalten werden. Handelt es sich um ein Riffaquarium, in dem auch Wirbellose leben sollen, rechnet man 2,5 cm Fisch pro 20 Liter.

Unterschiedliche Bauweise

Zwar ist Wasser schwer und Glas zerbrechlich, aber dennoch wird Glas schon seit Beginn der Aquaristik zum Bau von Becken verwendet. Inzwischen gibt es allerdings auch neue Materialien für den Aquarienbau, so dass der Zoofachhandel heute eine Unzahl verschiedener Modelle in den unterschiedlichsten Größen und Formen anbietet. Daher dürfte mit ziemlicher Sicherheit auch für Ihren Geschmack etwas dabei sein.

Die Rolle des Silikons

Heute verklebt man die Glasscheiben eines Aquariums mit Silikon, aber das war nicht immer so. Vielmehr wurden früher Metallrahmen aus Winkeleisen benutzt, in die man die Glasscheiben einsetzte und dann mit Kitt befestigte. Solche Becken waren allerdings nicht nur ziemlich schwer, sondern die Rahmen verrosteten im Laufe der Zeit und der Kitt wurde spröde und musste daher ersetzt werden. Seit der Erfindung des Silikons steht nun aber ein Material zur Verfügung, mit dem sich Aquarienscheiben auch ohne Metallgestelle sicher zusammenhalten lassen. Dadurch sind die Becken nicht nur leichter, sondern sie werden auch seltener undicht.

Die Dicke der Glasscheiben

Wasser ist bekanntlich recht schwer, so dass die Aquarienscheiben, besonders wenn es sich um größere Becken handelt, einen beträchtlichen Druck aushalten müssen. Dabei wird die Belastung um so größer, je höher das Aquarium ist, so dass für hohe Becken dickeres Glas benötigt wird. Bei der Glasdicke kann man sich an folgenden Werten orientieren: Für Becken bis zu 45 cm Höhe reicht 6 mm dickes Glas aus, so dass solche Becken, unabhängig von der Länge, relativ preiswert sind. Dagegen verwendet man für Aquarien von 60 cm Höhe oder mehr normalerweise 1 cm oder sogar 1,5 cm dickes Glas, was die Kosten natürlich erhöht.
Da der Boden von Aquarien besonders belastet wird, besitzen viele hohe Becken zur Sicherheit einen doppelten Boden. Dabei werden die Boden- und eine weitere Scheibe gleicher Größe fest mit Aquariensilikon verklebt, um der gesamten Konstruktion zusätzliche Festigkeit zu verleihen. Daher sollten Sie sich beim Kauf eines größeren und vor allem höheren Beckens auch stets vergewissern, dass ein stabiler Boden vorhanden ist.

Tipp

Da Glasscheiben leicht Kratzer bekommen, muss man bei der Einrichtung des Beckens sehr vorsichtig sein. Vermeiden Sie den Kontakt der Scheiben mit Steinen und Kies und achten Sie darauf, dass sich kein Bodengrund zwischen Algenschwamm und Glas befindet.

Becken mit Unterrahmen

Anstelle eines doppelten Glasbodens besitzen größere Aquarien heute aber auch oft einen fest verklebten Sicherheitsrahmen aus Kunststoff. Dabei wird die Grundplatte etwas erhöht zwischen die vier übrigen Aquarienscheiben geklebt und dann ein zusätzlicher Rahmen angebracht. Diese Konstruktion hat den Vorteil, dass das Aquarium keine Unterlage aus Styropor oder ähnlichem Material benötigt (siehe Kasten S. 27). Fragen Sie Ihren Zoofachhändler beim Kauf des Beckens aber vorsichtshalber, ob Sie beim Modell Ihrer Wahl wirklich auf die Styroporunterlage verzichten können, damit es hinterher nicht zu einer Überschwemmung in der Wohnung kommt.

Becken aus Acryl

Acrylglas ist bruchfester, leichter und klarer als herkömmliches Glas, so dass viele Aquarianer dieses Material bevorzugen. Allerdings sind die aus einem Stück hergestellten Acrylglasaquarien auch teurer als Becken aus normalem Glas, und die Scheiben müssen mit speziellen, besonders weichen Materialien gereinigt werden, weil sie sehr leicht Kratzer bekommen (siehe S. 168–169).

Aquarien im Eigenbau

Der Eigenbau eines Beckens ist eine preisgünstige Alternative zum Kauf von Aquarien, aber es gibt dabei einige Dinge zu beachten: Tragen Sie bei der Handhabung der Glasscheiben zur Vermeidung von Schnittverletzungen stets Handschuhe, schleifen Sie die messerscharfen Kanten mit einem Diamantschleifer ab und sorgen Sie bei der Verwendung von Silikon für eine gute Durchlüftung des Raumes. Fixieren Sie die zusammengeklebten Scheiben mit Schraubzwingen, und lassen Sie das Silikon dann pro Millimeter Glasdicke einen Tag trocknen, bevor Sie das Becken mit Wasser befüllen.

Die Beckenunterlage

Da Glas leicht zerbrechlich ist, müssen Aquarien richtig aufgestellt werden, um Schäden durch Unregelmäßigkeiten oder Fremdkörper unter dem Becken zu vermeiden. Daher stellt man Aquarien zumeist auf eine Styroporunterlage. Wird diese Vorsichtmaßnahme unterlassen, kann es sein, dass im Falle einer Beschädigung des Beckens keine Garantie geleistet wird.

Unten Dieses Becken besitzt einen Unterrahmen und benötigt daher keine Styroporunterlage.

Aquarienmöbel

Neben der richtigen Glasstärke, der exakten Verarbeitung des Materials und einer geeigneten Unterlage spielt auch der Unterbau, auf dem das Becken später stehen soll, eine wichtige Rolle für die Sicherheit des Aquariums. Glücklicherweise hält der Fachhandel heute stabile Aquarienuntergestelle und -schränke in so vielen Varianten bereit, dass wirklich für jeden Geschmack etwas Geeignetes dabei sein dürfte.

Untergestelle

Alle Aquarien, die nicht auf dem Boden stehen sollen, benötigen einen stabilen Unterbau. Die meisten Aquarianer greifen dabei auf handelsübliche Modelle zurück, denn die Nutzung normaler Möbelstücke, aber auch Fehler beim Selbstbau eines solchen Untergestells, können bei den oft sehr schweren Aquarien leicht zu einer Katastrophe führen.
Die meisten Untergestelle bestehen aus mit Kunststoff beschichtetem Metall, wobei Sie zwischen Modellen wählen können, die Sie erst noch zusammenschrauben müssen oder die bereits fertig montiert sind. Bitte beachten Sie, dass bei der Verwendung von Glasaquarien und handelsüblichen Untergestellen zumeist eine Styroporunterlage notwendig ist (siehe S. 27).

Aquarienunterschränke

Aquarienschränke haben den großen Vorteil, dass sich Außenfilter und weitere Geräte darin unterbringen lassen; außerdem hat man gleich einen guten Platz für Ersatzschläuche, Filtermaterial, Fischfutter oder auch Aquarienbücher. Erhältlich sind die zumeist aus Holz gefertigten Unterschränke in den unterschiedlichsten Ausführungen, so dass sich eigentlich für jede Wohnungseinrichtung ein passendes Modell finden lassen sollte.
Vergewissern Sie sich beim Kauf, dass sich das ausgesuchte Möbelstück auch wirklich als Unterschrank für ein Aquarium eignet, denn viele normale Haushaltsmöbel sind für die oft sehr schweren Becken nicht stabil genug. Ebenfalls erhältlich sind Kombinationen aus Unterschrank, Becken und Abdeckung, die den großen Vorteil haben, dass sie normalerweise optisch aufeinander abgestimmt sind.

Aquarienabdeckung

Die Aquarienabdeckung hat zwei wichtige Aufgaben zu erfüllen: Sie muss die Aquarienbeleuchtung aufnehmen und Fische daran hindern, aus dem Becken zu springen. Die Auswahl an unterschiedlichen Modellen ist riesig, angefangen bei einfachen Kunststoff- oder Metallabdeckhauben bis hin zu aufwändigen Holzkonstruktionen. Beachten Sie beim Kauf, dass einfache Plastikabdeckungen oft keine Halterungen für die Beleuchtung besitzen, und wählen Sie nach Möglichkeit

Untergestell oder Aquarienschrank

MODELL	PRO	KONTRA
Metallgestell	Stets in vielen Größen erhältlich	Es gibt nur eine begrenzte Auswahl unterschiedlicher Modelle und Farben
Holzschrank	In vielen Größen, Farben und Designs erhältlich; verdeckt Geräte und Kabel	Muss oft speziell angefertigt werden; kann sich bei Wasserkontakt verziehen

Rechts Aquarienunterschränke, in denen sich der Außenfilter und weiteres Zubehör unterbringen lässt, gibt es in den unterschiedlichsten Farben und Designs.

ein Modell mit Öffnungen für Schläuche und Kabel sowie Scharnieren, damit die Abdeckung bei Pflegearbeiten nicht immer vollständig abgenommen werden muss.

Abdeckscheiben

Abdeckscheiben haben die wichtigen Aufgaben, die Verdunstung des Aquarienwassers zu verhindern und Fische davon abzuhalten, aus dem Becken zu springen. Solche Scheiben bestehen zumeist aus Glas und laufen normalerweise auf Schienen, so dass man sie verschieben kann, um Zugang zum Becken zu bekommen. Verzichten Sie auf Kunststoffscheiben, die zwar billiger sind, aber auch zahlreiche Nachteile haben.

Tipp

Reinigen Sie die Abdeckscheiben, die oft auch fest mit der Aquarienabdeckung verbunden sind, möglichst regelmäßig, um Algen und Kalkablagerungen zu entfernen, weil sonst deutlich weniger Licht ins Aquarium fällt.

Welche Abdeckhaube?

MATERIAL	PRO	KONTRA
Kunststoff	Preiswert, leicht und fast immer erhältlich	Wegen der geringen Stabilität für große Becken ungeeignet; enthalten oft keine Halterung für die Beleuchtung; kein besonders guter Zugang zum Becken
Metall	Preiswert und fast immer erhältlich; besitzt zumeist Halterungen für die Beleuchtung; ausreichend guter Zugang zum Becken	Oft wenig ansprechendes Design; beulen sich unter dem Gewicht der Lampentrafos leicht ein
Holz	Kann für jede Größe und Form gefertigt werden; ist auch für größere Beleuchtungsanlagen geeignet; in vielen Farben und Designs erhältlich; bietet ausgezeichneten Zugang zum Becken	Kann sich wegen der ständigen Wassernähe verziehen; muss für ausgefallene Becken häufig erst bestellt werden

Das Aufstellen des Beckens

Die Wahl eines geeigneten Platzes ist sowohl für die Sicherheit des Beckens als auch für die Gesundheit der Fische von großer Bedeutung. Da es in jedem Zimmer mehrere geeignete und ungeeignete Plätze gibt, sollten Sie sich für Ihre Entscheidung ausreichend Zeit nehmen und alle möglichen äußeren Einflüsse berücksichtigen, bevor Sie den endgültigen Standort für das Aquarium auswählen.

Der richtige Platz

Bei der Suche nach einem geeigneten Platz müssen Sie zunächst darauf achten, dass ausreichend Stromanschlüsse für die zahlreichen Geräte in der Nähe sind. Stellen Sie das Becken aber nicht direkt oberhalb einer Steckdose auf, weil überlaufendes Wasser leicht Kurzschlüsse verursacht, und achten Sie darauf, dass der Aquarienunterschrank den Zugang zum Stromanschluss nicht versperrt.
Steht das Becken an einem unruhigen Platz, werden die Fische unter ungünstigen Umständen zu häufig in Stress versetzt, so dass es leicht zu Verlusten kommt. Dem unten abgebildeten Grundriss können Sie entnehmen, wie eine geeignete räumliche Anordnung aussehen könnte.

Aufheizen vermeiden

Heizungswärme kann nicht nur die Wassertemperatur eines Beckens zu stark erhöhen, sondern auch Sprünge im Glas verursachen. Daher sollte ein Aquarium nie neben einem Heizkörper bzw. Ofen oder Kamin stehen. Aber auch ein zu kühler Standplatz ist ungünstig, weil dann mehr Heizleistung nötig ist, um die den Fischen zuträgliche Wassertemperatur zu erreichen.

Sonnenlicht

In ein Becken einfallendes Sonnenlicht kann ebenfalls Schwierigkeiten verursachen. So wird vor allem das Algenwachstum verstärkt, was dann häufig weitere Probleme nach sich zieht.

Grundriss eines Zimmers mit Aquarium

1 Fenster
2 Fernsehgerät
3 Kamin
4 Tür
5 Pflanze
6 Sofa
7 Stereoanlage
8 Wohnzimmertisch
9 Aquarium

Vermeiden Sie eine direkte Sonneneinstrahlung.

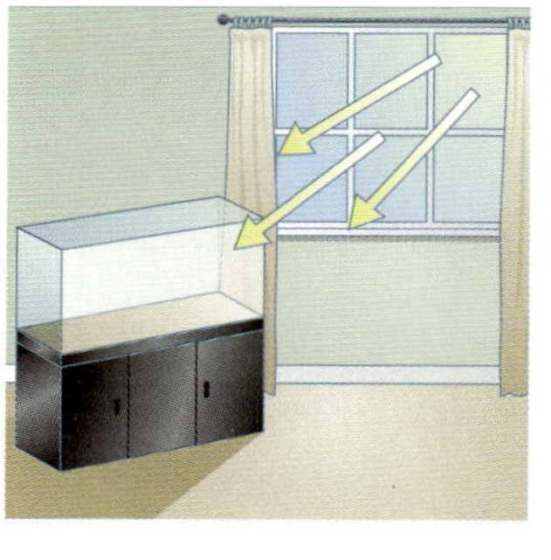

Stellen Sie das Becken nicht neben eine Wärmequelle.

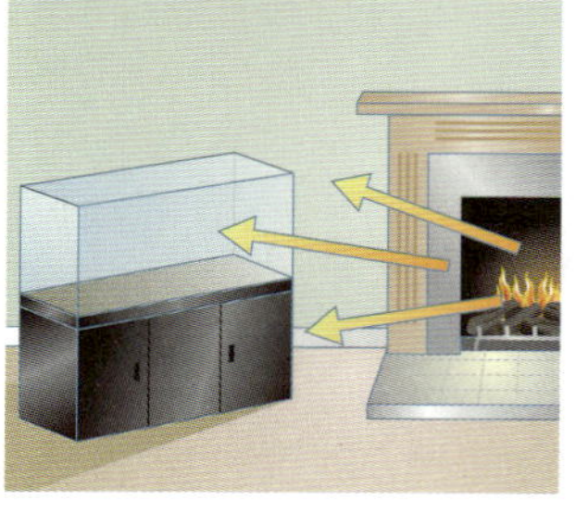

Vibrationen

Setzen Sie Ihr Aquarium möglichst nicht den Schallwellen von Radios oder Fernsehgeräten aus, denn diese pflanzen sich im Wasser fort und können die Fische so leicht in Unruhe versetzen. Aber auch Türschlagen und laute Schritte in Aquariennähe verursachen häufig unerwünschte Vibrationen.

Stabiler Fußboden

Schwere Becken benötigen nicht nur geeignete Untergestelle oder Aquarienschränke (siehe S. 28), sondern auch der Fußboden muss das Gewicht tragen können. Selbst Aquarien normaler Größe wiegen, wenn sie voll eingerichtet und befüllt sind, kaum weniger als 100 kg. Bei Aquarienschränken wird dieses Gewicht immerhin ziemlich gleichmäßig verteilt, aber bei einem Untergestell wirkt die gesamte Last auf nur vier Punkte. Daher kommt es bei Holzfußböden manchmal zu Eindellungen unter den einzelnen Beinen, mit dem Ergebnis, dass das Becken schief steht. Vermeiden lässt sich dies durch Unterlegen einer stabilen Holzplatte.

Tipp

Wenn Sie ein sehr großes Becken anschaffen möchten, sollten Sie zunächst ausmessen, ob es auch durch die Tür passt. Andernfalls müssten Sie es eventuell durch ein Fenster transportieren oder aber vor Ort zusammenbauen lassen.

Tipp

Überprüfen Sie vor Aufstellung des Beckens, wie die Deckenträger verlaufen, damit die Last des Aquariums auf möglichst viele Träger verteilt wird. Diese Überprüfung ist nicht schwierig, weil die Dielenbretter normalerweise in genau entgegengesetzter Richtung verlaufen.

Aufstellung des Beckens

Selbst leere Aquarien sind relativ schwer, so dass man beim Aufstellen des Beckens jemanden um Hilfe bitten sollte. Sprechen Sie die genaue Vorgehensweise zunächst durch und legen Sie dabei fest, wo das Aquarium abgestellt wird, wenn es einem der Träger zu schwer wird. Räumen Sie außerdem möglichst alle Objekte aus dem Weg und achten Sie darauf, dass der Fußboden trocken ist, damit niemand ausrutscht.

Ebene Unterlage

Überprüfen Sie vor dem Aufstellen noch einmal, ob die Unterlage wirklich eben ist. In einer schief stehenden Aquarienkombination kann das Becken durch den Wasserdruck Schäden erleiden, aber auch Aquarienunterschränke werden dann oft instabil.

Unten Verwenden Sie eine Wasserwaage, um sicherzustellen, dass Aquarium und Unterschrank vor dem Befüllen vollkommen gerade stehen.

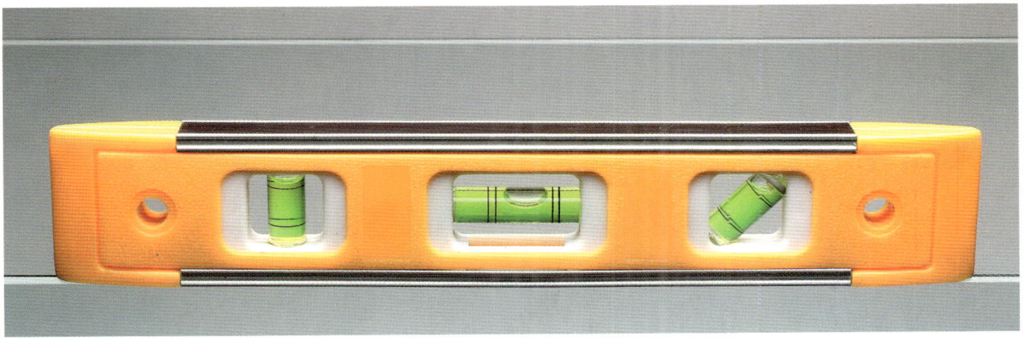

Filter

Ohne einen Aquarienfilter könnten Zierfische auf längere Sicht nicht in einem Aquarium leben, denn diese Geräte entfernen ständig gefährliche Schadstoffe aus dem Beckenwasser, deren Anreicherung die Gesundheit Ihrer Fische andernfalls erheblich gefährden würde. Würden Sie keinen Filter verwenden, müssten Sie täglich mehrmals einen Teil des Aquarienwassers austauschen, damit die Fische nicht durch ihre eigenen Ausscheidungsprodukte vergiftet werden.

Unterschiedliche Filtermethoden

Filter gibt es in verschiedener Form und Größe, und auch die Reinigung des Wassers kann auf unterschiedliche Weise erfolgen.

Mechanische Filterung

Bei der mechanischen Filterung wird das Aquarienwasser durch spezielle Filtermedien gesaugt, die feine Schmutzpartikel zurückhalten und dadurch aus dem Becken entfernen. Bei den Materialien für die mechanische Filterung handelt es sich zumeist um Schwämme oder Filterwatte, die beide preiswert und stets im Handel verfügbar sind (siehe S. 38-39). Eine mechanische Filterung des Aquarienwassers sollte in jedem Becken erfolgen.

Biologische Filterung

Für diese Form der Filterung sorgen winzige Bakterien, die sich im Filter ansiedeln und dort vermehren (siehe S. 20). Damit dies optimal geschehen kann, stellt man den nützlichen Mikroorganismen ein spezielles Material mit einer besonders großen Oberfläche zur Verfügung. Beispiele für solche Filtersubstrate sind stark poröse Keramikröhrchen, Lavagranulat, Biobälle oder spezielle Schwämme (siehe S. 39). Auch auf die biologische Filterung kann man in Aquarien nicht verzichten.

Chemische Filterung

Mit Hilfe dieser Filtermethode entfernt man unerwünschte chemische Substanzen aus dem Becken, beispielsweise Arzneimittelrückstände nach einer Behandlung von Krankheiten, aber auch Chlor aus dem Leitungswasser. Benutzt wird dafür häufig Aktivkohle; es gibt aber auch spezielle Austauscherharze (siehe S. 40–41). Sobald die Absorptionsfähigkeit dieser Materialien erschöpft ist, müssen sie ersetzt werden.

Welche Methode sollte verwendet werden?

Für eine optimale Filterung empfiehlt es sich, alle drei Methoden kombiniert einzusetzen, weil Sie so sicherstellen, dass Ihre Fische stets frisches, klares Wasser zur Verfügung haben. Dazu muss man allerdings beachten, dass selbst eine optimale Filterung die regelmäßigen Teilwasserwechsel (siehe S. 170-171) keinesfalls überflüssig macht. Das Material für die mechanische Filterung muss ungefähr einmal pro Monat ausgewaschen oder ausgetauscht werden; biologische Medien wäscht man etwa alle zwei Monate mit Aquarienwasser aus (bitte kein Leitungswasser benutzen; siehe S. 38).

Die chemische Filterung wird seltener und fast nur in Verbindung mit anderen Filtermethoden eingesetzt. Zeolith (siehe S. 40) verwendet man manchmal für den Transport von Fischen über größere Entfernungen; als alleiniges Filtermaterial sollte man es – ebenso wie Aktivkohle – langfristig allerdings nicht verwenden.

Ein „Überfiltern" von Aquarienwasser ist praktisch unmöglich. Dagegen kann es durchaus zu einer ungenügenden Wasseraufbereitung kommen, ohne dass Sie es sofort bemerken. Wenn Tests ergeben, dass über Wochen zu viel Ammoniak oder Nitrit im Wasser vorhanden ist, dann dürfte die biologische Filterung nicht optimal auf die Zahl der gehaltenen Fische abgestimmt sein. In diesem Fall sollten Sie sich einen größeren Filter anschaffen oder einen zweiten, gleich großen Filter am entgegengesetzten Ende des Beckens anbringen.

Ein guter Filter muss das Wasser aber nicht nur reinigen und aufbereiten, sondern er sollte sich auch leicht säubern und instand halten lassen. Wenn Sie sich für den Filter eines Markenherstellers entscheiden, haben Sie den Vorteil, dass Sie praktisch in jedem Zoogeschäft passende

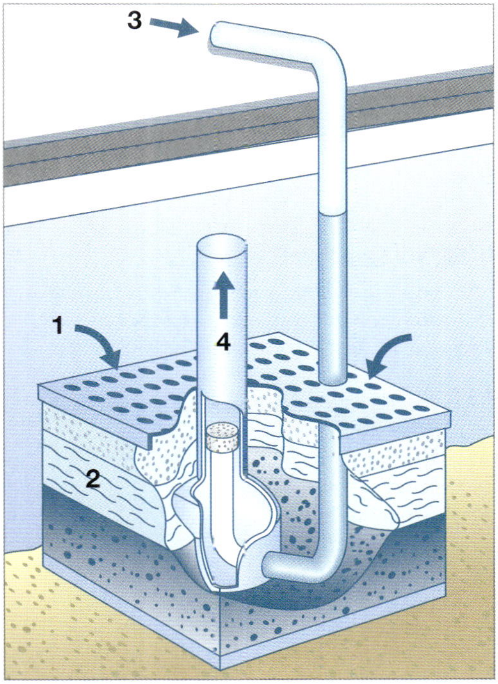

Luftbetriebener Innenfilter
1 Durchlöcherter Deckel, damit Wasser eintreten kann
2 Das Wasser wird durch unterschiedliches Filtermaterial gesaugt
3 Anschluss für die Luftpumpe
4 Auslassrohr

Links In einem motorbetriebenen Außenfilter lassen sich mechanische, biologische und chemische Filtermedien unterbringen, so dass solche Geräte die beste Wahl für ein Aquarium sind

Filtermaterialien und Ersatzteile bekommen. Das preisgünstige Filtermaterial sind Schwämme. Und obwohl sie wenig kosten, ermöglichen sie dennoch eine gleichzeitige mechanische und biologische Filterung, so dass sie bei richtiger Verwendung sogar für die Haltung empfindlicherer Arten, etwa Diskusfische eingesetzt werden können. Wenn Ihr Budget also nicht allzu reich bemessen ist, sollten Sie sich für einen Schwammfilter entscheiden.

Tipp

Selbst das beste biologische Filtermaterial ist beim Kauf natürlich noch steril. Wirksam wird es erst, wenn es mehrere Wochen im Einsatz war und sich ausreichend nützliche Bakterien ansiedeln konnten. Starterbakterien beschleunigen den Prozess.

Innenfilter

Innenfilter, die am einfachsten aufgebauten Geräte zur Filterung eines Aquariums, sind sowohl für Anfänger als auch erfahrende Aquarianer geeignet. Da sie innerhalb des Beckens angebracht werden, können sie kein Auslaufen des Aquariums verursachen.

Luftbetriebene Filter

In diese Gruppe gehören Schwamm-, Boden- und geschlossene Innenfilter, die alle sehr sanft arbeiten, so dass man sie auch in Aufzuchtbecken einsetzen kann. Angetrieben werden die Geräte durch eine außerhalb des Beckens angebrachte Luftpumpe; zu einer Filterung kommt es, weil die durch den Filter gedrückte Luft beim Aufsteigen stets Aquarienwasser mitreißt, ebenso wie darin enthaltene Schmutzpartikel, die dann von den Filtermedien zurückgehalten werden (siehe S. 38-39). Alle drei genannten Filtertypen unterstützen das Wachstum nützlicher Bakterien, die für den Abbau unerwünschter Substanzen sorgen.

Bodenfilter

Wie erwähnt, werden auch Bodenfilter normalerweise mit Hilfe von Luftpumpen angetrieben. Effektiver arbeiten sie aber, wenn die Luftpumpe durch ein so genanntes „Powerhead", also eine elektrische Tauchpumpe ersetzt wird. Bodenfilter, bei denen der Kies des Bodengrundes als Filtermaterial dient, sind deswegen sehr beliebt, weil sie praktisch unsichtbar sind. Bei unsachgemäßer Installation unterbleibt allerdings ein ausreichender Wasserdurchfluss, so dass die nützlichen Bakterien absterben; außerdem behindern sie häufig das Pflanzenwachstum.

Luftbetriebener Schwammfilter
1 Anschluss für die Luftpumpe
2 Als Filter dienende Schaumstoffpatrone
3 Wasseransaugrohr in der Schaumstoffpatrone
4 Sauberes, mit Sauerstoff angereichertes Wasser

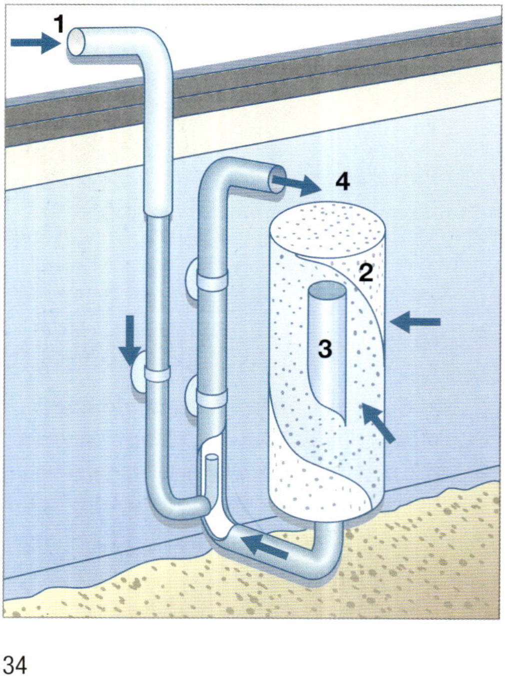

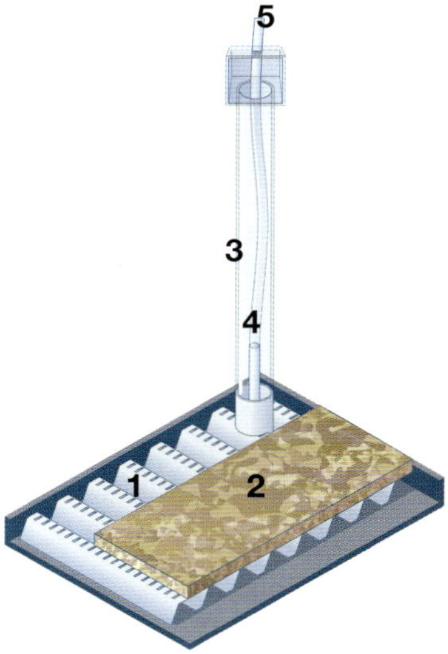

Bodenfilter
1 Perforierte Bodenplatte
2 Kiessubstrat über der Bodenplatte
3 Steigrohr
4 Ausströmerstein mit Luftschlauch
5 Luftschlauch von der Pumpe

Mit Powerheads betriebener Bodenfilter
1 Perforierte Bodenplatte, 2 Kiesschicht
3 Steigrohr, 4 Powerhead

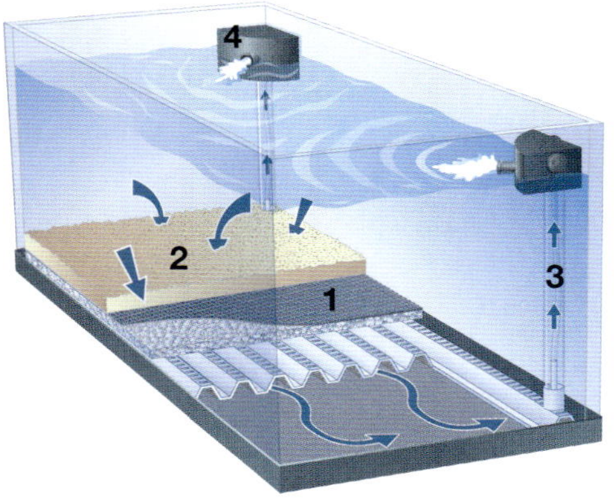

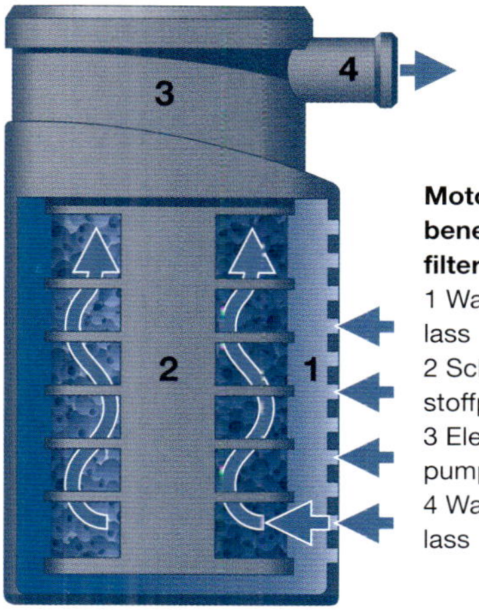

Motorbetriebener Innenfilter
1 Wassereinlass
2 Schaumstoffpatrone
3 Elektropumpe
4 Wasserauslass

Motorbetriebene Innenfilter

Diese Filter werden von einer elektrischen Pumpe angetrieben, die das Aquarienwasser durch die verschiedenen Filtermedien saugt, so dass es anschließend gereinigt ins Becken zurückfließt. Und weil die Durchflussrate sehr viel höher als in luftbetriebenen Geräten ist, wird das gesamte Wasser eines Beckens oft mehrmals pro Stunde durch den Filter gesaugt. Dadurch werden natürlich mehr Schmutzpartikel entfernt; außerdem erzeugt die Pumpe eine kräftige Strömung im Becken.
Elektrische Innenfilter gibt es mit unterschiedlicher Leistung, so dass für jedes Becken das passende Modell ausgewählt werden kann; außerdem können die Filtertöpfe, die das Filtermaterial aufnehmen, verschieden groß sein. Bei Ihrer Wahl sollten Sie sich für ein Gerät mit möglichst großem Filtertopf und nicht zu geringer Pumpleistung entscheiden; empfehlenswert sind außerdem Diffusoren (siehe S. 42–43), die das Wasser zusätzlich mit Sauerstoff anreichern.

Mehrkammerfilter

Mehrkammerfilter sind die empfehlenswertesten Modelle unter den Innenfiltern, denn bei ihnen handelt es sich um leistungsfähige Geräte, die nicht nur die Vorteile herkömmlicher Filter bieten, sondern zudem sehr große Filtertöpfe mit zahlreichen Kammern besitzen, in denen sich die verschiedensten Filtermedien unterbringen lassen. Ein weiterer Vorteil ist, dass viele von ihnen auch noch eine Kammer zur Aufnahme des Heizstabes aufweisen.
Der einzige Nachteil solchen Geräte ist ihre Größe, so dass sie sich selbst in geräumigeren Becken nur schwer verstecken lassen.

Mehrkammer-Innenfilter

1 Wassereinlass
2 Heizstab
3 Aktivkohle
4 Grober Schwamm
5 Feiner Schwamm
6 Keramikröhrchen
7 Elektropumpe
8 Rückflussrohr

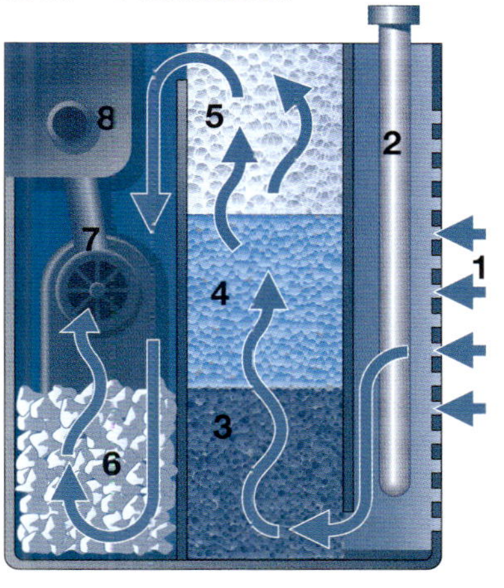

Außenfilter

Außenfilter sind die besten, serienmäßig hergestellten Filter für Aquarien, denn sie sind pflegeleicht, haben eine hohe Durchflussrate, große Filtertöpfe zur Aufnahme unterschiedlicher Filtermaterialien, und sie lassen sich zudem unauffällig in einem Aquarienschrank unterbringen. Allerdings sind sie auch teurer als Innenfilter, aber die Vorteile wiegen die Anschaffungskosten durchaus auf.

Die Größe

Da Außenfilter sehr leistungsfähig sind, eignen sie sich auch für größere Aquarien, und man kann sie gut bei Arten einsetzen, die viel Schmutz machen, etwa Pfauenaugenbuntbarschen (*Astronotus ocellatus*). Dank des großen Filtertopfes und der verschiedenen darin untergebrachten Filtermedien lassen sich aber auch mehr Fische halten, als bei Verwendung eines kleinen Innenfilters (siehe S. 38–39). Und weil die Durchflussrate und das Filtersubstrat in einem optimalen Verhältnis zueinander stehen, kann mehr Wasser umgewälzt werden, als bei den meisten Innenfiltern.

Erste Inbetriebnahme

Wenn der Außenfilter unter dem Aquarium aufgestellt und installiert ist, muss zunächst der Wasserkreislauf geschlossen werden. Wie das genau geschieht, hängt vom jeweiligen Gerät ab. Am einfachsten ist es, wenn man einen Filter mit Ansaughilfe hat, weil es dann dank einer Vorrichtung im Pumpenkopf möglich ist, das Gerät sehr einfach mit Aquarienwasser zu befüllen. Sobald das geschehen ist, kann der Filter eingeschaltet werden, und wenn die gesamte Luft, die sich im Filtertopf befand, nach einigen Minuten vollständig herausgedrückt wurde, sollte das Gerät anschließend normal funktionieren.
Ist keine Ansaughilfe vorhanden, muss das Wasser mit dem Mund über den Einlaufschlauch angesaugt werden, den man dann schnell aufstecken muss. Dabei lassen sich kleinere Überschwemmungen kaum vermeiden, so dass die neue Filtergeneration von den meisten Aquarianern sehr begrüßt wurde.

Undichte Filter

Im Gegensatz zu den ersten Außenfiltergenerationen sind undichte Filter heute eher die Aus-

Motorbetriebener Außenfilter

1 Verschließbarer Einlass
2 Durchbrochene Bodenplatte
3 Grober Schwamm
4 Keramikröhrchen
5 Feiner Schwamm
6 Ansaughilfe
7 Verschließbarer Auslass

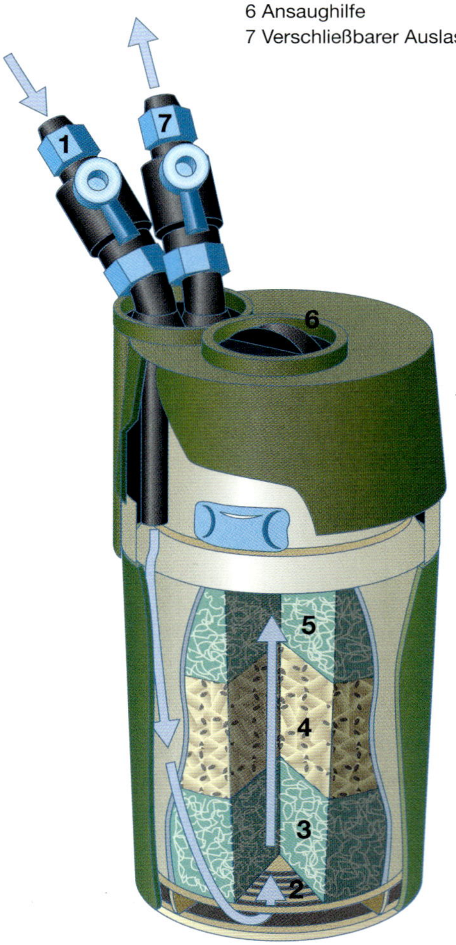

nahme. Das liegt vor allem an den ausgezeichneten Dichtringen, die heute zur Verfügung stehen, aber auch an den sehr guten Verschlussklammern, die zudem die Reinigung erleichtern. Probleme gibt es zumeist nur bei einer fehlerhaften Installation, so dass man beim Neukauf eines Außenfilters den Händler um Tipps bitten sollte. Vor dem Einschalten empfiehlt es sich außerdem zu überprüfen, ob alle Schläuche wirklich fest sitzen.

Zubehör

Ein weiterer Vorteil von Außenfiltern ist das große Angebot an praktischen Zubehörteilen, mit denen sich diese Geräte an nahezu jedes Becken anpassen lassen. So gibt es beispielsweise unterschiedlich geformte Auslaufbögen oder auch Sprühleisten, die für einen sanften Rücklauf des Wassers ins Aquarium sorgen. Wird die Leiste unter der Wasseroberfläche angebracht, sorgt sie durch die ständige Bewegung für einen verbesserten Luftaustausch.

Nachteile

Nachteilig kann sich ein starker Außenfilter auf den Pflanzenwuchs auswirken, so dass Sie ein kleines Modell wählen sollten, wenn Sie nur wenige Fische halten, das Becken aber dicht bepflanzen möchten. Damit Jungfische nicht in den kräftigen Ansaugstrom geraten, muss man die Öffnung eventuell mit einem Schwamm sichern.

Tipp

Nach der erstmaligen Installation sollte man das Gerät noch einige Stunden im Auge behalten, um sicherzustellen, dass wirklich kein Wasser ausläuft.

Außenfilter mit Filterkorb und Sprühleiste
1 Korb vor dem Ansaugrohr
2 Starres Ansaugrohr
3 Flexibler Schlauch
4 Außenfilter
5 Sprühleiste

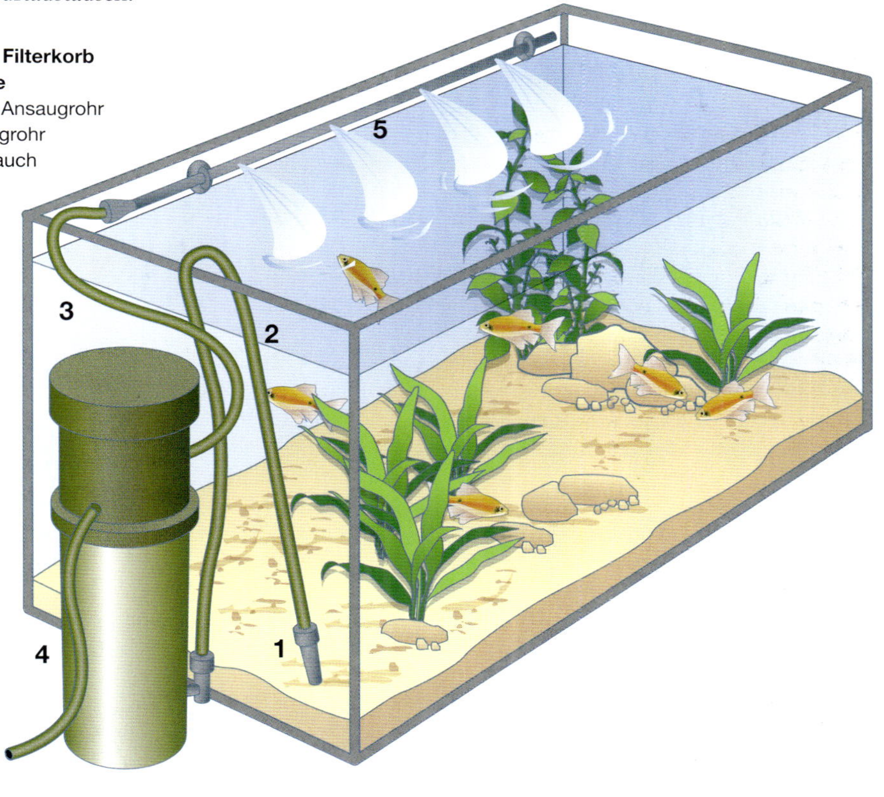

Filtermedien

Filtermedien sind Materialien, mit deren Hilfe sich unerwünschte Substanzen aus dem Aquarienwasser entfernen lassen. Dabei unterscheidet man zwischen mechanischen, biologischen und chemischen Medien, die jeweils für eine ganz bestimmte Form der Filterung geeignet sind (siehe S. 32–33). Bei richtiger Anwendung spielen alle drei eine wichtige Rolle bei dem Bestreben, das Aquarienwasser von Schadstoffen zu befreien, damit die Fische in einer gesunden Umgebung leben können.

Oben Filterwatte ist das einfachste und billigste mechanische Filtermedium.

Mechanische Filtermedien

Mechanische Filtermedien haben die Aufgabe, frei im Wasser schwebende Schmutzpartikel zurückzuhalten, damit möglichst klares Wasser in das Becken zurückfließt. Im Prinzip ließen sich für diesen Zweck eine ganze Reihe unterschiedlicher Materialien verwenden, aber in der Aquaristik werden für die mechanische Filterung vor allem die nachfolgend beschriebenen Medien eingesetzt.

Filterwatte

Synthetische Filterwatte ist das beliebteste Material für die mechanische Filterung, denn es ist preiswert und einfach zu handhaben. Zumeist wird Filterwatte als mechanischer Vorfilter eingesetzt, hat also die Aufgabe, den groben Schmutz abzufangen. Dabei ist das feine Material so effektiv, dass es wegen der starken Verschmutzung fast wöchentlich ausgetauscht oder ausgewaschen werden muss. Sofern die Watte nicht als biologisches Filtermaterial verwendet wird, kann dies mit normalem Leitungswasser geschehen (siehe unten).

Schwämme

Schaumstoffschwämme, die ganz unterschiedliche Porengrößen haben können, sind ebenfalls ein ausgezeichnetes Material für die mechanische Filterung. Der Reinigungseffekt beruht darauf, dass die Durchflussgeschwindigkeit des Wassers herabgesetzt wird und sich die Schmutzpartikel im Schwamm ablagern. Schaumstoffschwämme lassen sich sehr gut auswaschen, so dass man sie nicht so häufig austauschen muss wie Filterwatte.

In Filterschwämmen siedeln sich außerdem nützliche Bakterien an, so dass die Medien zusätzlich als biologischer Filter dienen können. Ist das erwünscht, darf man die Schwämme zur Reinigung nicht mit Leitungswasser, sondern nur mit Aquarienwasser auswaschen, weil die Mikroorganismen sonst abgetötet werden. Schaumstoffschwämme verwendet man vor allem für luftbetriebene Schwammfilter, aber auch für viele Innenfilter (siehe S. 34–35).

Medien für die biologische Filterung

Dieses Material ist für Aquarien besonders wichtig, denn es sorgt mit seiner großen Oberfläche dafür, dass sich nützliche Bakterien im Filter ansiedeln und vermehren können (siehe S. 20). Da das durchlaufende Wasser den Mikroorganismen lebenswichtigen Sauerstoff sowie Nährstoffe liefert, müssen Sie darauf achten, dass sich die biologischen Filtermedien hinter den mechanischen befinden, damit grobe Schmutzpartikel die feinporige Oberfläche des biologischen Filtermaterials nicht zusetzen oder die Sauerstoffzufuhr einschränken. Biologische Filtermedien sollten nicht mit Leitungswasser ausgewaschen werden, weil das eventuell darin enthaltene Chlor die Bakterien abtöten würde.

Keramikmedien

Die stark porösen, biologischen Filtermaterialien sorgen für eine Oberflächenvergrößerung, damit

Oben Schwämme lassen sich sowohl für die mechanische als auch für die biologische Filterung einsetzen.

Oben Keramikmaterialien haben eine stark vergrößerte Oberfläche, so dass sich viele Bakterien ansiedeln können.

sich im Filter möglichst viele nützliche Bakterien ansiedeln können. Diese sorgen dann für den Abbau der im Wasser gelösten Schadstoffe und ermöglichen den Fischen so ein gesundes Leben. Eingesetzt werden Keramikmedien, die u.a. in Form von Röhrchen oder Granulat erhältlich sind, vor allem in Außenfiltern (siehe S. 36) oder Mehrkammer-Innenfiltern (siehe S. 35). Am besten reinigt man nicht das gesamte Material auf einmal, um die nützlichen Bakterien zu erhalten.

Andere biologische Filtermedien

Jedes ungiftige Material, das im Verhältnis zum Volumen eine sehr große Oberfläche besitzt, lässt sich prinzipiell als biologisches Filtermedium verwenden. Dabei kann es sich beispielsweise um Legosteine oder auch Lockenwickler handeln, oder man nimmt eine größere Menge Kies.
Kies ist auch das Material, das bei Bodenfiltern als biologisches Material zum Einsatz kommt, denn jedes einzelne Steinchen überzieht sich normalerweise schnell mit einer Schicht nützlicher Bakterien. Und weil das Volumen einer ausreichend dicken Bodengrundschicht im Verhältnis zum Wasseranteil des Beckens sehr groß ist, können Bodenfilter sehr effektiv sein.
Ebenfalls beliebte biologische Filtermedien sind die so genannten Biobälle („Bactoballs“), also aus Polypropylen-Fäden bestehende Kügelchen, die ein wenig wie Mini-Lockenwickler aussehen

Tipp

Ein Schaumstoffschwamm sollte ersetzt werden, wenn er seine ursprüngliche Form verloren hat und diese auch nach dem Auswringen nicht wieder annimmt.

und für eine beträchtliche Oberflächenerweiterung im Filter sorgen. Allerdings haben sie einen Durchmesser von fast 3,5 cm, so dass sie sich nur für sehr große Aquarien- oder aber Teichfilter eignen.
Biobälle werden auch gern für Rieselfilter verwendet. Dabei kann es sich beispielsweise um ein größeres, mit Biobällen gefülltes Plastikrohr handeln. Zur Aufbereitung läuft Wasser langsam durch das Rohr, wobei die Biobälle immer nur teilweise von Wasser bedeckt sind, was den Vorteil hat, dass die darin lebenden, aeroben Bakterien gut mit Sauerstoff versorgt werden. Der Nachteil solcher Filter ist allerdings, dass sie oberhalb des Beckens angebracht werden müssen, damit dass Wasser allein durch die Schwerkraft in das Aquarium zurückläuft. Außerdem wird ein Vorfilter benötigt, weil die groben Schmutzpartikel die Biokugeln sonst sehr schnell zusetzen.

Oben Mit Aktivkohle, dem am häufigsten verwendeten chemischen Medium, kann man z.B. Medikamentenrückstände entfernen.

Oben Zeolith lässt sich als Filtermedium zum Entfernen von Ammoniak und Nitrit einsetzen.

Chemische Filtermedien

Um unerwünschte Substanzen, etwa Nitrate, Phosphate oder Medikamentenrückstände, aus dem Wasser zu entfernen, benötigt man speziell für diesen Zweck hergestellte Materialien. Da deren Aufnahmekapazität irgendwann erschöpft ist, muss man die meisten chemischen Medien regelmäßig austauschen; es gibt aber auch Produkte, die sich regenerieren lassen.

Aktivkohle

Das in der Aquaristik am häufigsten verwendete chemische Filtermedium ist Aktivkohle, die man vor allem benutzt, um unerwünschte chemische Substanzen aus dem Wasser zu entfernen. Wissen muss man dabei allerdings, dass dieses Material auch Pflanzennährstoffe absorbiert, und dass man es während einer Arzneibehandlung unbedingt aus dem Filter entfernen muss. Bei Aktivkohle handelt es sich um herkömmlichen Kohlenstoff, der jedoch höheren Temperaturen ausgesetzt war, so dass er seine Aufgabe durch eine größere Oberfläche besser erfüllen kann. Im Normalfall sollte Aktivkohle etwa alle vier bis sechs Wochen ausgetauscht werden.

Zeolith

Dieses Material eignet sich ganz ausgezeichnet, um kurzfristig auftretende, zu hohe Ammoniakkonzentrationen im Aquarienwasser zu senken. Bei längerem Gebrauch kann Zeolith aber Probleme verursachen, weil die Bakterienpopulation im Filter geschädigt wird. Diese nützlichen Bakterien, die bekanntlich schädliche Substanzen wie Ammoniak und Nitrat in weniger schädliches Nitrat umwandeln (siehe S. 110), würden sich bei einer ständigen Entfernung von Ammoniak aus dem Wasser kaum noch vermehren. Das wäre zunächst einmal noch kein Problem, aber wenn das Zeolith irgendwann gesättigt ist und kein Ammoniak mehr absorbieren kann, fehlen die nützlichen Bakterien, um diese Aufgabe zu übernehmen. Ein solches Becken hätte dann also weder eine funktionierende chemische noch eine intakte biologische Filterung. Dadurch stiege die Ammoniakkonzentration schnell so stark an, dass die Fische geschädigt würden.

Torf

In Gegensatz zu anderen Filtermaterialien wird dem Wasser durch Torf nichts entzogen, sondern hinzugefügt, nämlich Huminsäuren, die das Beckenwasser bräunlich verfärben. Früher benutzte man Aquarientorf vor allem dann, wenn man das Wasser weicher machen und den pH-Wert senken wollte, denn solche Bedingungen herrschen in vielen Teilen des Amazonasgebietes, wo bekanntlich zahlreiche Zierfische herstammen. Allerdings hat sich bei genauerer Untersuchung gezeigt, dass man mit handelsüblichen Wasserenthärter- oder Umkehrosmoseanlagen (siehe S. 84) bei der Wasserhärte sehr viel bessere Ergebnisse erzielt als mit Torf. Daher wird dieses Material

Oben Torf verfärbt das Aquarienwasser braun, so dass es die Farbe von Schwarzwasserflüssen hat.

Oben Granulate zur Entfernung von Phosphaten werden gern bei übermäßigem Algenwachstum eingesetzt.

heute sehr viel seltener zur Wasserenthärtung eingesetzt als früher.
Allerdings nimmt man Torfplatten noch häufig zur Verbesserung des Pflanzenwachstums. Bei der Verwendung muss man allerdings sehr umsichtig vorgehen, weil sie leicht zerfallen und dann das Wasser verunreinigen; außerdem behindern sie die Durchlüftung des Bodens.

Verschiedene Filtermedien im Vergleich

MEDIUM	VORTEILE	NACHTEILE
Watte	Preiswert und stets vorrätig	Eignet sich nur bedingt als biologisches Medium; muss häufig ausgetauscht werden
Schwämme	Preiswert; eignen sich auch als biologisches Medium	Setzen sich leicht zu und haben dann nur noch eine geringe biologische Wirkung
Keramikmaterial	Große Oberfläche für Bakterienwachstum	Nicht billig; muss durch mechanische Medien ergänzt werden
Aktivkohle	Preiswert; sorgt für klares Wasser; absorbiert Schadstoffe	Muss sehr regelmäßig ersetzt werden; entzieht dem Wasser Pflanzennährstoffe
Zeolith	Entzieht dem Wasser Ammoniak; gut für Notfälle und Fischtransporte	Beeinträchtigt biologische Filter, weil dem Wasser Bakteriennährstoffe entzogen werden
Aquarientorf	Sorgt für saures und in geringem Maße auch für weiches Wasser	Die Braunfärbung des Wassers lässt das Becken etwas schmuddelig aussehen

Belüftung

Wie alle Tiere, benötigen auch Fische zum Leben ausreichend Sauerstoff, der normalerweise durch die ständige Bewegung der Gewässeroberfläche und durch Pflanzen ins Wasser gelangt. Bei größeren Gewässern reichen allein die weiten Wasserflächen aus, um ausreichend Kohlendioxid (CO_2) entweichen und Sauerstoff hineindiffundieren zu lassen, so dass dort sehr viele Fische leben können.

Unterschiedliche Sauerstoffansprüche

Im Aquarium leben Fische auf viel engerem Raum zusammen als in der Natur, so dass man stets für eine gute Belüftung des Beckenwassers sorgen muss. Aber auch die nützlichen Filterbakterien (siehe S. 20) sind aerob und konkurrieren daher mit den Fischen um den verfügbaren Sauerstoff (O_2). Aus diesem Grund kommt der richtigen Belüftung des Wassers eine wichtige Rolle zu.

Abhängig ist der Sauerstoffgehalt des Wassers von der Temperatur: in kaltem Wasser ist viel Sauerstoff gelöst, in wärmerem dagegen bedeutend weniger. An diese unterschiedlichen Sauerstoffverhältnisse mussten sich die Fische der verschiedenen Gewässer natürlich anpassen. So kann ein Lachs beispielsweise nur in kühlem, sauerstoffreichem Wasser leben, während die meisten Salmler (siehe S. 139–144), die aus wärmeren Gewässern stammen, mit deutlich weniger Sauerstoff auskommen. Außerdem gibt es bestimmte Arten, die das O_2 nicht nur dem Wasser entziehen, sondern außerdem Luftsauerstoff aufnehmen können. Dies versetzt sie in die Lage, selbst sehr warme, stehende, sauerstoffarme Gewässer zu besiedeln, die für andere Fische unbewohnbar sind. Die bekanntesten Zierfische aus dieser Gruppe sind Kampf- und Fadenfische sowie Guramis (siehe S. 135–137). Sie alle besitzen ein spezielles Organ, Labyrinth genannt, das es ihnen ermöglicht, auch Sauerstoff aus der Luft zu verwerten.

Tipp

Erwerben Sie eine Luftpumpe mit einer hohen Leistung und einem möglichst geringen Geräuschpegel, und stellen Sie diese nah am Becken auf, damit der Druck im Schlauch hoch ist.

Die Belüftung von Aquarien

Für sauerstoffreiches Wasser sorgt man durch eine Luftpumpe oder durch einen Diffusor am Filter. Außerdem gibt es noch Sauerstofftabletten, die aber hauptsächlich zur kurzfristigen Erhöhung des Sauerstoffgehaltes im Becken eingesetzt werden. Die Sauerstoffproduktion durch die Fotosynthese der Aquarienpflanzen reicht nur in dicht bepflanzten Becken aus.

Luftpumpen

Bei der Belüftung mit einer Pumpe wird Luft aus der Umgebung – zumeist mit Hilfe einer vibrierenden Gummimembran – über einen Schlauch ins Becken gedrückt, wo sie dann mit Hilfe eines Ausströmersteins (bei großen Geräten können es auch mehrere sein) in Form von unzähligen Luftblasen ins Wasser perlt. Diese Luftpumpen gibt es in vielen Größen, so dass für alle Aquarien passende Modelle zur Verfügung stehen. Ein Problem solcher Geräte ist der zumeist hohe Lärmpegel und das „Herumwandern" der Pumpen durch die ständigen Vibrationen. Luftpumpen sind nicht wasserdicht, so dass man sie keinesfalls ins Becken stellen darf. Zu beachten ist außerdem, dass bei einem Stromausfall Wasser über den Schlauch in die Pumpe gesaugt werden kann und das Gerät dann ausfällt. Daher sollte man den Schlauch stets mit einem Rückschlagventil ausstatten. Weil viele Teile in der Pumpe beweglich sind, müssen die Geräte regelmäßig gewartet werden.

Diffusoren

Bei Diffusoren, die auf den Auslaufschlauch des Filters gesteckt werden, sorgt das durchströmende Wasser dafür, dass Luft angesaugt und ins Becken gedrückt wird. Dadurch entsteht ein ähnlicher Effekt wie bei Nutzung einer Luftpumpe mit Ausströmerstein (weil kein Druck erzeugt wird, kann man damit allerdings keine Geräte, etwa luftbetriebene Filter, antreiben). Die kleinen Zubehörteile, die oft sogar zur Standardausstattung eines Filters gehören, sind nicht nur preiswert, sondern sie verbrauchen auch keinen Strom. Sie passen genau auf herkömmliche Aquarienschläuche und erzeugen umso mehr Luftblasen, je stärker der Filter ist. Diffusoren sind besonders für dicht besetzte Aquarien zu empfehlen, aber auch die aeroben Filterbakterien profitieren zumeist von dieser Form der Belüftung. Wichtig ist es, Diffusoren regelmäßig zu kontrollieren und zu reinigen, damit der Wasserdurchlauf gewährleistet bleibt; außerdem darf man sie nicht zu tief im Wasser anbringen. Die Geräuschentwicklung ist der einer Luftpumpe mit Ausströmerstein vergleichbar.

Oben Ein Durchlüfterstein mit zahlreichen, zur Wasseroberfläche treibenden Blasen

Kolbenluftpumpe
1 Netzkabel
2 Der Kolben verdichtet die Luft
3 Erster Luftschlauch zum Becken
4 Zweiter Luftschlauch zum Becken
5 Schwungrad bewegt den Kolben

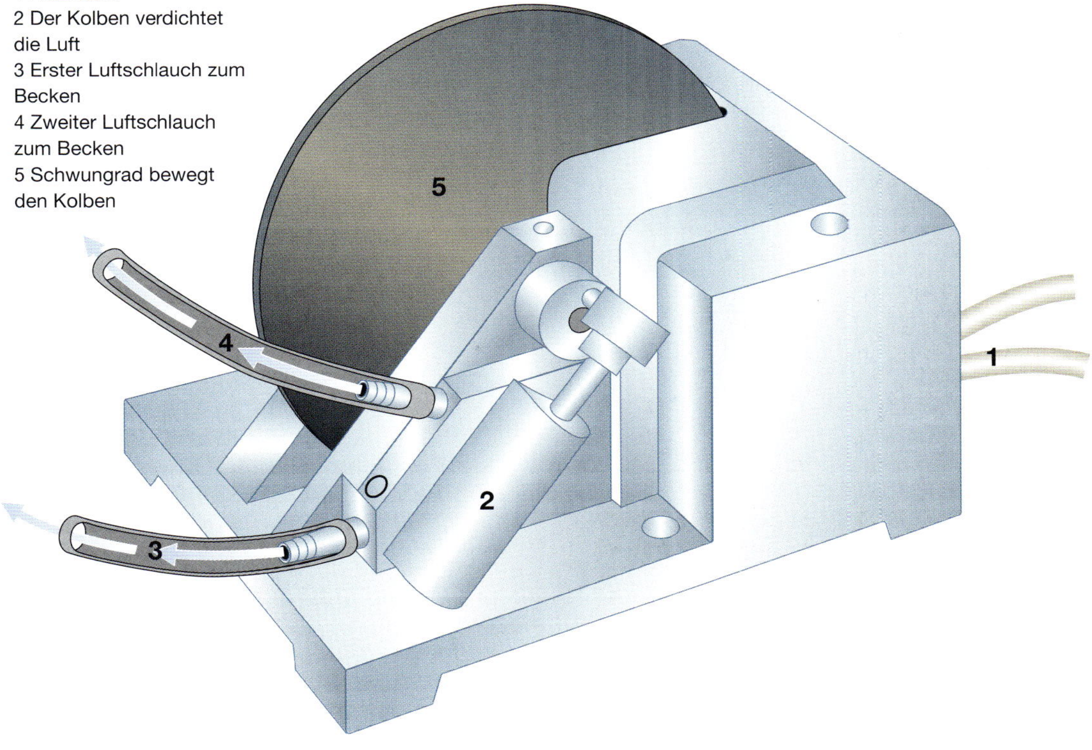

Heizung und Temperaturkontrolle

Da die Wassertemperaturen in den Ozeanen und Binnengewässern der Erde stark variieren, haben auch Zierfische ganz unterschiedliche Temperaturansprüche. So benötigen tropische Süßwasserarten ganzjährig Werte zwischen 24 und 30 °C, während tropische Meeresfische eine konstante Temperatur von etwa 24 °C bevorzugen. Mit der heute verfügbaren Ausrüstung ist es aber glücklicherweise sehr einfach, die Wassertemperatur in Aquarien den Bedürfnissen der jeweiligen Bewohner genau anzupassen.

Unterschiedliche Möglichkeiten

Es gibt verschiedene Möglichkeiten, Aquarienwasser auf die richtige Temperatur zu bringen. So kann man beispielsweise spezielle Heizmatten oder Heizkabel verwenden, aber am einfachsten ist es immer noch, einen Heizstab mit Thermostat einzusetzen. Bei solchen Regelheizern sorgt ein Heizelement dafür, dass sich das Wasser in der Umgebung des Heizstabes erwärmt, während der Thermostat die Temperatur misst und das Heizelement an- bzw. ausschaltet. Heizung und Thermostat sind in einer wasserdicht verschlossenen Glasröhre untergebracht, so dass man den Heizer nach Einstellung der gewünschten Temperatur vollständig unter Wasser anbringen kann.

Der richtige Heizstab

Die Leistungen der im Zoofachhandel erhältlichen Aquarienheizer liegen normalerweise zwischen 25 und 300 Watt. Welche Stärke benötigt wird, hängt von der Wassermenge im Aquarium ab. So reicht für ein Becken von 30 cm Länge ein 25-Watt-Heizstab, während für ein 120 cm-Aquarium ein 300-Watt-Regelheizer die richtige Wahl wäre. Ist das Becken noch größer, verwendet man am besten zwei Heizstäbe, wobei sich die erforderliche Wattzahl mit Hilfe der Tabelle auf Seite 45 leicht errechnen lässt.

Die Empfehlungen der Hersteller für Regelheizer gehen von der Annahme aus, dass der Raum, in dem das Aquarium steht, eine Temperatur von etwa 20 °C aufweist. Ist die Umgebung kälter, muss man leistungsfähigere Heizstäbe verwenden, damit die erforderliche Wassertemperatur erreicht wird. So benötigt beispielsweise ein Becken von 60 cm Länge, das bei einer Raumtemperatur von weniger als 20 °C betrieben wird, einen Regelheizer, der normalerweise für ein 90-cm-Aquarium gedacht ist.

Oben Oben am Regelheizer befindet sich ein wasserdichter Drehknopf zur Einstellung der Temperatur.

Installation des Regelheizers

Der Heizstab wird am besten an der Rückseite des Aquariums angebracht, und zwar in einem Bereich, wo eine ausreichend starke Strömung durch den Filterauslass herrscht, damit die Wärme gleichmäßig im Becken verteilt wird. Leider sind Regelheizer ziemlich unansehnlich, so dass man sie möglichst versteckt anbringen sollte, etwa hinter einem größeren Dekorationsstück. Allerdings muss der Heizstab ausreichend Abstand von allen Einrichtungsgegenständen und vom Bodengrund haben, damit die Wärmeverteilung nicht eingeschränkt ist.

Sicherheitshinweise

Da Regelheizer in einer Glasröhre eingeschlossen sind, müssen die Geräte sehr vorsichtig gehandhabt werden. Außerdem sollten Sie in Betrieb befindliche Geräte nicht mit den Händen

Häufig gestellte Fragen

Was geschieht, wenn ich eine Heizung verwende, die für mein Becken zu klein ist?
Vor allem dauert es länger, das Becken auf die gewünschte Temperatur zu bringen, aber der Heizstab muss sich auch häufiger einschalten, was die Lebensdauer zumeist verkürzt.

Was geschieht, wenn der Heizstab zu groß für mein Aquarium ist?
Das Gerät schaltet sich einfach nur seltener ein. Allerdings sind große Heizstäbe in einem kleinen Becken schlecht zu verstecken.

Kann ein defekter Heizer mein Becken zu stark aufheizen?
Bei der Zuverlässigkeit der heutigen Geräte treten Defekte nur selten auf. Wenn Sie jedes Risiko vermeiden wollen, können Sie aber auch einen Heizer anschaffen, der sich bei einem Defekt automatisch ausschaltet.

Welche unterschiedlichen Modelle gibt es?
Die meisten Geräte der einzelnen Hersteller unterscheiden sich nur geringfügig. Manchmal gibt es aber Unterschiede bei den Thermostaten. So besitzen konventionelle Modelle einen Bimetallstreifen, der sich ausdehnt oder zusammenzieht und die Heizung so ein- bzw. ausschaltet. In neueren Geräten wird dagegen oft ein Mikrochip benutzt, der etwas genauer arbeitet.

Gibt es neue Entwicklungen bei Aquarienheizern?
Neuere Modelle heizen sich oft langsamer auf, so dass die Stäbe nicht mehr so heiß werden. Sehr beliebt sind außerdem Außenfilter mit integrierten Heizelementen, die den großen Vorteil haben, dass die oft störenden Stäbe nicht mehr im Becken angebracht werden müssen.

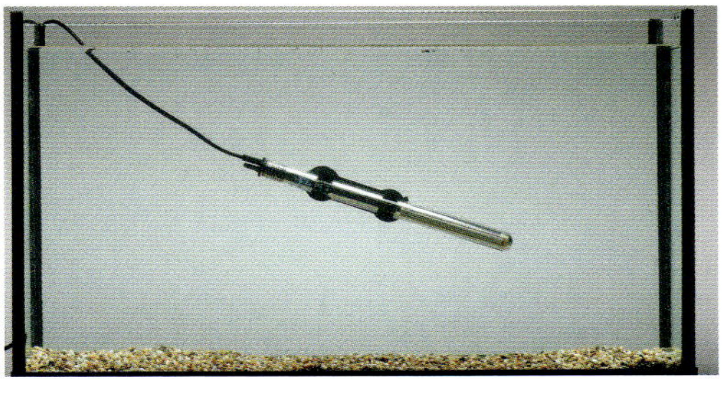

Oben Bringen Sie den Heizstab schräg im Becken an und halten Sie Abstand zum Bodengrund.

berühren, weil die Stäbe sehr heiß sein können. Wollen Sie das Gerät aus dem Wasser nehmen, empfiehlt es sich, es einige Zeit vorher auszuschalten, damit das Glas durch den plötzlichen Temperaturwechsel nicht springt. Soll der Heizstab hinter einem Steinaufbau angebracht werden oder ist das Becken für Saugwelse (siehe S. 154–155) bzw. große, gegenüber allen Einrichtungsgegenständen rücksichtslose Fische vorgesehen, kann man den Stab mit einem

Verhältnis von Beckengröße und Leistung des Heizstabes

BECKENGRÖSSE	LEISTUNG
30 cm	25 Watt
60 cm	50 Watt
75 cm	100 Watt
90 cm	150 Watt
100 cm	200 Watt
120 cm	300 Watt

Schutz versehen. Dabei handelt es sich um feste, durchlöcherte Kunststoffscheiden, die über den Heizer geschoben werden, so dass die Tiere vor Verbrennungen und die Glasröhren vor Zerstörung geschützt sind.

Beleuchtung

Ein Aquarium wird erst durch die Beleuchtung zu einem Blickfang für Ihre Wohnung. Aber auch die Pflanzen im Becken benötigen Licht, und die auffällige Balzfärbung vieler Fische bei der Partnersuche kommt ebenfalls nur bei ausreichender Beleuchtung voll zur Geltung. Die häufigste Form der Aquarienbeleuchtung sind Leuchtstoffröhren und Quecksilberdampf- oder Halogen-Metalldampflampen.

Leuchtstoffröhren

In den meisten Aquarien wird das Licht von Leuchtstoffröhren geliefert. Dabei handelt es sich aber nicht um herkömmliche Haushaltsröhren, sondern um speziell für den Aquarienhandel entwickelte Produkte. Leuchtstoffröhren haben eine sehr lange Lebensdauer (mehrere tausend Stunden) und liefern für einen vergleichsweise geringen Energieverbrauch sehr viel Licht. Außerdem werden sie nicht so heiß wie Glühbirnen, so dass man sie auch unter der Aquarienabdeckung anbringen kann.

Alle Leuchtstoffröhren benötigen einen Starter und ein Vorschaltgerät, die über Kabel mit den beiden Lampenfassungen verbunden werden. Dabei ist zu beachten, dass der Starter an die Wattleistung der betriebenen Röhre angepasst ist, weil er sonst nicht ausreichend Zündspannung für den Betrieb liefert.

Leuchtstoffröhren gibt es in verschiedenen Lichtfarben, so dass sich in einem Becken unterschiedlichste Verhältnisse nachstellen lassen. So liefern Tageslichtröhren eine Lichtfarbe wie die Sonne um die Mittagszeit, während andere das Mondlicht simulieren und das Becken daher nur schwach ausleuchten. Für Meerwasseraquarien nimmt man gern spezielle Blaulichtröhren, die die auffälligen Farben der Korallenfische besonders gut zum Leuchten bringen und zudem das Wachstum der niederen Organismen unterstützen.

Die richtige Installation

Die Fassungen für die Leuchtstoffröhren sollten mit Kunststoffschrauben in der Aquarienabdeckung befestigt werden. Anschließend wird die Röhre eingesetzt und mit den beiliegenden Kappen gesichert. Starter und Vorschaltgerät bringt man am besten an einer gut zugänglichen, trockenen Stelle hinter dem Aquarium an.

Die meisten Fassungen haben spritzwassergeschützte Kappen, so dass die Stromzuführungen nicht frei liegen. Achten Sie darauf, dass die Kappen genau passen, damit kein Kondenswasser eindringt. Hochwertige Fassungen sind sogar wasserdicht und überstehen daher selbst ein kurzfristiges Untertauchen der Lampen, benötigen allerdings jedes Jahr neue Dichtungen.

Unterschiedliche Lichtansprüche

Die Beleuchtungsstärke und die Beleuchtungsdauer richten sich nach den Fischen und Pflanzen, die im Becken leben sollen. So mögen nachtaktive Arten, aber auch Fische, die während der Morgen- und Abenddämmerung aktiv sind, kein allzu helles Licht. Daher sollte man beispielsweise den Ostasiatischen Schlammpeitzger (*Misgurnus anguillicaudatus;* siehe S. 133) oder die Prachtschmerle (*Botia macracantha*; siehe S. 147), aber auch die meisten Welse, etwa den Zebra-Harnischwels (*Hypancistrus zebra*; siehe S. 155), in etwas dunkleren Becken halten. Auf der anderen Seite gibt es aber auch Fische, die in der Natur in sehr hellen Gewässern leben,

Lichtverhältnisse optimieren

Der Lichteinfall lässt sich durch das Anbringen von Reflektoren um bis zu 100 Prozent steigern, denn die glänzenden Oberflächen leiten Licht, dass sonst von der Abdeckung absorbiert und somit verloren wäre, auch noch ins Becken. Für standardisierte Abdeckhauben sind solche Reflektoren in passender Größe erhältlich, aber noch einfacher ist es, beim Kauf einer Abdeckung gleich auf fest eingebaute Reflektoren zu achten.

so dass man ihnen diese Verhältnisse auch im Aquarium bieten sollte. Beispiele sind Labyrinthfische (siehe S. 135–137) und Lebendgebärende Zahnkarpfen, etwa Guppys (*Poecilia reticulata;* siehe S. 158), die alle das grelle Licht der tropischen Sonne gewöhnt sind. Gesundes Pflanzen- und Korallenwachstum hängt ebenfalls stark von der Beleuchtungsstärke und -dauer ab. Für sie sollte das Licht täglich 10–12 Stunden angeschaltet sein, was sich über eine Schaltuhr regeln lässt. Aber auch die Fische brauchen einen geregelten Tag- und Nachtrhythmus, besonders wenn sie sich fortpflanzen sollen. Wurde das Becken mit künstlichen Pflanzen ausgestattet, führt zu viel Licht häufig zu verstärktem Algenwuchs. Daher darf man für solche Aquarien keine Quecksilberdampf- oder Halogen-Metalldampflampen verwenden.

Rechts Diese Abdeckung besitzt wasserdichte Fassungen für die Leuchtstoffröhren und einen eingebauten Reflektor.
Unten Moderne Aquarienabdeckung mit mehreren Leuchtstoffröhren in verschiedenen Lichtfarben

Leuchtstoffröhren

Der Handel hält eine große Zahl unterschiedlicher Leuchtstoffröhren bereit, mit denen sich im Aquarium die Lichtverhältnisse ganz verschiedener Lebensräume simulieren lassen. Dabei kann man mehrere, gleiche Röhren verwenden oder auch unterschiedliche Lichtfarben miteinander kombinieren. Allerdings muss man bei der Auswahl stets auch die Bedürfnisse der Pflanzen bzw. Korallen berücksichtigen.

Farbtemperatur

Die Farbtemperatur einer Leuchtstoffröhre hat nicht nur Einfluss auf das Pflanzenwachstum, sondern kann auch die Farben der Fische auf ganz unterschiedliche Weise zur Geltung bringen. Gemessen wird die Farbtemperatur in Kelvin (K), ein Wert, der normalerweise auf den Verpackungen der Röhren angegeben ist. Handelsübliche Leuchtstoffröhren für Aquarien haben in der Regel eine Farbtemperatur zwischen 2 000 und 20 000 K. Wasserpflanzen wachsen am besten bei Farbtemperaturen zwischen 4 000 und 10 000 K; für Fische, zumindest wenn sie aus hellen Gewässern stammen (siehe S. 46–47), spielt die Farbtemperatur im Grunde keine Rolle, aber ihre Farben können bei den verschiedenen Leuchtstoffröhren unterschiedlich gut zur Geltung kommen.

Rechts Leuchtstoffröhren gibt es in unterschiedlicher Länge, damit sie sich in die verschiedenen Aquarienabdeckungen einsetzen lassen. Nach Möglichkeit sollten die Röhren nur unwesentlich kürzer sein als das Becken.

Tageslichtröhren

Tageslichtröhren, die Farbtemperaturwerte von ungefähr 10 000 K aufweisen, sorgen für ein sehr helles Licht, so dass sich mit ihrer Hilfe die Verhältnisse tropischer Gewässer nachahmen lassen. Das von ihnen gelieferte Licht hat einen positiven Einfluss auf das Wachstum der meisten Pflanzen, deren Blätter unter diesen Bedingungen außerdem frisch und gesund aussehen. Die Farben der Fische kommen ebenfalls gut zur Geltung, aber für einige Arten kann das Licht zu hell sein (siehe S. 46–47); außerdem nimmt das Algenwachstum oft stark zu.

Röhren mit guter Farbwiedergabe

Leuchtstoffröhren, bei denen die Farben der Fische besonders gut zur Geltung kommen, sind bei Aquarianern naturgemäß sehr beliebt. Hervorgehoben werden vor allem rote und blaue Farbtöne, so dass beispielsweise Goldfische oder Rote Neons (*Paracheirodon axelrodi;* siehe S. 142) sehr attraktiv aussehen. Pflanzen profitieren ebenfalls von solchen Bedingungen, aber leider auch die in den meisten Aquarien unerwünschte Algen. Häufig werden solche Leuchtstoffröhren, deren Farbtemperatur bis zu 18 000 K betragen kann, allein eingesetzt, man kann sie aber auch mit Tageslichtröhren kombinieren, um auf diese Weise ein möglichst breites Lichtspektrum abzudecken.

Röhren für gutes Pflanzenwachstum

Pflanzen brauchen für ein optimales Wachstum viel Licht aus dem roten Spektralbereich. Und da sie außerdem besser gedeihen, wenn nur wenige Algen im Becken wachsen, sind Pflanzenröhren so ausgelegt, dass Algen bei ihrem Licht keine guten Bedingungen vorfinden. Leider wirkt aber auch die Färbung der Fische nicht sehr natürlich, so dass man solche Röhren zu-

meist mit anderen Typen kombiniert. Pflanzenröhren haben normalerweise eine Farbtemperatur von unter 10 000 K.

Oben Für Aquarien mit Korallenfischen nimmt man am besten spezielle Meerwasserleuchten mit ungefähr 20.000 Kelvin.

Die richtige Anzahl

In Aquarien, in denen man nur Fische halten will, kann man eine beliebige Kombination aus Röhren mit unterschiedlichen Spektren verwenden. Wie viele dies sein sollten, hängt davon ab, ob die gehaltenen Arten dunklere oder hellere Bedingungen bevorzugen (siehe S. 46–47). Will man zusätzlich Pflanzen einsetzen, muss auch die Beckentiefe berücksichtigt werden. Einzelheiten dazu kann man der nebenstehenden Tabelle entnehmen. Für bepflanzte Aquarien von über 60 cm Tiefe eignen sich Halogen-Metalldampflampen besonders gut, die allerdings nicht ganz billig sind (siehe S. 209). Bei allen Leuchtröhren lässt sich die Lichtausbeute durch Reflektoren erhöhen (siehe S. 46).

Benötigte Anzahl der Röhren für bepflanzte Aquarien

BECKENTIEFE	ZAHL DER RÖHREN
30 cm	1
40 cm	2
45 cm	3
60 cm oder mehr	4–6

Der Bodengrund

Als Bodengrund bezeichnet man das Material, mit dem der Beckenboden in einer bestimmten Höhe bedeckt wird. Zumeist handelt es sich dabei um Sand oder Kies, also Substrate, die man auch in natürlichen Gewässern findet. Für die meisten Süßwasseraquarien wird chemisch inertes (reaktionsträges) Material benötigt, weil dieses keine Substanzen abgibt, die den pH-Wert des Wassers beeinflussen könnten (siehe S. 104–105).

Oben Aquarienkies ist für alle Aquarien geeignet.
Mitte Quarzsand ist ein gutes Pflanzensubstrat.
Unten Flusssand besteht aus winzigen Körnchen.

Aquarienkies

Aquarienkies ist ein ausgezeichnetes Material für die meisten Kalt- oder Warmwasserbecken, denn er verdichtet sich kaum und lässt sich leicht reinigen. Kies gibt es in Korngrößen von 4 mm bis 2 cm, und da er keine scharfen Kanten besitzt, eignet er sich auch für Fische, die gern im Boden wühlen. Bringt man eine Schicht von etwa 5 cm ein, bietet er auch den Pflanzen ausreichend Halt, wobei kleine Korngrößen das Pflanzenwachstum am besten unterstützen.

Quarzsand

Auch Quarzsand, den es ebenfalls in unterschiedlicher Körnung gibt, eignet sich gut als Bodengrund für Süßwasseraquarien. Er enthält aller-

Der richtige Bodengrund

SUBSTRAT	VORTEILE	NACHTEILE
Kies	Leicht zu säubern; inert; für alle Fische geeignet	Für einige Pflanzen zu grobkörnig
Quarzsand	Preiswert; sieht natürlich aus; gut für den Pflanzenwuchs	Muss vor Gebrauch sehr gut gewaschen werden, um Schmutzpartikel zu entfernen
Flusssand	Sieht sehr natürlich aus; eignet sich für alle Aquarien	Verdichtet sich leicht; kann in Filter oder Pumpen gesaugt werden
Farbiger Kies	Macht ein Becken farbiger; bei Kindern beliebt	Die Farben verblassen; helle Produkte fördern das Algenwachstum
Grober Sand	Fördert das Wurzelwachstum der Pflanzen	Ist häufig stark verschmutzt

Oben Korallensand für Meerwasseraquarien.
Mitte Farbiger Kies wirkt dekorativ und hell.
Unten In grobem Sand können sich Pflanzen gut verwurzeln.

Bodengrund richtig waschen

1 Füllen Sie einen sauberen Eimer zur Hälfte mit dem ausgewählten Material.

2 Stellen Sie den Eimer unter den voll aufgedrehten Wasserhahn oder Gartenschlauch und füllen Sie ihn mit Wasser.

3 Durchmischen Sie das Substrat gründlich mit den Händen, bis das Wasser sichtbar verschmutzt ist.

4 Gießen Sie das Wasser ab und wiederholen Sie den Vorgang, bis das Wasser im Eimer klar bleibt.

dings häufig noch sehr viel Schmutz, so dass man ihn nach dem Kauf sorgfältig waschen muss. Da Quarzsand sowohl in hellen als auch dunklen Farbtönen erhältlich ist, lässt er sich gut als Stilmittel einsetzen. In unbepflanzten Aquarien sollte die Schichtdicke etwa 2,5 cm betragen, in Becken mit vielen Pflanzen dagegen bis zu 10 cm.

Flusssand

Flusssand war früher der am häufigsten verwendete Bodengrund, denn er ist überall auf der Erde in Flüssen, Bächen, Seen und am Meer vorhanden. Es handelt sich um ein goldgelbes Substrat, das vor der Benutzung sorgfältig gewaschen werden muss, weil es normalerweise zahlreiche winzige Schmutzpartikel enthält. Die Bepflanzung muss genau geplant werden, weil nicht alle Arten gleich gut mit diesem Bodengrund zurechtkommen; außerdem sollte man stets Pflanzendünger untermischen und möglichst ein Heizkabel verlegen, damit sich der Boden nicht allzu stark verdichtet.

Farbiger Kies

In den letzten Jahren hat das Angebot an gefärbtem Kies ständig zugenommen, so dass es heute Produkte in den unterschiedlichsten Farben gibt. Hell gefärbter Kies lässt sich gut einsetzen, um ein schwach beleuchtetes Becken ein wenig aufzuhellen, während man schwarzen Kies benutzen kann, um die Farben bestimmter Fische besser zur Geltung zu bringen. Bunter Kies muss vor dem Einfüllen ins Becken gut gewaschen werden, um die zahlreichen Farbpartikel zu entfernen, die sich beim Transport gelöst haben.

Grober Sand

Grober Sand ist ein Substrat, dessen Partikelgröße mit 2–3 mm zwischen feinem Sand und feinem Kies liegt. Pflanzen bietet dieser Bodengrund gute Wachstumsbedingungen.

Steine

Aquariensteine gibt es in den unterschiedlichsten Formen und aus den verschiedensten Materialien. Sie sind aber nicht nur ein dekorativer Beckenhintergrund, sondern dienen häufig auch als Unterschlupf und Ablaichplätze für die Fische.

Oben Lavasteine sind sehr dekorativ, aber oft auch scharfkantig und daher gefährlich für die Fische.

Mitte Schiefer eignet sich nicht nur gut zum Bau von Verstecken, sondern auch als Laichplatz für die Fische.

Unten Mit den runden, glatten Flusssteinen lässt sich eine sehr natürliche Umgebung gestalten.

Lavagestein

Lavasteine wirken in Aquarien äußerst dekorativ, und sie sind zudem sehr leicht, so dass sie vergleichsweise wenig Wasser verdrängen. Allerdings haben sie oft scharfe Kanten, so dass sie für Fische, die Algen von Steinen abraspeln, etwa Harnischwelse, eine Gefahr darstellen können. Es gibt sie als solide Brocken und als Lochgestein, die sich beide auch gut zersägen lassen. Einige Lavasteine sind so porös, dass sie schwimmen. Daher sollten Sie sich vor dem Kauf überzeugen, dass dies für von Ihnen ausgesuchte Stücke nicht zutrifft.

Schiefer

Schiefer kann im Aquarium auf sehr vielfältige Weise verwendet werden. So lassen sich Höhlen daraus bauen oder Barrieren, die den Kies zurückhalten, außerdem sind die Steine gute Laichplätze für viele Fische. Schiefergestein, das sich für alle Süßwasseraquarien eignet und leicht säubern lässt, gibt es in verschiedenen Färbungen, darunter Blau oder Purpur und natürlich in allen Grauschattierungen; scharfe Kanten sollten mit einer Zange abgebrochen werden.

Flusssteine

Rund geschliffene Steine aus Flüssen und Bächen eignen sich für Aquarien besonders gut, weil sich die Fische an ihnen nicht verletzen können. Sie sind allerdings sehr schwer, und sie lassen sich nicht gut übereinander stapeln. Die meisten sind chemisch inert (siehe S. 50); allerdings ist es schwierig, Ausnahmen zu erkennen.

Granit

Granitsteine sind nicht nur sehr dekorativ, sondern außerdem chemisch inert (siehe S. 50) und daher für alle Süßwasseraquarien zu empfehlen. Allerdings ist Granit schwer, was beim Übereinanderstapeln berücksichtigt werden muss. Granitsteine wirken sehr natürlich und sie sind auch glatt genug, um von verschiedenen Fischen als Laichplatz geschätzt zu werden (siehe S. 190).

Sandstein

Sandsteine, die für alle Süßwasseraquarien verwendet werden können, wirken besonders in bepflanzten Becken sehr dekorativ. Da die Steine, die sich gut stapeln lassen, oft etwas schmutzig sind, muss man sie vor der Benutzung gut abwaschen. Für die Eiablage ist das Gestein etwas zu rau (siehe S. 188–191).

Kalkstein

Kalkstein lässt sich nicht immer sofort sicher zuordnen, so dass man fragliche Stücke zunächst genau prüfen sollte, weil sich sonst der pH-Wert und der Härtegrad des Wassers dramatisch verändern (siehe S. 104). Daher eignet sich Kalkgestein auch nur für Aquarien, in denen Fische gehalten werden, die hartes Wasser bevorzugen, etwa Lebendgebärende Zahnkarpfen oder ostafrikanische Buntbarsche (siehe S. 144–146). Kalksteine wirken in einem Aquarium sehr natürlich, sind aber sehr schwer.

Tipp

Gehen Sie bei der Dekoration des Beckens sehr vorsichtig vor, damit die schweren Steine die Glasscheiben nicht beschädigen können.

Welche Steine für welches Aquarium?

GESTEINSTYP	VOR- UND NACHTEILE
Lavagestein	Für alle Süßwasseraquarien geeignet, darunter auch Amazonasbecken mit weichem Wasser (siehe S. 40) und Meerwasseraquarien (siehe S. 216–217 und 222–223).
Schiefer	Für alle Süßwasseraquarien geeignet, darunter auch Amazonasbecken mit weichem Wasser. Ungeeignet für Meerwasserbecken, da Schiefer in Riffen nicht vorkommt.
Flusssteine	Für alle Süßwasseraquarien geeignet, darunter auch Amazonasbecken mit weichem Wasser, sollten aber nicht für Meerwasserbecken verwendet werden, da sie in Riffen nicht vorkommen.
Granit	Für alle Süßwasseraquarien geeignet, darunter auch solche mit weichem Wasser; in Meerwasserbecken wirkt Granit nicht sehr dekorativ.
Sandstein	Für alle Süßwasseraquarien geeignet, darunter auch solche mit weichem Wasser; für Meerwasserbecken sind Kalksteine die bessere Wahl.
Kalkstein	Nur für Süßwasseraquarien mit Fischen, die pH-Werte von etwa 8 bevorzugen (siehe S. 104–105); können für Meerwasserbecken verwendet werden, da Salzwasser eine Pufferwirkung besitzt, auch wenn sie nicht immer sehr dekorativ wirken.

Holz

Holzdekorationen wirken in einem Aquarium äußerst dekorativ, verleihen dem Becken ein natürliches Aussehen und sind außerdem gute Verstecke für die Fische. Allerdings lässt sich nicht jedes beliebige Stück Holz verwenden, sondern es empfiehlt sich, auf das Angebot im Fachhandel zurückzugreifen.

Moorkienholz

Dekorationsstücke aus Holz werden im Fachhandel zumeist als Moorkienholz angeboten, wobei die Stücke aber nicht unbedingt aus einem Sumpf stammen müssen. Moorkienholz ist auch deswegen besonders gut für Aquarien geeignet, weil es nicht schwimmt.

Verfärbung des Wassers durch Holz

Auch wenn Moorkienholz stark konserviert ist, kann es doch Veränderungen im Wasser hervorrufen. So werden häufig Gerbstoffe (Tannine) abgegeben, die das Wasser nicht nur ansäuern, sondern auch bräunlich verfärben. Solche Bedingungen herrschen aber in vielen natürlichen Gewässern, so dass man Moorkienholzwurzeln gut zur Nachbildung dieser Lebensräume benutzen kann. Allerdings sind die Fische in dem braunen Wasser oft nicht mehr so gut zu erkennen. Entfernen lassen sich die Gerbstoffe durch Aktivkohle (siehe S. 40).

Pflanzen aufbinden

Bestimmte Aquarienpflanzen kann man auf Moorkienholz aufbinden, so dass sich auf diese Weise sehr hübsche Effekte erzielen lassen. Zum Befestigen verwendet man am besten eine dünne Angelschnur; anschließend lässt man den Pflanzen dann einige Wochen Zeit, damit sie Wurzeln bilden können. Ist das geschehen, kann man die möglicherweise störenden Schnüre wieder entfernen. Geeignete Pflanzenarten sind beispielsweise Javamoos (*Vesicularia dubyana;* siehe S. 75), Javafarn (*Microsorium pteropus;* siehe S. 73), Speerblätter (*Anubias spp.;* siehe S. 69) und Heudelots Flussfarn (*Bolbitis heudilotii*). Ein großer Vorteil der aufgebundenen, normalerweise sehr robusten Arten ist, dass wühlende Fische sie nicht entwurzeln können, so dass man sie auch in einem Becken mit größeren Buntbarschen verwenden kann; außerdem muss man bei der Auswahl des Bodengrundes keinerlei Rücksicht auf die Pflanzen nehmen.

Blätter im Aquarium

Will man ein Aquarium so naturnah wie möglich gestalten, kann man den Boden mit Blättern bedecken. Allerdings sollten diese nur von bestimmten Bäumen stammen. Als völlig unbedenklich gelten Buchen- und Eichenblätter, denn sie geben keine Gerbstoffe ins Wasser ab. Daneben gibt es aber auch Blätter, die man keinesfalls verwenden darf, weil sie für Fische giftig sind, etwa Eschenblätter. Eichen- und Buchenblätter findet man in nahezu jedem Park; da sie schon braun und verdorrt sein müssen, sammelt man sie am besten im Winter. Anschließend werden sie ausgekocht, damit sie auf den Boden sinken. Ein Becken mit Blättern ist einem überfluteten Waldstück nachempfunden, wie man es an vielen südamerikanischen, afrikanischen und asiatischen Flüssen finden kann. Besonders Welse (siehe S. 138) fühlen sich unter solchen Bedingungen sehr wohl. Zu beachten ist, dass die Blätter regelmäßig ersetzt werden müssen.

Holz als Nahrung

Für einige südamerikanische Welse aus der Familie der Harnischwelse (Loricariidae) ist Holz ein natürlicher Teil ihrer täglichen Nahrung. Möglich ist das, weil sie mit ihrem speziell gebauten Maul Holzstücke abraspeln können, um das enthaltene Lignin zu verwerten. Wenn Sie Fischarten aus dieser Gruppe pflegen, muss das Becken unbedingt Holz enthalten.

Tipp

Wird Moorkienholz ausgekocht oder lange gewässert, lässt sich ein Teil der Gerbstoffe, die das Wasser oft bräunlich verfärben, entfernen.

Oben Moorkienholzwurzeln sind nicht nur dekorativ, sondern sie bieten auch Schutz.

Unten Diese *Anubias*-Art wächst auf dem Holz, ist also nicht im Boden verwurzelt.

Dekorationsgegenstände aus Kunststoff

Viele Aquarianer lehnen die auf diesen Seiten vorgestellten Dekorationsstücke strikt ab, aber einem Fisch auf der Flucht wird es ziemlich gleich sein, ob er sich hinter eine Brücke aus Kunststoff oder einen Stein flüchtet. Für alle, die sich ein phantasievolles und farbenfrohes Unterwasserwunderland gestalten möchten, sind solche Dekorationsartikel ein Muss.

Welche Gegenstände können verwendet werden?

Um jegliche Gefährdung für Ihre Fische auszuschließen, sollten Sie nur solche Dekorationsgegenstände verwenden, die speziell für Süß- oder Meerwasseraquarien hergestellt wurden. Einen Überblick über die unterschiedlichen Dekoartikel, die regelmäßig im Zoofachhandel angeboten werden, soll die Tabelle auf dieser Seite vermitteln. Bei der Gestaltung bietet es sich an, Dekoartikel zu einem bestimmten Themenkreis auszuwählen.

Doppelter Nutzen

Die hier vorgestellten Gegenstände müssen allerdings nicht immer rein dekorative Objekte sein, sondern sie können auch praktische Aufgaben erfüllen. So lassen sich bei geschickter Anordnung Schläuche und unschön aussehende Teile von Geräten verdecken, und weil manche Dekoartikel hohl sind, eignen sie sich auch als Verstecke und Brutplätze für Fische. Dies gilt besonders für Welse (siehe S. 154–155), die ihre Eier gern in Höhlen ablegen.

Naturgetreue Nachbildungen

Neben den bekannten Miniaturschlössern und Schiffswracks gibt es aber auch recht naturgetreue Nachbildungen, die nicht selten sogar im richtigen Maßstab hergestellt wurden, so dass sich Gestaltungsmöglichkeiten ergeben, die mit herkömmlichen Materialien vielleicht unmöglich

Phantasievolle Dekorationen

THEMA	ERHÄLTLICHE ARTIKEL
Griechische und römische Ruinen	Beispielsweise Urnen, Statuen oder auch eine Arena für Gladiatorenkämpfe
Skelette	Gruselige Plastikmodelle menschlicher Skelette werden vor allem für Becken mit Piranhas sehr gern genommen.
Fluoreszierende Gegenstände	Reflektierender Kies und fluoreszierende Schlösser oder Brücken können ein etwas langweiliges Becken aufhellen.
Bewegliche Objekte	Diese Artikel bringen Bewegung und zusätzliches Leben in ein Aquarium.
Naturnahe Objekte	Mit künstlichen Pflanzen und Steinen lässt sich ein natürlich aussehendes Flussbett gestalten.
Korallenriff	Zur Gestaltung des Meeresbodens kann man künstliche Korallen oder Schiffswracks und Schatztruhen verwenden.

Oben Brücken dienen nicht nur der Dekoration, sondern sind auch gute Verstecke für die Fische.

Rechts Korallennachbildungen sind für Fische zu empfehlen, die echte Korallen immer wieder zerstören.

wären. So muss man versunkene Baumstämme nicht unbedingt mit Moorkienholz (siehe S. 54) darstellen, das häufig unerwünschte Stoffe ins Wasser abgibt, und auch ein Meerwasserbecken, dessen lebende Korallen ständig von Algen überwuchert oder immer wieder durch Fische zerstört werden, bekommt durch eine künstliche Korallendekoration wieder ein sehr viel attraktiveres Aussehen.

Bewegliche Dekorationsartikel

Einige Dekorationsgegenstände sind über einen Schlauch mit einer Luftpumpe verbunden, so dass die ausströmenden Blasen Teile dieser Objekte bewegen. Solche Dekoartikel sind nicht nur bei Kindern sehr beliebt, sondern sie sorgen außerdem für eine Durchlüftung des Beckens. Typische Beispiele für diese Art von Zubehör sind Taucher, Schatztruhen, große Muschelschalen, drehende Räder und fliegende Teppiche. Bei den meisten muss man die Luftzufuhr über ein Ventil regulieren, weil sie sonst an die Oberfläche gedrückt werden.

Reinigung

Dekorationsartikel aus Kunststoff lassen sich gut mit einer alten Zahn- oder Spülbürste unter fließendem Wasser von unansehnlichem Algenbewuchs reinigen. Sind die Gegenstände gestrichen oder gespritzt, muss dies sehr vorsichtig geschehen, damit die Farbe nicht abblättert. Allerdings verblassen die Objekte mit der Zeit auch auf ganz natürliche Weise. Alternativ können Sie auch spezielle, im Fachhandel erhältliche Reinigungslösungen für diese Art von Kunststoffartikel verwenden.

Künstliche Pflanzen

Künstliche Pflanzen gibt es schon recht lange, aber erst seit einigen Jahren sehen sie auch ziemlich echt aus. Da sie sehr haltbar sind, kann man sie gut bei der Haltung Pflanzen fressender Fische verwenden, die echte Gewächse innerhalb kürzester Zeit zerstören würden. Ein weiterer Vorteil ist, dass man sie in Becken mit beliebiger Wasserhärte und beliebigem pH-Wert benutzen kann.

Warum künstliche Pflanzen?

Außerdem erfordern echte Pflanzen deutlich mehr Aufwand als künstliche, weil man die Beleuchtung auf ihre Bedürfnisse abstimmen und sie zudem regelmäßig düngen und verjüngen muss (siehe S. 64-67). Dagegen braucht man künstliche Pflanzen höchstens gelegentlich einmal abzuwaschen.

Plastikpflanzen

Es gibt heute eine riesige Auswahl an Aquarienpflanzen aus Plastik, die hauptsächlich echten Wasserpflanzen, aber teilweise auch Landpflanzen nachgebildet wurden. Da sie in unterschiedlichen Größen erhältlich sind, kann man sie für alle Bereiche des Beckens verwenden. Und weil die Blätter und Triebe bei vielen Modellen nur zusammengesteckt sind, lassen sich einzelne Teile mühelos entfernen oder hinzufügen. Plastikpflanzen haben eine fast unbegrenzte Lebensdauer und eignen sich für alle Wasserbedingungen.

Seidenpflanzen

Neben den Modellen aus Plastik gibt es auch Aquarienpflanzen aus Seide. Da sich dieses Material besser verarbeiten lässt, sehen gerade die Blätter häufig etwas natürlicher aus; außerdem werden sie von der Wasserströmung wie echte Pflanzen bewegt. Seidenpflanzen sind vergleichsweise preiswert, und es fällt kaum auf, wenn man sie unter echte Pflanzen mischt.

Pflanzenmatten

Neben einzelnen Plastikpflanzen gibt es auch größere Matten, auf denen mehrere Exemplare angeordnet sind. Zumeist handelt es sich dabei um eine Reihe gleicher Pflanzen, so dass sich die

Unten Die nahezu unverwüstlichen Plastikpflanzen gibt es heute in allen Größen und Formen.

natürlichen Bedingungen in einem Gewässer gut nachbilden lassen; außerdem kann man normalerweise einzelne Exemplare entfernen, damit die Anordnung nicht zu regelmäßig wirkt.

Oben Große, hübsche Seidenpflanzen bieten den Fischen nicht nur Schutz, sondern sie können auch Zubehörteile verdecken.

Die Reinigung

Es gibt im Fachhandel spezielle Reinigungslösungen für Plastikpflanzen, die aber eigentlich überflüssig sind, weil sich diese leicht mit Leitungswasser säubern lassen. Benutzen Sie für hartnäckige Beläge eine alte Zahnbürste, oder nehmen Sie einen Eimer mit Wasser und etwas Haushaltsreiniger, in den die Pflanzen vollständig eingetaucht werden. Wenn Sie diese Ratschläge beherzigen, sollten Ihre Pflanzen danach wieder wie neu aussehen. Anschließend müssen die Pflanzen in einem anderen Eimer mit sauberem Wasser gespült werden, um die Reste des Haushaltsreinigers zu entfernen; wurde eine starke Lösung verwendet, sollten Sie die Pflanzen vor dem erneuten Einsetzen ins Becken zusätzlich unter fließendem Leitungswasser spülen. Die ziemlich robusten Seidenpflanzen können mit einem Topfschwamm oder auch mit einer speziellen Reinigungslösung für künstliche Aquarienpflanzen gereinigt werden.

Tipp

Es gibt eine Reihe von Fischen, die sich hauptsächlich von Algen ernähren, etwa der Bürstennasenwels (*Ancistrus temminckiis;* siehe S. 154) oder der Feuerschwanz-Fransenlipper (*Epalzeorhynchus bicolor;* siehe S. 152). Diese Arten raspeln die Algen auch von den Blättern künstlicher Pflanzen. Daher findet, wenn Sie sich zur Haltung solcher Fische entschließen, gleichzeitig mit der Nahrungssuche der Tiere auch eine Grundreinigung der Plastikpflanzen statt.

Aquarienrückwände

Für die Nachbildung eines Unterwasserlebensraumes im Wohnzimmer ist auch ein entsprechender Hintergrund sehr wichtig, denn er verleiht dem Becken Tiefe und verdeckt Kabel oder Schläuche, die hinter dem Becken verlaufen. Anbringen lassen sich die Beckenhintergründe, die man auch selbst herstellen kann, im oder hinter dem Aquarium; besonders beliebt sind dreidimensionale Rückwände.

Die Vorteile einer Aquarienrückwand

Aquarienrückwände haben zunächst einmal Vorteile für die Fische, die sich vor einer undurchsichtigen Scheibe sicherer fühlen. Aber auch der Betrachter profitiert von einer solchen Rückwand, denn das Becken sieht natürlicher aus, und besonders vor einem dunklen Hintergrund kommt die Färbung vieler Fische deutlich besser zur Geltung.

Fotorückwände

Papierrückwände gibt es in ganz unterschiedlicher Ausfertigung. Häufig handelt es sich um Farbdrucke einer Unterwasserlandschaft, aber man kann sich auch für einen einfarbig blauen oder schwarzen Hintergrund entscheiden, bei dem die natürliche Schönheit der Fische oft noch besser zur Geltung kommt. Fotorückwände werden normalerweise mit Klebeband außen am Becken befestigt, wobei man darauf achten muss, dass sich keine Feuchtigkeit zwischen Rückwand und der Glasscheibe befindet, weil sonst unschöne Flecken entstehen.

Strukturrückwände

Strukturrückwände sorgen für ein noch realisti-

Unten Eine Fotorückwand, die ein hübsch eingerichtetes und bepflanztes Aquarium zeigt.

Tipp

Kaufen Sie Fotorückwände immer etwas größer als erforderlich, damit Sie diese nach der Befestigung an der Beckenrückwand genau zuschneiden können.

scheres Aussehen eines Aquariums, denn es handelt sich um dreidimensionale Hintergründe, die innen im Becken angebracht werden. Häufige Motive sind Felswände, aber es gibt auch Nachbildungen von Baumstämmen oder Wurzeln. Die Strukturrückwände bestehen aus Kunststoff und werden mit Aquariensilikon an der Rückwand des Beckens befestigt. Dazu kann man sie gegebenenfalls auf die richtige Größe zuschneiden, auch wenn das bei einigen Motiven nicht ganz einfach ist, weil hinter der Rückwand leicht Hohlräume entstehen. Daher sollte man möglichst passende Strukturrückwände erwerben, die die Maße des Aquariums haben.

Rückwände im Eigenbau

Wenn Sie sich einen Hintergrund selbst herstellen, sind Ihrer Kreativität keinerlei Grenzen gesetzt. Im einfachsten Fall kann es sich um das Anstreichen der äußeren Rückwand mit farbigem Lack handeln, aber es ist auch möglich, sich eine aufwändige, dreidimensionale Rückwand zu bauen. Dazu kann man z.B. Felsformationen in Styroporblöcke schneiden und diese dann anstreichen, damit sie ein möglichst realistisches Aussehen bekommen. Ebenfalls verwenden lassen sich Bodenfliesen aus Kork, auf denen man zusätzlich Pflanzen mit Angelschnur befestigen kann.

Eine andere Möglichkeit besteht darin, an der hinteren Scheibe des Beckens eine Felswand aus echten Steinen zu errichten, vor der sich viele Fische gern aufhalten. Gut geeignet sind dafür z.B. dünne Schieferplatten, die aufrecht an die Rückwand gelehnt werden; man kann aber auch Lavagestein oder andere Steine übereinander stapeln und so zahlreiche Höhlen und Spalten für die Fische schaffen (siehe S. 52). Wichtig ist dabei, die aufgestapelten Steine mit Silikon zu verkleben, damit das Gebilde nicht einstürzen kann. Um den selbst gemachten Hintergrund gefahrlos konstruieren zu können, sollten Sie sich einen Pappkarton von derselben Größe wie Ihr Aquarium besorgen, denn so bringen Sie die zerbrechlichen Aquarienscheiben nicht unnötig in Gefahr.

Tipp

Achten Sie bei der Auswahl des Materials für selbst gemachte Rückwände, die im Becken angebracht werden sollen, unbedingt darauf, dass es keine Substanzen enthält, die für Fische schädlich sein können. Wichtig ist außerdem, dass Tiere nicht hinter die Rückwand gelangen können, weil sie dort leicht stecken bleiben.

Die Vorzüge echter Pflanzen

Echte Pflanzen machen ein Aquarium nicht nur äußerst attraktiv für den Betrachter, sondern sie verbessern auch, wie gleich näher ausgeführt wird, die Lebensbedingungen für die darin lebenden Fische. Damit die Pflanze diese Aufgabe erfüllen können, muss man allerdings ihre Bedürfnisse bezüglich Licht, Nährstoffangebot und Bodengrund berücksichtigen.

Verbesserte Wasserqualität

Weil Pflanzen ein Teil des Stickstoffkreislaufs sind (siehe S. 110), tragen sie zur Verbesserung der Wasserqualität im Aquarium bei. So nehmen sie Nitrate und Phosphate als Nährstoffe auf, mit dem Ergebnis, dass diese Substanzen das Wasser weniger belasten. Dabei kommt den Fischen vor allem die geringere Nitratbelastung zugute, denn an ihren natürlichen Standorten sind die Nitratwerte zumeist gering, und an diese Bedingungen haben sie sich angepasst.

Funktionierendes Ökosystem

Pflanzen können in einem Aquarium eine wichtige Rolle bei der biologischen Filterung des Wassers übernehmen und so dazu beitragen, dass kleine, intakte Ökosysteme entstehen. Daher ist es sogar möglich, in dicht bepflanzten Becken ganz auf einen Filter zu verzichten. Allerdings darf die Zahl der Fische dann nur klein sein, und es gilt alle Störungen des Gleichgewichts zu vermeiden. So dürfen keine Nahrungsreste zurückbleiben, und auch ein toter Fisch muss sofort aus dem Becken entfernt werden, weil die Pflanzen das bei der Verwesung anfallende Ammoniak nicht so effektiv verwerten können wie die aer-

Tipp

Pflanzen verbrauchen das giftige Ammoniak aus den Ausscheidungen der Fische, was die Wasserqualität im Becken deutlich verbessert. Besonders neu eingerichtete Aquarien profitieren von gutem Pflanzenwachstum, weil sich im gesamten System schneller ein stabiles Gleichgewicht einstellt (siehe S. 112–113).

Wasserpflanzen im Aquarium
1 Am Gewässerboden wachsende Pflanzen beziehen ihre Nährstoffe aus dem Substrat und aus dem Wasser
2 Schwimmpflanzen erhalten das benötigte CO_2 größtenteils aus der Luft
3 Teilweise untergetaucht wachsende Pflanzen bekommen ihre Nährstoffe aus dem Boden und dem Wasser, während das CO_2 aus der Luft stammt

Oben und rechts Schwimmpflanzen wie *Pistia stratiotes* (oben) und *Azolla* spp. (rechts) verbrauchen Nitrate und Phosphate. Außerdem dämpfen sie das Licht und verhindern so übermäßiges Algenwachstum.

oben Filterbakterien (siehe S. 38–39). Daher sollten dies nur erfahrene Aquarianer probieren.

Kontrolle des Algenwachstums

Algen sind in Aquarien unerwünscht, weil sie unansehnliche Beläge bilden. Da ihr Wachstum durch im Wasser gelöstes Nitrat und Phosphat gefördert wird, finden sie in bepflanzten Aquarien deutlich schlechtere Lebensbedingungen, denn die genannten Substanzen werden größtenteils von den Pflanzen verbraucht. Außerdem beschatten Pflanzen häufig den Kiesuntergrund, und weniger Licht auf dem Boden bedeutet auch weniger Algen. In sehr dicht bepflanzten, gut eingefahrenen Aquarien sind daher manchmal fast keine Algen vorhanden, was sonst nahezu unerreichbar ist.

Abgabe von Sauerstoff

Bei der Fotosynthese der grünen Pflanzen wird bekanntlich unter dem Einfluss von Licht Kohlendioxid (CO_2) verbraucht und Sauerstoff (O_2) gebildet. Daher ist in dicht bepflanzten Aquarien ausreichend Sauerstoff für die Fische und die aeroben Bakterien vorhanden. Betreiben Sie zusätzlich ein Gerät zur CO_2-Düngung (siehe S. 65), schaffen Sie damit optimale Voraussetzungen für die Photosyntheseleistung.

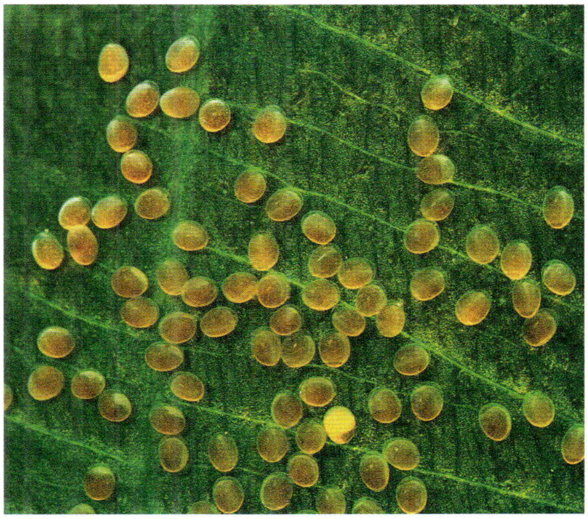

Oben Große Pflanzenblätter werden von bestimmten Fischen, etwa Buntbarschen, gern zur Eiablage benutzt.

Eiablage

Pflanzen spielen aber auch eine wichtige Rolle bei der Fortpflanzung vieler Fische. So legen Freilaicher ihre Eier häufig über feinblättrigen Arten wie *Myriophyllum aquaticum* (siehe S. 74) und *Cabomba caroliniana* (siehe S. 70) ab, während Haftlaicher wie Skalare (*Pterophyllum scalare;* siehe S. 146) oder Keilfleckbärblinge (*Rasbora heteromorpha;* siehe S. 153) ihre Eier gern an große Pflanzenblätter heften. Dagegen benutzen Labyrinthfische besonders gern Schwimmpflanzen, um ihre Schaumnester daran zu verankern (siehe S. 190–191).

Gesundes Pflanzenwachstum

Die Pflege von Wasserpflanzen ist deutlich schwieriger als die von Zimmer- oder Gartenpflanzen. So bietet der Bodengrund den Wurzeln zwar ausreichend Halt, aber kaum Nährstoffe, und bei falscher Beleuchtung gedeihen vor allem unerwünschte Algen, die dann zumeist kein gesundes Pflanzenwachstum mehr zulassen. Daher muss man bei bepflanzten Aquarien unbedingt einige Dinge berücksichtigen.

Beleuchtung

Der Lichtbedarf einzelner Pflanzen kann etwas unterschiedlich sein, aber in der Regel werden zur Beleuchtung von Aquarien mindestens zwei Leuchtstoffröhren verwendet (siehe S. 49). Empfehlenswert ist eine Kombination aus Tageslicht- und für Pflanzenwachstum optimierten Röhren, die über eine Zeitschaltuhr so geregelt werden, dass sie das Becken täglich 10–12 Stunden beleuchten (längere Zeitspannen fördern höchstens das unerwünschte Algenwachstum). Für eine optimale Lichtausbeute sollten Sie den Lampenkasten möglichst mit Reflektoren ausstatten (siehe S. 46) und die Glasscheibe unter den Röhren regelmäßig reinigen, damit immer ausreichend Licht ins Becken fällt (siehe S. 29).

Bodengrund

In einem bepflanzten Aquarium muss der Bodengrund hoch genug sein, um die Ausbreitung der Wurzeln zu ermöglichen; er sollte aber auch Nährstoffe speichern können und eine gewisse Wasserzirkulation ermöglichen. Daher empfiehlt es sich, auf sehr grobe Kiesel zu verzichten und stattdessen feineres Material wie Quarz- oder Flusssand oder feinen Kies zu wählen (siehe S. 50–51); beim Mischen verschiedener Substrate unterlegt man den Bodengrund am besten mit einer Schicht Flusssand.

Füllen Sie den Bodengrund etwa 5–10 cm hoch ein, wobei die Schicht leicht nach hinten ansteigen sollte, um dem Becken mehr Tiefe zu geben. Spülen Sie das Substrat vorher gründlich aus, denn wenn sich Schmutzpartikel auf die Blätter legen, wird das Pflanzenwachstum stark eingeschränkt.

Bodenheizung

Wird das Aquarium zum Teil durch ein Heizkabel erwärmt, so kommt dies dem Wachstum der Pflanzen zugute. Der Grund ist, dass die Bodenwärme eine leichte Konvektionsströmung er-

Unten Laterit-Granulat enthält Substanzen, die die Wurzelentwicklung der Pflanzen fördern.

Unten Auch eine Bodenheizung kann sich positiv auf das Pflanzenwachstum auswirken.

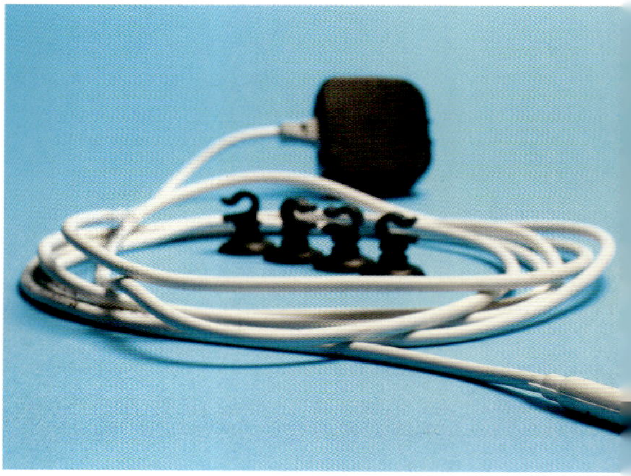

zeugt, die für einen ständigen Nährstoffaustausch mit dem Aquarienwasser sorgt, die dann von den Pflanzenwurzeln genutzt werden können. Entscheiden Sie sich für ein Heizkabel mit geringer Leistung und verlegen Sie dies, bevor Sie den Bodengrund in das Aquarium einfüllen.

Filter

Gut geeignete Filter für ein bepflanztes Aquarium sind solche mit einem großen Volumen und einer nicht zu hohen Durchflussrate (siehe S. 32–35). Am besten ist es, wenn das gesamte Aquarienwasser nicht mehr als dreimal pro Stunde umgewälzt wird; außerdem sollte sich der Auslass des Filters etwa 5 cm unter der Wasseroberfläche befinden, weil dies die Oxidation wertvoller Nährstoffe durch die Luft verringert. Daher sollte man in solchen Becken auch keine Diffusoren und anderen Belüftungsgeräte verwenden (siehe S. 42–43).

Zu beachten ist weiterhin, dass der Filter bereits länger laufen sollte, bevor man die Fische einsetzt. Der Grund ist einfach: es dauert eine gewisse Zeit, bis sich auf dem Filtermedium genügend Bakterien angesiedelt und vermehrt haben, die den Abbau von Ammoniak über Nitrit zu Nitrat bewerkstelligen. Deshalb sollten Sie zunächst den Filter installieren, anschließend das Becken bepflanzen und erst dann die Fische einsetzen, wenn praktisch kein Nitrit mehr nachweisbar ist. Beachten Sie außerdem, dass im Filter eines bepflanzten Aquariums kein dauerhafter Einsatz von Aktivkohle erfolgen darf, weil diese zu viele der wertvollen Pflanzennährstoffe absorbiert (siehe S. 40).

Pflanzendünger

In der Regel muss die Versorgung der Aquarienpflanzen mit Nährstoffen durch Flüssigdünger, Düngekapseln oder Kohlendioxid (s.u.) verbessert werden, da sie sonst auch in einem Becken mit optimaler Beleuchtung nur schlecht wachsen. Am einfachsten ist die Verwendung eines Flüssigdüngers, der einmal pro Woche ins Wasser gegeben wird. Allerdings muss man die benötigte Menge sorgfältig berechnen, weil sonst das Algenwachstum überhand nimmt. Flüssigdünger sind besonders für Arten geeignet, die keine großen Wurzelstöcke ausbilden, etwa *Myriophyllum aquaticum, Cabomba caroliniana* (siehe S. 74 und 70) oder *Elodea* spp.

Für Arten mit großem Wurzelstock, etwa *Echinodorus bleheri* (siehe S. 72) steckt man am besten Düngekapseln neben den Pflanzen in den Boden. Diese setzen ihre Nährstoffe langsamer frei und wirken daher länger. Möglich ist es auch, beide Dünger zu kombinieren.

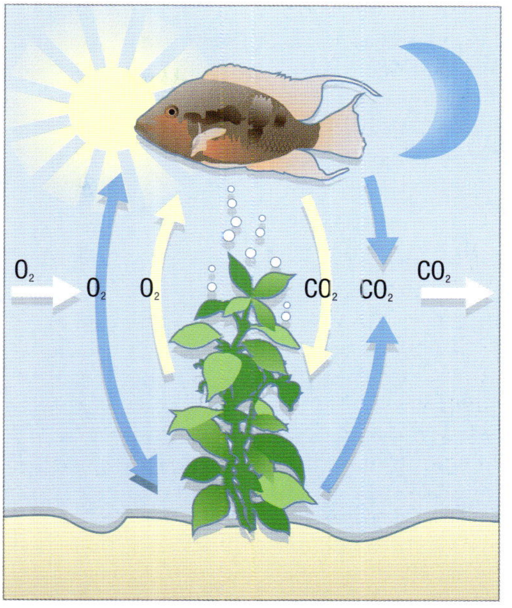

Oben Die Fotosynthese sorgt dafür, dass Aquarienpflanzen tagsüber Sauerstoff ins Wasser abgeben.

Tipp

Damit Ihre Pflanzen gut wachsen, sollten Sie folgende Dinge beachten. Pflanzen brauchen:

- **eine optimale Beleuchtung**
- **den richtigen Bodengrund**
- **regelmäßige Düngung**

Kohlendioxid

Die Anreicherung des Aquarienwassers mit Kohlendioxid (CO_2) mag zunächst unsinnig erscheinen, denn schließlich kann es bei einer zu hohen CO_2-Konzentration zu einer Vergiftung der Fische kommen, und auch die Filterbakterien sterben dann ab. Warum also sollte man dem Wasser überhaupt CO_2 hinzufügen? Die Antwort ist einfach: Weil Pflanzen es für die Fotosynthese und damit für ihr Wachstum benötigen, denn der Kohlenstoff aus dem Kohlendioxid ist ein Baustein, ohne den Pflanzen nicht existieren können. Außerdem wird bei der Fotosynthese Sauerstoff ins Wasser abgegeben, der dann sowohl den Fischen als auch den Filterbakterien zugute kommt. Bei einigen Pflanzen ist eine Kultur im Aquarium ohne CO_2 -Zugabe sogar nahezu unmöglich.

Kohlendioxid am natürlichen Standort

Um zu verstehen, warum Pflanzen bei einer CO_2-Düngung besser wachsen, schaut man sich am besten die Verhältnisse am natürlichen Standort an. So findet man in größeren Flüssen, wo nur wenige Pflanzennährstoffe vorhanden sind und das schnell fließende Wasser zudem sehr sauerstoffreich ist, kaum Pflanzenwachstum. Anders verhält es sich dagegen in flachen Teichen oder ruhigeren Fließgewässern. Letztere weisen eine geringere Strömung auf, so dass sich Schlammpartikel auf dem Boden absetzen und dort ein nährstoffreiches Sediment bilden, aus dem die Wurzeln der Pflanzen Nährstoffe aufnehmen können. In flachen Gewässern herrschen außerdem bessere Lichtverhältnisse, und da viele Arten im Uferbereich wachsen, wo ihre Blätter die Wasseroberfläche erreichen, können sie dort zusätzliches CO_2 aus der Luft aufnehmen.
Daher lässt sich gutes Pflanzenwachstum nur erreichen, wenn wir Bedingungen schaffen, die denen eines Teichs oder ruhigen Flusses ähneln. Dazu gehören eine geringe Strömung, ein ausreichendes Angebot an Nährstoffen und gute Lichtverhältnisse. Und weil Aquarienpflanzen zumeist nicht die Möglichkeit besitzen, Kohlendioxid aus der Luft aufzunehmen, weil sie im Becken untergetaucht wachsen, ist es notwenig, sie mit ausreichend CO_2 im Wasser zu versorgen.

Zugabe von CO_2

Wie erwähnt, kann zu viel Kohlendioxid für Fische und andere Organismen schädlich sein, so dass man es langsam und kontrolliert zugeben muss, damit die Pflanzen es gleich verbrauchen können. Das CO_2 für Aquarien kann aus unterschiedlichen Quellen stammen: Aus unter Druck stehenden Gasflaschen oder aus Systemen, bei denen das Kohlendioxid von Hefen produziert wird, die Zucker vergären. Empfehlenswerter sind die Systeme mit Gasflaschen, weil sie sich mit Hilfe von Ventilen sehr genau dosieren lassen und außerdem nachts, wenn die Pflanzen selbst CO_2 produzieren, abgestellt werden können.
Ins Wasser gelangt das Kohlendioxid bei beiden Systemen über einen Plastikschlauch und ein Diffusorröhrchen, das unter Wasser angebracht wird, und an dessen oberem Ende das CO_2 austreten kann. Damit sich das Kohlendioxid möglichst vollständig im Wasser löst, darf es nur langsam an die Oberfläche steigen, was unter anderem dadurch erreicht wird, dass die Gasblasen zunächst über eine Reihe von Barrieren geleitet werden.

Einsetzen von Bundpflanzen

1 Entfernen Sie das Gewicht, das der Gärtner normalerweise am unteren Ende der Stängel zum Beschweren anbringt (siehe S. 78).

2 Sind mehrere Pflanzen zu einem Bund vereinigt, sollten Sie diesen trennen und die Exemplare nach dem Einkürzen der alten Wurzeln einzeln einpflanzen.

3 Drücken Sie die Pflanze dann mit den Fingern etwa 5 cm tief in den Bodengrund.

4 Häufen Sie das Substrat um die Pflanze leicht an.

Einsetzen einer Topfpflanze

1 Entfernen Sie den Plastiktopf, in dem der Wurzelballen steckt.

2 Zupfen Sie die Steinwolle heraus, damit die Wurzeln frei liegen (siehe S. 78).

3 Teilen Sie die Pflanze, und kürzen Sie die neuen, weißen Wurzeln mit einer Schere etwas ein.

4 Drücken die Pflanze etwa 5 cm tief in den Bodengrund und häufen Sie das Substrat um die Basis an.

Beliebte Aquarienpflanzen

Ein hübsch bepflanztes Becken ist der Traum vieler Aquarianer. Und dieser Wunsch ist nur allzu verständlich, denn ein optimal eingerichtetes Aquarium mit gesunden, üppig wachsenden Pflanzen bietet nicht nur den Fischen, die in einem solchen Becken leben sollen, einen ausgezeichneten Lebensraum, sondern es ist außerdem auch ein attraktiver Blickfang für jede Wohnung.

Pflanzenbeschreibungen

Auf den folgenden Seiten sollen einige der am häufigsten im Handel angebotenen Aquarienpflanzen vorgestellt werden. Im Einzelnen finden Sie dort Informationen über ihre Herkunft, ihre Größe und ihre Ansprüche im Aquarium. Der Punkt „Bemerkungen" enthält praktische Ratschläge für die Pflege, aber auch persönliche Erfahrungen mit den einzelnen Arten.

Schwierigkeitsgrad

Alle Pflanzen, die bezüglich der Pflege als „leicht" eingestuft sind, wachsen normalerweise auch unter nicht ganz optimalen Bedingungen. Daher sind solche Arten vor allem für Neueinsteiger geeignet, aber auch für alle, die möglichst wenig Arbeit in die Pflege der Pflanzen investieren möchten. Allerdings müssen auch für diese Arten bestimmte Grundvoraussetzungen geschaffen werden. So wird etwa ausreichend Licht benötigt, ohne das bekanntlich keine Pflanze wächst.

Lichtbedarf

Bei den vorgestellten Arten finden Sie daher auch Angaben zu den Lichtansprüchen. Dabei bedeutet „gering", dass normalerweise eine Leuchtstoffröhre für die Beleuchtung des Beckens ausreicht, während für eine mittlere Beleuchtungsstärke häufig schon zwei Röhren erforderlich sind. Arten, deren Lichtansprüche mit „hell" angegeben sind, benötigen dagegen oft drei oder mehr Leuchtstoffröhren oder sogar Halogen-Metalldampflampen (siehe S. 46–49 und 208–209). Pflanzen, deren Ansprüche als „gering" bezeichnet werden, wachsen auch unter helleren Bedingungen. Umgekehrt gilt dies allerdings nicht, denn Arten von sonnigen Standorten sterben bei zu wenig Licht schnell ab.

Tipp

Einige Zierfische sind berüchtigte Pflanzenfresser, etwa Goldfische (siehe S. 127–132). Da solche Arten alle neuen Blätter und Stängel sofort annagen, kann man bei Haltung dieser Fische nur künstliche Pflanzen einsetzen (siehe S. 58–59) oder völlig auf eine Bepflanzung verzichten.

Wasserwerte

Eine weitere Angabe bei den Pflanzenporträts sind die Wasserwerte, die von den jeweiligen Arten bevorzugt werden, und unter dem Punkt „Bemerkungen" finden Sie Hinweise zur Pflege der Pflanzen und zu möglichen Besonderheiten. Die meisten Arten stellen wenig Ansprüche an die Wasserhärte, so dass sie sowohl in weichem als auch härterem Wasser wachsen, und auch beim bevorzugten pH-Wert sind die Unterschiede gering. Der Grund ist, dass sich im Laufe der Jahre vor allem solche Arten durchgesetzt haben, die unter Bedingungen wachsen, wie man sie in den meisten Aquarien vorfindet. Die besten Ergebnisse erzielt man normalerweise aber, wenn das Wasser in bepflanzten Aquarien weich ist, weil es dann weniger Nitrat und Phosphat enthält; günstig sind außerdem nicht zu hohe pH-Werte, weil in weichem, leicht saurem Wasser mehr CO_2 gelöst ist als in hartem. Glücklicherweise kommt in vielen Regionen Mitteleuropas genau dieses Wasser aus den Leitungen, so dass man es oft nur noch mit Dünger anreichern muss.

Kleines Papageienblatt *Alternanthera reineckii*

Herkunft Südamerika

Wuchshöhe 45 cm

Temperatur 20–28 °C

Wasserwerte Weich, pH-Wert 6–7

Schwierigkeitsgrad Mittel

Lichtbedarf Hell

Bemerkungen Diese rötliche Pflanze schafft hübsche Kontraste in einem ansonsten grün bepflanzten Becken. Sie benötigt viel Licht und eine Zugabe von CO_2 (siehe S. 66), weil sich die Blätter sonst grünlich verfärben und die Pflanze zu kümmern beginnt. Die große, schnell wachsende Art eignet sich besonders als Hintergrundpflanze.

Speerblatt *Anubias barteri*

Herkunft Afrika

Wuchshöhe 15 cm

Temperatur 20–28 °C

Wasserwerte Weich bis hart, pH-Wert 6–8

Schwierigkeitsgrad Anspruchslos

Lichtbedarf Gering bis mittel

Bemerkungen Die Art sollte man nicht einpflanzen, sondern auf eine Wurzel oder auf einen Stein binden. Von der langsam wachsenden Pflanze, die sich für die unterschiedlichsten Süßwasseraquarien eignet, gibt es zahlreiche Varietäten, darunter *Anubias barteri* var. *nana* mit sehr kleinen Blättern.

Großblättriges Fettblatt *Bacopa caroliniana*

Herkunft USA

Wuchshöhe 38 cm

Temperatur 20–28 °C

Wasserwerte Weich bis hart; pH-Wert 6–8

Schwierigkeitsgrad Mittel

Lichtbedarf Hell

Bemerkungen Die normalerweise grünen Blätter des Großblättrigen Fettblatts verfärben sich bei hellem Licht und ausreichender CO_2-Zugabe (siehe S. 66) rötlich bis braun. Die Art wird gern in den Hinter- oder Mittelgrund gepflanzt, weil sie, im Gegensatz zu vielen anderen Aquarienpflanzen, nicht so schnell in die Höhe schießt, sondern schön dicht wächst.

Carolina-Haarnixe *Cabomba caroliniana*

Herkunft USA

Wuchshöhe 90 cm

Temperatur 18–28 °C

Wasserwerte Weich bis hart; pH-Wert 6–8

Schwierigkeitsgrad Mittel

Lichtbedarf Hell

Bemerkungen Diese Pflanze lässt sich gut zum Auffüllen von Lücken verwenden, und sie wird gern von frei laichenden Fischen zur Eiablage genutzt (siehe S. 188). Neben der Carolina-Haarnixe gibt es noch eine sehr hübsche, rötlich gefärbte Art, die allerdings mehr Licht und CO_2 benötigt.

Sumatrafarn *Ceratopteris thalictroides*

Herkunft Amerika, Asien, Afrika und Australien

Wuchshöhe 60 cm

Temperatur 20–28 °C

Wasserwerte Weich bis hart; pH-Wert 6–8

Schwierigkeitsgrad Anspruchslos

Lichtbedarf Hell

Bemerkungen Der Sumatrafarn kann auch als Schwimmpflanze genutzt werden, bildet dann aber andere Blätter, als wenn er untergetaucht (submers) angepflanzt wird. Es handelt sich um eine anspruchslose Art, die für viele tropische Aquarien geeignet ist, aber helles Licht benötigt.

Wendts Wasserkelch *Cryptocoryne wendtii*

Herkunft Sri Lanka

Wuchshöhe 15 cm

Temperatur 20–28 °C

Wasserwerte Weich bis hart; pH-Wert 6–8

Schwierigkeitsgrad Anspruchslos

Lichtbedarf Mittel bis hell

Bemerkungen Diese Art eignet sich auch für schwach beleuchtete Aquarien. Allerdings bleibt sie dann klein, so dass man sie nur als Vordergrundpflanze nutzen kann. Wasserkelche sind anspruchslose Pflanzen, von denen viele Arten hübsche, dunkelgrüne, rötlich überlaufene Blätter besitzen.

Große Schwertpflanze *Echinodorus bleheri*

Herkunft Südamerika

Wuchshöhe 45 cm

Temperatur 20–30 °C

Wasserwerte Weich bis hart; pH-Wert 6–8

Schwierigkeitsgrad Anspruchslos

Lichtbedarf Mittel

Bemerkungen Die aus Südamerika stammende Art eignet sich gut für mittlere Beckenbereiche. Die Pflanzen, die ausgedehnte Wurzelsysteme ausbilden, sollten regelmäßig Substratdünger erhalten (siehe S. 65); außerdem muss man wissen, dass ihre großen Blätter gern von bestimmten Welsen gefressen werden (siehe S. 154–155).

Grasartige Schwertpflanze *Echinodorus tenellus*

Herkunft Nord-, Mittel- und Südamerika

Wuchshöhe 10 cm

Temperatur 20–28 °C

Wasserwerte Weich; pH-Wert 6–7

Schwierigkeitsgrad Mittel

Lichtbedarf Hell

Bemerkungen Diese Art sollte man in den Vordergrund pflanzen, wo sie mit Hilfe von Ausläufern schnell einen dichten, sehr dekorativ wirkenden Teppich bildet – allerdings nur, wenn ausreichend Licht zur Verfügung steht. Auch die Blätter dieser Schwertpflanze werden gern von bestimmten Welsen gefressen werden (siehe S. 154–155).

Indischer Wasserstern *Hygrophila difformis*

Herkunft Südostasien

Wuchshöhe 45 cm

Temperatur 22–28 °C

Wasserwerte Weich bis hart; pH-Wert 6–8

Schwierigkeitsgrad Anspruchslos

Lichtbedarf Hell

Bemerkungen Diese Art eignet sich gut, um Lücken in der Bepflanzung auszufüllen, wo die hübschen Blätter oft auffällige Kontraste zu anderen Pflanzen bilden. Setzen Sie die normalerweise gebündelten Exemplare einzeln ein (siehe S. 78), und achten Sie darauf, dass auch die unteren Blätter genügend Licht bekommen.

Javafarn *Microsorium pteropus*

Herkunft Südostasien

Wuchshöhe 30 cm

Temperatur 18–28 °C

Wasserwerte Weich bis hart; pH-Wert 6–8

Schwierigkeitsgrad Anspruchslos

Lichtbedarf Gering bis hell

Bemerkungen Den robusten Javafarn sollte man nicht einpflanzen, sondern auf Stein oder Holz aufbinden (siehe S. 64–66). Wegen der widerstandsfähigen Blätter kann man die Art zumeist auch in Becken mit Pflanzenfressern nutzen; vermehren lässt sie sich durch Adventivpflanzen, die sich an Wurzeln und Blättern bilden.

Brasilianisches Tausendblatt *Myriophyllum aquaticum*

Herkunft Kosmopolit

Wuchshöhe 60 cm

Temperatur 18–28 °C

Wasserwerte Weich bis hart; pH-Wert 6–8

Schwierigkeitsgrad Mittel

Lichtbedarf Hell

Bemerkungen Diese Art wird von frei laichenden Fischen gern für die Eiablage genutzt (siehe S. 188). Die normalerweise als Bundpflanze angebotene Art sollte vereinzelt und dann eingesetzt werden (siehe S. 78). Gutes Wachstum erreicht man durch eine ausreichende Beleuchtung und regelmäßige CO_2-Zugabe (siehe S. 48 und 66).

Teichlebermoos *Riccia fluitans*

Herkunft Kosmopolit

Wuchshöhe 2 cm

Temperatur 18–28 °C

Wasserwerte Weich bis hart; pH-Wert 6–8

Schwierigkeitsgrad Mittel

Lichtbedarf Hell

Bemerkungen Diese hübsche, leuchtend grün gefärbte Art wird normalerweise als Schwimmpflanze genutzt, sie lässt sich aber auch im Bodengrund einpflanzen. Da sie als Schwimmpflanze an der Wasseroberfläche gut mit Licht und CO_2 versorgt ist, breitet sie sich oft zu stark aus und beschattet dann das ganze Becken.

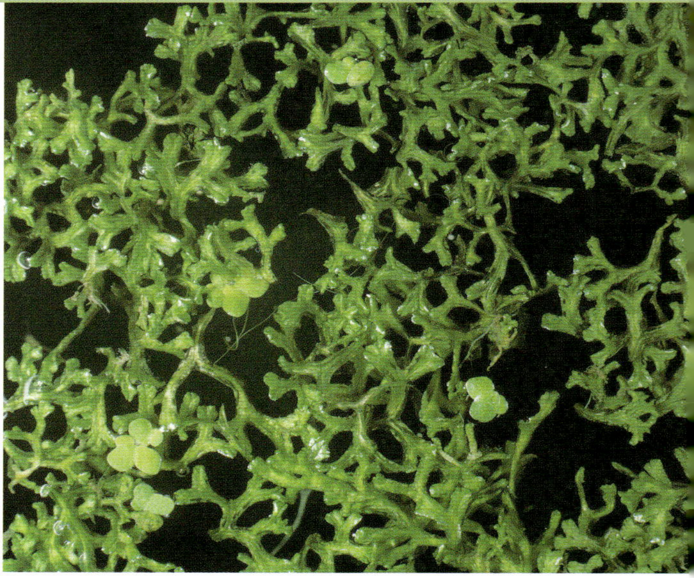

Amerikanische Wasserschraube *Vallisneria americana*

Herkunft Amerika, Asien und Ozeanien

Größe 90 cm

Temperaturansprüche 20–28 °C

Wasserbedingungen Weich bis hart, pH-Wert 6–8

Schwierigkeitsgrad Anspruchslos

Lichtbedarf Mittel

Bemerkungen Wasserschrauben sind beliebte Hintergrundpflanzen mit langen Blättern, die auf der Wasseroberfläche treiben. Es handelt sich um anspruchslose Gewächse, die für fast alle Wasserbedingungen geeignet sind und sich häufig durch Ausläufer vermehren.

Javamoos *Vesicularia dubyana*

Herkunft Südostasien

Größe 5 cm

Temperaturansprüche 18–28 °C

Wasserbedingungen Weich bis hart, pH-Wert 6–8

Schwierigkeitsgrad Anspruchslos

Lichtbedarf Gering bis hoch

Bemerkungen Javamoos kann für fast alle Warmwasseraquarien empfohlen werden, nicht zuletzt, weil Fische die anspruchslosen Pflanzen gern zum Ablaichen nutzen. Bei genügend Licht und einem ausreichend hohen CO_2-Gehalt des Wassers werden dichte Polster gebildet (siehe S. 48 und 66).

Einrichten des Beckens

Die richtige Dekoration und Bepflanzung Ihres Aquariums hat einen sehr großen Einfluss auf das spätere Erscheinungsbild, gleichgültig ob es sich um die Nachbildung eines Gebirgsbaches mit zahlreichen, wahllos verteilten Steinen handelt oder um ein Riffbecken mit lebenden Korallen und anderen niederen Tieren. Daher sollten Sie einige Tricks anwenden, die helfen, das Optimale aus Ihrem Becken zu machen.

Der Bodengrund

Einen großen Einfluss auf das Aussehen eines Beckens hat zunächst einmal die Farbe des Bodengrundes (siehe S. 50–51). Materialien wie Korallen-, Quarz- oder Flusssand hellen ein Becken auf und lassen es wie sonnendurchflutet aussehen. Dagegen absorbieren dunkle Substrate das einfallende Licht und vermitteln so eher den Eindruck eines schattigen Waldflusses. Ein dunkler Bodengrund kann aber auch bewirken, dass die Pflanzen besser zur Wirkung kommen und die Farben der Fische kräftiger leuchten. Eine Rolle spielt außerdem, wie der Bodengrund angeordnet wird. So vermittelt beispielsweise ein leichtes Ansteigen des Substrates von vorn nach hinten den Eindruck größerer Tiefe im Becken.

So wirkt ein Aquarium höher

- **Bringen Sie nur eine dünne Bodengrundschicht ein.**
- **Ist eine Wand aus Steinen vorgesehen, so sollte diese bis zur Wasseroberfläche reichen.**
- **Benutzen Sie eine Wurzel mit senkrecht nach oben weisenden Verzweigungen, damit diese die Wasseroberfläche durchbrechen.**
- **Verwenden Sie hohe Pflanzen, die Sie an die Seiten setzen, und lassen Sie die Mitte frei und den Bodengrund außerdem an einer Seite leicht ansteigen.**

Hohes Becken
1 Dünne Bodengrundschicht
2 Hohe Moorkienholzwurzel
3 Große, bis zur Wasseroberfläche reichende Pflanzen

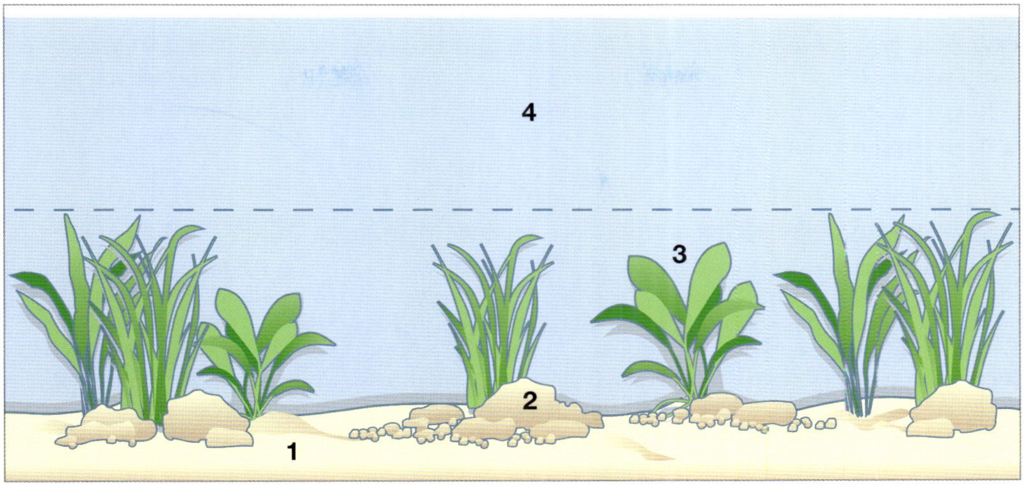

Langes Becken
1 Dicke, gleichmäßig hohe Bodengrundschicht
2 Rundliche, flach liegende Steine
3 Niedrige Pflanzen, über die gesamte Beckenlänge verteilt
4 Oberer Bereich des Aquariums bleibt frei

So wirkt ein Aquarium länger

- **Verwenden Sie eine gleichmäßige, etwa 10 cm hohe Bodengrundschicht.**
- **Dekorieren Sie mit flachen Steinen oder niedrigen Wurzeln, die höchstens die halbe Beckenhöhe erreichen sollten.**
- **Wählen Sie zum Bepflanzen kleine Arten, und verteilen Sie diese über die gesamte Länge des Beckens. Beim Vergleich mit dem auf Höhe getrimmten Aquarium werden die Unterschiede sofort deutlich.**

Steine

Steine können als einzelne Dekorationsstücke eingebracht werden, man kann sie aber auch aufschichten, um einen Felsuferhintergrund zu schaffen (siehe S. 52–53). Besonders bei naturnahen Becken (siehe S. 14–15) sollten diese Steine aber möglichst natürlich aussehen. Legen Sie einzelne Dekorationssteine so auf den Boden, wie dies auch in einem echten Gewässer der Fall wäre; außerdem sollten Sie sich auf einen Typ beschränken.

Wenn Sie Steine übereinander stapeln, sollten sich die untersten auf dem Beckenboden befinden, damit wühlende Fischen sie nicht unterhöhlen können und die ganze Konstruktion einstürzt. Außerdem empfiehlt es sich, die einzelnen Steine sicherheitshalber mit Aquariensilikon zu verkleben.

Unterwassereffekte

Vermeiden Sie bei der Einrichtung Ihres Beckens unbedingt eine zu symmetrische Anordnung, sondern planen Sie Ihre Unterwasserlandschaft stattdessen um ein Zentrum rechts oder links von der Mitte.

Eine besondere Wirkung können aber auch die eingesetzten Fische hervorrufen. So lassen beispielsweise lang gestreckte Fische wie Bärblinge ein Becken länger erscheinen, während ein Aquarium durch hoch gebaute Arten wie Skalare höher wirkt.

Pflanzpläne

Das Bepflanzen eines Aquariums gleicht in vieler Hinsicht der eines Gartens. So setzt man beispielsweise hohe Arten in den Hintergrund und man achtet außerdem darauf, dass Farben und Blattformen gut miteinander harmonieren. Damit dies gelingt, macht man sich am besten zunächst einen Pflanzplan, der unbedingt auch die Lichtansprüche der einzelnen Arten berücksichtigen sollte.

Algenwuchs verhindern

Um verstärkten Algenwuchs nach dem Einrichten zu verhindern, sollte das Aquarium von Beginn an dicht bepflanzt werden, wobei 50–60 Exemplare für ein 60-cm-Becken keinesfalls übertrieben sind. Wählen Sie möglichst schnell wachsende, hohe Arten, denn diese verbrauchen nicht nur viele der Nährstoffe, die den Algen dann nicht zur Verfügung stehen, sondern sie sorgen zusätzlich für eine Beschattung des Beckens.

Bundpflanzen

Bundpflanzen, bei denen es sich zumeist um gebündelte Kopfstecklinge handelt, gehören zu den preiswerteren Aquarienpflanzen, denn viele lassen sich auf diese Weise sehr einfach vermehren. Zum Einpflanzen drückt man die Stängel mindestens 2,5 cm in den Bodengrund (siehe S. 67).

Unten In diesem Becken ist die Bepflanzung so dicht, dass nicht einmal der Bodengrund zu erkennen ist.

Topfpflanzen

Pflanzen mit einem großen Wurzelstock, etwa *Echinodorus*-Arten (siehe S. 72), kauft man am besten in Töpfen. Diese Pflanzen, die sich normalerweise nicht durch Kopfstecklinge vermehren lassen, werden zumeist nicht unter Wasser herangezogen, sondern in einer Umgebung mit sehr hoher Luftfeuchtigkeit, so dass ihre Blätter sehr viel Licht und CO_2 bekommen. Außerdem pflanzt man sie nicht in Erde, sondern in Steinwolle, die man vor dem Einsetzen ins Aquarium entfernen sollte (siehe S. 67). Da Topfpflanzen bereits gut entwickelte Wurzeln haben, wachsen sie normalerweise sehr gut an.
Weil die Pflanzen im Wasserpflanzen-Zuchtbetrieb außerhalb des Wassers herangezogen wurden, haben sie zunächst noch sehr feste Blätter. Im Aquarium werden diese dann durch neue, zartere Unterwasser-Blätter ersetzt, die der neuen Umgebung nun sehr viel besser angepasst sind.

Gestalten mit Pflanzen

Man könnte meinen, ein Becken, das natürlich aussehen soll, müsse überhaupt nicht weiter geplant werden. Das trifft aber nicht zu, denn es macht ja keinen Sinn, die hohen Aquarienpflanzen an die Frontscheibe zu setzen.
Bepflanzen Sie das Aquarium am besten, wenn es halb mit Wasser gefüllt ist. Setzen Sie die hohen Pflanzen in den Hintergrund, einige besonders attraktive Exemplare in den mittleren Bereich und die kleinen Arten an die Vorderseite. Arrangieren Sie die Pflanzen möglichst in kleinen Gruppen, weil dies die Wirkung beträchtlich erhöht.

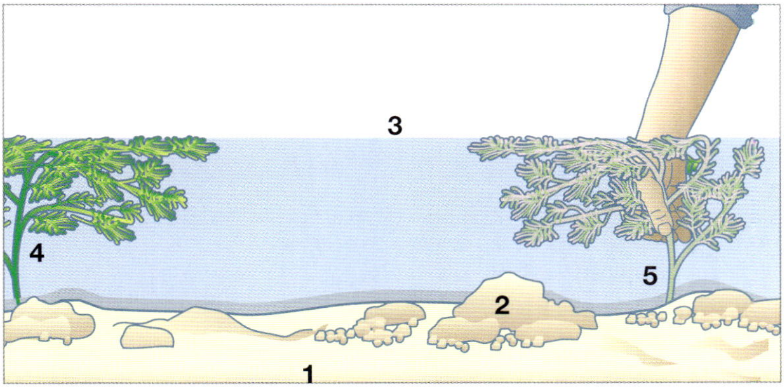

Bepflanzen eines Aquariums
1 Kies einfüllen
2 Steine arrangieren
3 Becken halb mit Wasser füllen
4 Pflanzen an die Rückwand setzen
5 Die Wurzeln tief in den Boden drücken

Ansprechende Wirkung erzielen
1 Pflanzen in Gruppen zusammensetzen
2 Verschiedene, gut aufeinander abgestimmte Arten verwenden
3 Kleine Pflanzen zwischen die Steine setzen
4 Dichte Bepflanzung, um Algenwuchs zu verhindern

Typisches Bepflanzungsbeispiel
1 Bodengrund leicht nach hinten ansteigen lassen
2 Hohe Pflanzen vor die Rückscheibe setzen
3 Vordergrund mit kleinen Arten bepflanzen
4 Viele kleinwüchsige Pflanzen bilden später einen dichten Pflanzenteppich

Sicherheit

In der Aquaristik muss man Wasser und Elektrizität miteinander kombinieren, was bei unsachgemäßer Handhabung leicht zu einer Katastrophe führen kann. Daher sollte man bei der Installation der elektrischen Geräte auch so umsichtig wie möglich vorgehen. Denn Fehler können nicht nur fatale Folgen für Fische haben, sondern, was natürlich noch schlimmer ist, auch für den Aquarianer.

Oben Feuerfische haben stark giftige Flossenstrahlen, die man nicht berühren darf.

Oben rechts Muränen können schmerzhafte Bisswunden verursachen, so dass man sie nie mit der Hand füttern sollte.

Oben ganz rechts Vergessen Sie nie, dass Piranhas Raubfische mit scharfen Zähnen sind.

Elektrizität

Lassen Sie die elektrischen Leitungen zum Aquarium unbedingt von einem Fachmann legen, und ziehen Sie bei allen Pflegemaßnahmen stets die Stecker aus der Steckdose. Besonders gefährlich sind beschädigte Kabel oder Stecker, so dass Sie darauf besonders achten sollten.

Glas

Stellen Sie Ihr Aquarium möglichst so auf, dass es nicht versehentlich angestoßen und dadurch beschädigt werden kann. Neue Becken haben oft scharfe Kanten, so dass man sie nur mit Handschuhen transportieren sollte. Da große Aquarien sehr schwer sind, braucht man beim Aufstellen oft die Hilfe mehrerer Personen (siehe S. 31). Mit Wasser gefüllte Becken dürfen nicht mehr bewegt werden, weil sie sonst zerbrechen und eine Überschwemmung verursachen können. Außerdem kommt es in solchen Fällen durch die zerberstenden Scheiben nicht selten zu schweren Verletzungen.

Fische

Es gibt aber auch einige Fische, vor denen man sich in Acht nehmen muss. So können größere Raubfische sehr schmerzhaft zubeißen, wenn man unvorsichtig im Becken hantiert; außerdem gibt es eine Reihe giftiger Fische, von denen man besser gleich die Finger lässt. Ist man dazu nicht bereit, sollte man bei Pflegemaßnahmen stets Handschuhe tragen und sich anschließend gründlich die Hände waschen. Anhand der Tabelle auf Seite 81 können Sie sich über potentiell gefährliche Fischarten informieren.

Aquarien und Elektrizität

Richtig

- ✔ Stellen Sie das Becken nicht vor eine Steckdose, denn überschwappendes Wasser kann Kurzschlüsse verursachen.
- ✔ Achten Sie beim Kauf der Geräte darauf, dass sie den Sicherheitsnormen entsprechen (Prüfvermerk VDE).
- ✔ Schließen Sie die Geräte an eine gesicherte Stromleitung an.

Falsch

- × Benutzen Sie keine Verlängerungskabel, sondern lassen Sie sich neue Leitungen von einem Fachmann legen.
- × Überlasten Sie die Leitungen nicht.
- × Verlegen Sie keine Kabel über der Wasseroberfläche.

Gefährliche Fischarten

	GEFÄHRDUNG DURCH
Feuerfische (*Dendrochirus* und *Pterois* spp.; siehe S. 239)	Giftige Flossenstrahlen im Kopfbereich; dürfen nicht angefasst werden
Kugelfische (*Arothron*, *Diodon* und *Tetraodon* spp.; siehe S. 237)	Hautgifte und scharfe Zähne; im aufgeblähten Zustand aufgerichtete, spitze Schuppen
Buntbarsche (siehe S. 144–147)	Größere Arten können kräftig zubeißen; einige Buntbarsche bilden ein Revier
Piranhas (*Serrasalmus* und *Pygocentrus* spp.)	Verhalten sich im Aquarium zumeist scheu, können aber kräftig zubeißen
Welse (siehe S. 154–155)	Können ihre spitzen Flossenstrahlen aufrichten, um nicht von Fressfeinden verschluckt zu werden
Schmerlen (siehe S. 133 und 147–148)	Selbst die hübschen Prachtschmerlen (*Botia macracantha*; siehe S. 147) haben Dornen in Augennähe, die bei Gefahr aufgerichtet werden können
Kaiserfische (siehe Seiten 231–232)	Viele Arten haben Dornen auf den Kiemenplatten, die in Kämpfen und zur Verteidigung eingesetzt werden
Doktorfische (siehe S. 229–230)	Doktorfische haben hornartige Dornen im Bereich der Schwanzwurzel
Muränen (*Gymnothorax* spp.)	Alle Arten haben sehr spitze, nach hinten gebogene Zähne, mit denen sie sich fest verbeißen können
Süßwasserrochen (*Potamotrygon* spp.)	Besitzen einen Giftstachel am Schwanzende

Wasseraufbereitung

Die meisten Aquarianer befüllen ihr Becken mit Leitungswasser. Dieses wurde zwar als Trinkwasser aufbereitet, was aber nicht unbedingt bedeutet, dass es auch für Fische optimal ist. Daher muss es vor dem Einfüllen in das Aquarium möglicherweise aufbereitet werden, wobei es vor allem darum geht, eventuell enthaltenes Chlor zu entfernen. Aber auch andere Bestandteile können schädlich sein, so dass Sie sich vorab bei den zuständigen Stadtwerken über die genaue Zusammensetzung des örtlichen Wasser informieren sollten.

Mögliche Probleme mit Leitungswasser

In einigen Regionen kann das Leitungswasser mit Chlor oder ähnlichen Substanzen versetzt sein, die schädliche Bakterien abtöten sollen. Allerdings vernichten diese Stoffe auch die nützlichen Bakterien im Filter und schaden zudem oft auch den Fischen.

Leitungswasser aufbereiten

Muss Ihr Leitungswasser aufbereitet werden, greifen Sie am besten auf handelsübliche Mittel zurück. Aus Kostengründen kann es sinnvoll sein, gleich eine größere Menge anzuschaffen, denn Wasseraufbereitungsmittel werden später auch für die regelmäßigen Teilwasserwechsel benötigt (siehe S. 170–171). Die Anwendung der Mittel ist einfach, da selbst eine leichte Überdosierung keinen Schaden anrichtet. Neben Chlor entfernen viele dieser Wasseraufbereitungsmittel auch noch Schwermetalle.

Chlor austreiben

Wer kein handelsübliches Aufbereitungsmittel verwenden möchte, kann das Leitungswasser zunächst auch in einen Behälter füllen und das Chlor mit einem Powerhead (siehe S. 34–35) oder mit einem Ausströmerstein austreiben. Letzterer wird über einen Schlauch mit einer Pumpe verbunden, die dafür sorgt, dass die Luft in das Wasser gepresst wird. Dabei perlt die Luft wegen der besonderen Beschaffenheit des Ausströmersteins in Form von hunderten kleiner Blasen ins Wasser, die anschließend schnell zur Oberfläche aufsteigen, wo sie sich dann auflösen. Diese Durchlüftung bewirkt, dass nicht nur ein großer Teil des Kohlendioxids (CO_2) ausgetrieben wird, sondern auch eventuell im Wasser vorhandenes Chlor, was zumeist an dem typischen Chlorgeruch, der dabei auftritt, erkennbar ist.

Ein weiterer Vorteil dieser Methode ist, dass das Wasser mit Sauerstoff angereichert wird.
Andere unerwünschte Substanzen, etwa Schwermetalle, lassen sich auf dieses Weise allerdings nicht entfernen, weil sie nicht gasförmig vorliegen. Nachdem das Wasser auf diese Weise belüftet wurde, kann es dann zum Befüllen des Beckens verwendet werden.

Leitungswasser mit Aktivkohle aufbereiten

Chlor und Schwermetalle lassen sich aber auch mit Aktivkohle aus dem Wasser entfernen, was bei Verwendung einer Umkehrosmoseanlage automatisch geschieht (siehe S. 84). Da die Aufnahmekapazität der Aktivkohle nicht unbegrenzt ist, muss man sie etwa einmal im Monat austauschen, weil die unerwünschten Substanzen sonst nach und nach doch wieder ins Wasser gelangen.

Weitere Mittel zur Wasseraufbereitung

Besonders wenn man Fische über eine längere Entfernung transportiert, werden dem Wasser oft Mittel hinzugefügt, die Pflanzenextrakte enthalten, beispielsweise Auszüge aus der Echten Aloe (*Aloe vera*), die helfen sollen, den Stress für die Tiere zu verringern. Man kann solche Substanzen aber auch zur Beruhigung von Fischen einsetzen, wenn man diese in ein neues Becken eingewöhnen muss.
Beim längeren Transport von Fischen werden häufig auch Wasseraufbereitungsmittel eingesetzt, die die Konzentration des giftigen Ammoniaks möglichst gering halten sollen. Diese lassen sich übrigens auch in Notfällen benutzen, wenn etwa ein Test des Wassers ergibt, dass die Ammoniakwerte im Becken zu hoch geworden sind, beispielsweise durch einen Filterausfall.

Leitungswasser aufbereiten

1 Füllen Sie einen sauberen Eimer, von dem das Volumen bekannt ist, teilweise mit kaltem Leitungswasser.

2 Gießen Sie dann heißes Wasser hinzu, bis der Inhalt etwa lauwarm ist.

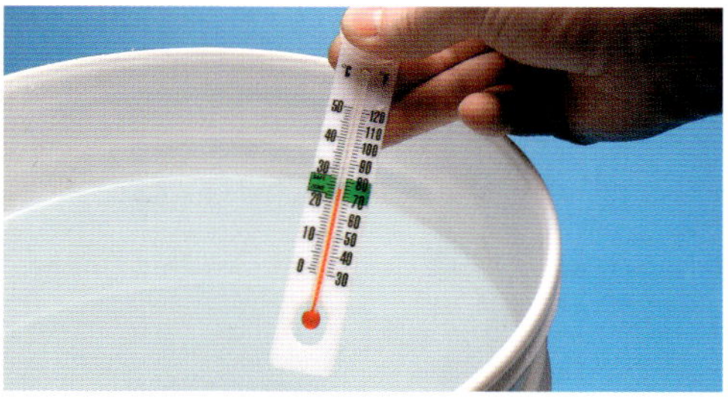

3 Überprüfen Sie die Temperatur und stellen Sie den gewünschten Wert durch Zugabe von kaltem oder heißem Wasser ein.

4 Geben Sie ein Wasseraufbereitungsmittel in der vorgeschriebenen Konzentration hinzu.

5 Rühren Sie das Wasser kräftig durch, damit sich das Mittel gleichmäßig verteilt.

6 Das Wasser vorsichtig ins Becken gießen, ohne dabei die Dekoration zu zerstören.

Eine Umkehrosmoseanlage verwenden

Für den menschlichen Verbrauch aufbereitetes Leitungswasser kann aber nicht nur schädliche Substanzen wie Schwermetalle oder Chlor enthalten (siehe S. 82–83), sondern auch Phosphate und Nitrate (siehe S. 108–109). Diese sind in Aquarien ebenfalls unerwünscht, denn sie verursachen häufig starkes Algenwachstum. Entfernen lassen sie sich mit einer Umkehrosmoseanlage.

So funktioniert eine Umkehrosmoseanlage

Bei einer Umkehrosmoseanlage wird das Wasser durch eine spezielle, halbdurchlässige Membran gedrückt, die dazu dient, unerwünschte Salze wie Phosphat und Nitrat, aber auch Härtebildner wie Calcium und Magnesium zurückhalten. Bevor das Wasser durch die in einem Zylinder untergebrachte Membran läuft, wird es aber zunächst über mehrere Vorfilter geleitet. Diese enthalten Filtermedien, um grobe Schmutzpartikel aus dem Wasser zu entfernen, sowie Aktivkohle, damit u.a. Chlor herausgefiltert wird, was nicht nur dem Wohl der Fische dient (siehe S. 82), sondern auch dem Schutz der Membran.
Das durch die Vorfilter und die Membran gereinigte Wasser wird in einem Eimer aufgefangen und kann dann im Aquarium verwendet werden. Außerdem fällt noch Abwasser an, in dem die unerwünschten Substanzen enthalten sind. Dieses wird normalerweise über den Abfluss entsorgt. Aus Leitungswasser, das über eine Umkehrosmoseanlage gereinigt wurde, sind etwa 99,9 % aller zuvor enthaltenen Verunreinigungen entfernt. Allerdings fallen für rund 5 Liter gereinigtes Wasser ungefähr 15 Liter Abwasser an. Bei weniger belastetem Ausgangswasser kann das Verhältnis aber auch etwas günstiger sein.

Installation einer Umkehrosmoseanlage

Wenn Sie eine Umkehrosmoseanlage erworben haben, werden Sie feststellen, dass sie drei Schläuche in verschiedenen Farben besitzt. Von diesen wird einer am Wasserhahn befestigt, aus dem nächsten kommt das Abwasser und aus dem dritten das Reinwasser; anbringen lässt sich das Gerät beispielsweise unter einer Küchenspüle oder an anderen Stellen, an denen ein Wasserzulauf und ein Abfluss zur Verfügung stehen. Die meisten Anlagen lassen sich problemlos auch von Laien installieren, doch wenn Sie sich unsicher fühlen, sollten Sie einen Fachmann hinzuziehen. Wer die nicht ganz unerhebliche Ausgabe für eine Umkehrosmoseanlage scheut, kann aufbereitetes Reinwasser auch kanisterweise im Fachhandel kaufen.

Laufende Kosten

Für die Herstellung von osmotisch aufbereitetem Wasser entstehen neben der Anschaffung des Gerätes noch weitere Kosten. So steigt zunächst einmal der Wasserverbrauch, weil ja vergleichsweise viel Abwasser anfällt; außerdem muss man regelmäßig das Material der Vorfilter und den Membranfilter ersetzen. Letzteres ist allerdings nur etwas alle 45.000 Liter erforderlich, voraus-

Unten Handelsübliche Umkehrosmoseanlage mit herausgenommenem, blauem Membranfiltermodul

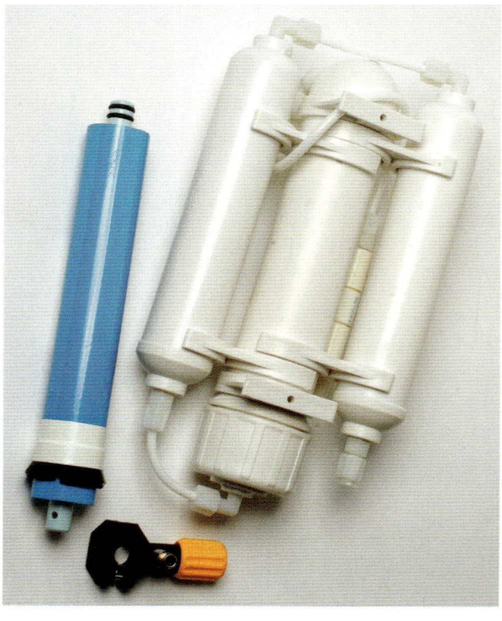

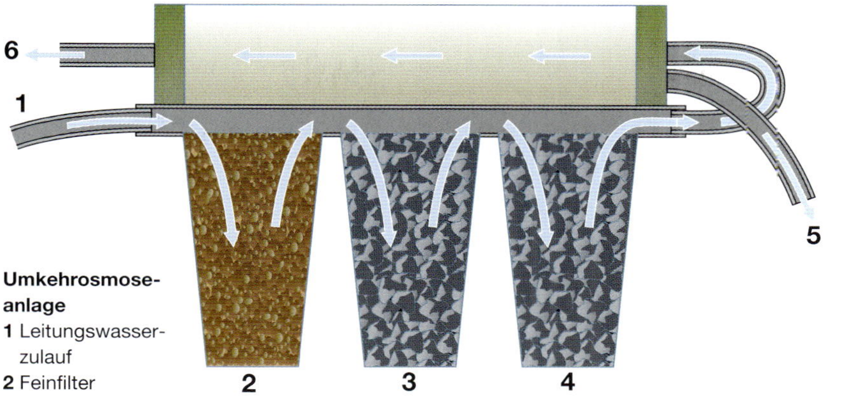

Umkehrosmose-anlage
1 Leitungswasser-zulauf
2 Feinfilter
3 Aktivkohlefilter
4 Aktivkohlefilter
5 Abwasser
6 Reinwasser

gesetzt, die Membran wird nicht durch Chlor beschädigt, weil die Aktivkohle im Vorfilter nicht oft genug ausgetauscht wurde.

Weitere Vorzüge einer Umkehr-osmoseanlage

Wie bereits erwähnt, muss die Wasserqualität im Aquarium den natürlichen Bedingungen des jeweiligen Lebensraumes der Fische angepasst sein. Auch dazu kann eine Umkehrosmoseanlage beitragen, denn sie liefert sehr weiches Wasser, weil den pH-Wert und die Wasserhärte beeinflussende Salze (siehe Seite 105) herausgefiltert wurden. Daher ist solches Wasser ausgezeichnet für aus dem Amazonasgebiet stammende Fischarten geeignet, wo solche Bedingungen vorherrschen. Wird eine andere Wasserqualität benötigt, kann man den pH-Wert und den Härtegrad aber auch leicht durch im Fachhandel erhältliche Lösungen wieder verändern. Und natürlich ist die Schadstoffartmut in umkehrosmotisch aufbereitetem Wasser stets ein zusätzlicher Bonus. Das merkt man sehr schnell, wenn besonders empfindliche Organismen gehalten werden, etwa Korallen (siehe S. 204–205), aber auch bei Algenproblemen, weil das Wachstum der unerwünschten Algen durch Teilwasserwechsel mit normalem Leitungswasser häufig verstärkt wird.

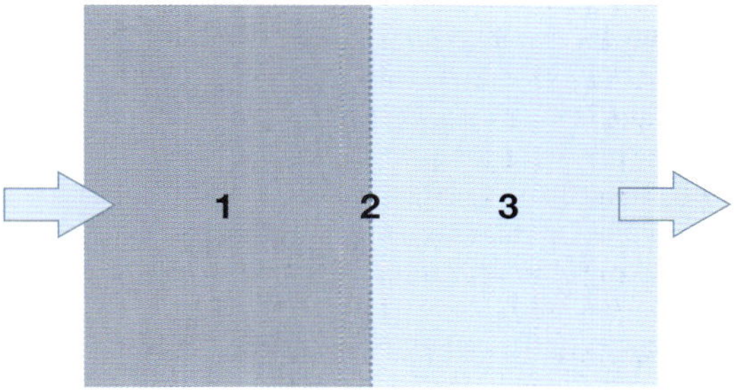

So funktioniert der Membranfilter einer Umkehrosmoseanlage
1 Wasser mit gelösten Substanzen
2 Membran hält gelöste Substanzen zurück
3 Gefiltertes Wasser

Tipp

Wenn Sie ein neu eingerichtetes Becken vollständig mit Wasser aus einer Umkehrosmoseanlage befüllen, müssen Sie zusätzlich handelsübliche Mineralsalze hinzufügen. Andernfalls kann es sonst in Extremfällen dazu kommen, dass dem Fischkörper lebensnotwendige Salze entzogen werden.

Vorbereitungen zum Einrichten eines Kaltwasseraquariums

Nachdem bisher überwiegend die theoretischen Grundlagen zum Betrieb eines Aquariums behandelt wurden, soll nun die Praxis folgen. Begonnen wird mit der Einrichtung eines Kaltwasserbeckens, denn solche Aquarien eignen sich gut für Einsteiger, weil nur eine Grundausstattung an Geräten notwendig ist und viele Arten, besonders Goldfische (siehe S. 127–132), überall verfügbar und zudem sehr leicht zu halten sind.

Beckengröße und Besatzdichte

Da Goldfische vergleichsweise groß werden und zudem sauerstoffreicheres Wasser benötigen als Warmwasserarten, ist zu ihrer Haltung ein geräumiges Aquarium erforderlich. Im nachfolgenden Beispiel hat das verwendete Becken eine Länge von 60 cm, was für vier junge Goldfische oder vier Exemplare von einer der zahlreichen Zuchtformen (siehe S. 127–132) ausreicht. Kaufen Sie Jungfische von etwa 5 cm Länge, denn diese sind noch recht preiswert und Sie haben länger etwas von ihnen; außerdem belasten kleinere Fische den anfangs noch nicht vollständig eingefahrenen Filter weniger. Wenn die Tiere eine Länge von 10 cm erreicht haben, oder wenn Sie weitere Exemplare anschaffen wollen, empfiehlt es sich, das hier vorgestellte Becken durch ein größeres zu ersetzen.

Filterung

Als Filter wurde ein motorbetriebener Innenfilter (siehe S. 35) ausgewählt, weil dessen mechanische Filterkapazität für das vorgestellte Beispielbecken ausreichend ist (siehe S. 38). Außerdem ist eine Luftpumpe vorgesehen, die für eine zusätzliche Belüftung und einen hübschen Blasenstrom sorgt (siehe S. 42). Wenn Sie einen Diffusor am Filterauslass anbringen, können Sie auf die zusätzliche Luftpumpe auch verzichten.

Einkaufszettel für Kaltwasseraquarien

- ❍ **60 cm Aquarium**
- ❍ **Aquarienschrank**
- ❍ **Motorbetriebener Innenfilter**
- ❍ **Luftpumpe**
- ❍ **Luftschlauch und Ausströmerstein**
- ❍ **Kies**
- ❍ **Steine**
- ❍ **Dekorationsartikel**
- ❍ **Künstliche Pflanzen**
- ❍ **Wasseraufbereitungsmittel**
- ❍ **Abdeckhaube mit Lampenfassung**
- ❍ **Starter und Vorschaltgerät**
- ❍ **Leuchtstoffröhre**
- ❍ **Deckscheibe (ist eventuell nicht erforderlich)**

Oben Dieser Innenfilter besitzt einen Diffusor zur zusätzlichen Belüftung.

Oben Plastikpflanzen sind für Goldfischbecken die beste Wahl, denn echte Pflanzen werden zumeist gefressen.

Unten Rund geschliffener Kies ist gut für Goldfische geeignet, weil sich die Tiere daran nicht das Maul verletzen.

Wasser

In Kaltwasseraquarien kann die Temperatur während der Heizperiode im Winter oder auch an heißen Tagen im Sommer durchaus auf 20–23 °C oder sogar noch weiter ansteigen. Sofern die Werte keine extremen Ausmaße erreichen, kommen die meisten der im allgemeinen recht robusten Goldfische damit gut zurecht, so dass kein Grund zur Sorge besteht. Wenn Sie in dieser Zeit einen Teilwasserwechsel durchführen (siehe S. 170–171), sollten Sie aber angewärmtes Wasser verwenden, damit die Fische keinen Temperaturschock erleiden.

Bezüglich der Wasserqualität sind die meisten Goldfische recht anspruchslos, so dass normalerweise keine Geräte zur Wasseraufbereitung erforderlich sind. Wenn Sie nur das Beste für Ihre Fische wollen, können Sie aber auch durch eine Umkehrosmoseanlage aufbereitetes und mit Mineralsalzen angereichertes Wasser mit pH-Wert von etwa 7,5 verwenden, was außerdem einem zu starken Algenwachstum in den zumeist unbepflanzten Becken entgegenwirkt.

Ein Kaltwasseraquarium einrichten

Bevor Sie mit der Einrichtung beginnen, sollten Sie zunächst überprüfen, ob Sie alle Teile vom Einkaufszettel auf Seite 86 zur Verfügung haben. Weiterhin benötigen Sie ein Handtuch sowie mehrere Eimer zum Waschen des Bodengrundes und zum Befüllen des Aquariums. Beginnen Sie frühzeitig mit der Arbeit, damit Sie Ihren Händler notfalls vor Geschäftsschluss noch einmal aufsuchen können, und bedenken Sie, dass Sie für einige Tätigkeiten vermutlich Hilfe benötigen werden.

1 Wenn Sie entschieden haben, welchen Platz das Aquarium bekommen soll (siehe S. 30), stellen Sie den Unterschrank und das Becken dort auf. Installieren Sie anschließend die Ausrüstungsgegenstände, wobei Sie am besten mit dem Innenfilter beginnen (siehe S. 35). Befestigen Sie diesen im hinteren Bereich des Beckens in einer Höhe, dass sich der Filterkopf später direkt unter der Wasseroberfläche befindet.

2 Kaltwasserfische benötigen sehr sauerstoffreiches Wasser, ganz besonders, wenn sie in einem geheizten Zimmer gehalten werden. Daher empfiehlt es sich, von Anfang an für eine zusätzliche Belüftung durch eine Luftpumpe zu sorgen (siehe S. 42). Verbinden Sie dazu einen Durchlüfterstein (siehe S. 82) mit einem PVC- oder Silikonschlauch und befestigen Sie diesen mit Saugnäpfen an der Rückseite und am Boden des Aquariums, damit die durchströmende Luft ihn nicht verschieben kann.

3 Stellen Sie die angeschlossene Luftpumpe neben dem Aquarium auf eine ebene Fläche. Wenn die Pumpe unterhalb der Wasseroberfläche steht, ist ein Rückschlagventil erforderlich, damit beim Ausschalten kein Beckenwasser ausläuft.

4 Waschen Sie den Bodengrund in einem Eimer, um Staub und Fremdkörper zu entfernen. Bedecken Sie den Beckenboden dann etwa 5 cm hoch mit dem gewaschenen Substrat. Der hier verwendete grobe Kies (siehe S. 50) enthält keine Kalkanteile, so dass er den pH-Wert des Wassers nicht verändert (siehe S. 104–105); außerdem hat er keine scharfen Kanten, an denen sich die gern gründelnden Goldfische das Maul verletzen könnten.

5 Legen Sie als Dekoration an den gewünschten Stellen einige gewaschene, runde Steine auf den Bodengrund. Bedenken Sie, dass die feuchten, schweren Steine häufig sehr glitschig sind und Ihnen daher leicht aus der Hand rutschen können. Außerdem gilt es darauf zu achten, dass die verwendeten Steine kalkfrei sind.

6 Fügen Sie eventuell weitere Dekorationsstücke hinzu, etwa eine Wurzel, die beispielsweise ein Schlammpeitzger (siehe S. 133) oder auch andere Bodenfische als Versteck nutzen können. Verwenden Sie dazu so genanntes Moorkienholz aus dem Fachhandel, weil dieses die Wasserwerte nur wenig beeinflusst (siehe S. 54).

7 Befüllen Sie das Aquarium teilweise mit Leitungswasser und fügen Sie anschließend so viel warmes Wasser hinzu, dass im Becken eine Temperatur zwischen 15 und 20 °C herrscht, denn solche Werte sind für Kaltwasserarten, etwa Goldfische, ideal. Zum Schluss sollte sich der Wasserspiegel etwa 5 cm unter dem Aquarienoberrand befinden.

8 Goldfische fressen sehr gern frische Blätter und Stängel, so dass es wenig Sinn hat, lebende Pflanzen zur Dekoration einzusetzen. Nehmen Sie stattdessen künstliche Pflanzen (siehe S. 58–59), von denen die größeren in den Hintergrund und die kleinen an die Beckenvorderseite gesetzt werden, wobei aber noch genügend freier Schwimmraum für die Fische bleiben muss. Die größeren Pflanzen kann man auch zum Verdecken von Schläuchen und Filtern verwenden.

9 Da nicht jedes Leitungswasser ohne weitere Aufbereitung für ein Aquarium verwendet werden kann (siehe S. 82), müssen Sie zur Verbesserung der Wasserqualität eventuell Wasseraufbereitungsmittel einsetzen, etwa um Schwermetallrückstände zu entfernen. Berechnen Sie zunächst das Beckenvolumen und fügen Sie dann die entsprechende Menge des Mittels hinzu. Lassen Sie das Becken anschließend möglichst eine Woche lang ohne Fische stehen, damit sich die Bedingungen stabilisieren und vor allem ausreichend nützliche Bakterien wachsen können.

10 Bereiten Sie den Lampenkasten vor, indem Sie ihn mit Leuchtstoffröhren ausstatten, die die Farben der Goldfische besonders gut zur Geltung bringen (siehe S. 46). Verwenden Sie keinesfalls Glühbirnen, weil diese nicht nur recht kurzlebig sind, sondern ein Kaltwasseraquarium auch zu stark aufheizen.

11 Setzen Sie den Lampenkasten auf das Becken. Bei manchen Abdeckungen ist es erforderlich, zwischen den Lampen und der Wasseroberfläche zusätzlich eine gläserne Abdeckscheibe anzubringen, um die ständige Feuchtigkeit von der Beleuchtung fernzuhalten.

12 Lassen Sie den Filter und die Luftpumpe ungefähr eine Woche lang laufen; die Beleuchtung kann in dieser Zeit ausgeschaltet bleiben, weil ja keine echten Pflanzen verwendet werden. Setzen Sie erst dann die ersten Fische ein, vielleicht zwei für den Anfang (siehe S. 127–132).

Probleme beseitigen

- **Anfangs ist das Wasser in allen neu eingerichteten Aquarien ein wenig trübe, was daran liegt, dass sich selbst in gut gewaschenem Kies noch Staubpartikel befinden. Innerhalb von etwa 24 Stunden sollte der Filter das Wasser aber so weit gereinigt haben, dass es klar wirkt. Wird es nach ungefähr einer Woche dann plötzlich wieder milchig, ist vermutlich ein sehr starkes Bakterienwachstum („Bakterienblüte") der Grund. Testen Sie das Wasser aber vorsichtshalber, um sicherzustellen, dass die Qualität in Ordnung ist.**

Vorbereitungen zum Einrichten eines Warmwasseraquariums

Tropische Süßwasserbecken sind bei Aquarianern besonders beliebt, denn für sie sind sehr viele Fische in den unterschiedlichsten Größen und Färbungen erhältlich. Bedenken Sie bei Ihren Vorbereitungen aber, dass Fische im Aquarium die gleichen Verhaltensweisen zeigen wie in der Natur. Wenn eine Art also am natürlichen Standort einen Schwarm bildet oder sich überwiegend in einem bestimmten Bereich des Gewässers aufhält, etwa am Boden, ist das auch im Aquarium der Fall.

Beckengröße und Besatzdichte

Es gibt sehr kleine Süßwasserfische, die selbst in Becken von 30 cm Länge leben können. Aber schon wenn man einen kleinen Schwarm oder auch verschiedene Arten gemeinsam halten und das Becken bepflanzen will, empfiehlt sich ein Aquarium, das mindestens die Maße 80 x 35 cm aufweist. Darin kann man dann mehrere Exemplare kleinerer Arten halten oder auch zwei, drei größere Fische, die ausgewachsen eine Länge von etwa 10 cm erreichen. Bedenken Sie bei der Zusammenstellung aber, dass die Arten zueinander passen müssen, denn es ist natürlich nicht möglich, kleine Fische und größere Räuber in einem Gesellschaftsbecken zu halten.

Filterung

Da in einem Becken der vorgesehenen Größe bis zu 25 kleine oder mittelgroße Fische leben können, muss der Filter bestimmte Voraussetzungen erfüllen, um für optimale Lebensbedingungen zu sorgen. Daher sollte man einen Mehrkammer-Innenfilter verwenden (siehe S. 35), der mechanische, biologische und – wenn notwendig – auch chemische Filtermedien aufnehmen kann, oder auch einen Außenfilter mit entsprechenden Eigenschaften (siehe S. 36–37). Bei Mehrkammerfiltern wird häufig Aktivkohle als Filtermaterial mitgeliefert (siehe S. 40), die Sie aber nicht verwenden sollten, wenn Sie Ihr Becken bepflanzen möchten, denn das Material entfernt auch wichtige Pflanzennährstoffe aus dem Wasser.

Unten Eine Moorkienholzwurzel lässt ein Becken mit tropischen Süßwasserfischen natürlicher wirken.

Einkaufszettel für das Warmwasseraquarium

- ❍ **Aquarium 80 x 35 cm**
- ❍ **Mehrkammer-Innenfilter**
- ❍ **Heizstab**
- ❍ **Bodengrund**
- ❍ **Steine**
- ❍ **Moorkienholzwurzel**
- ❍ **Wasseraufbereitungsmittel**
- ❍ **Pflanzen**
- ❍ **Fangnetz**
- ❍ **Thermometer**
- ❍ **Dünger**
- ❍ **Leuchtstoffröhren**
- ❍ **Starter und Vorschaltgerät**
- ❍ **Abdeckhaube**
- ❍ **Abdeckscheibe (ist eventuell nicht erforderlich)**

Wasser

Optimale Wasserwerte erhält man mit einer Umkehrosmoseanlage (siehe S. 84). Deren Einsatz verhindert zudem, dass übermäßig viele Algen wachsen, die sonst schnell alle Pflanzen oder Dekorationsgegenstände mit einer unansehnlichen Schicht überziehen, und das so aufbereitete Wasser ist klarer als normales Leitungswasser. Tropische Süßwasserfische kommen aus ganz verschiedenen Lebensräumen, in denen das Wasser recht unterschiedliche pH-Werte aufweisen kann (siehe S. 104–105). Daher kann man in einem Gesellschaftsbecken nur Arten zusammen halten, die gleiche Ansprüche haben. Leitungswasser mit einen pH-Wert zwischen 7 und 7,5 ist für die meisten Arten geeignet, während höhere Werte von vielen südamerikanischen Zierfischen nicht gut vertragen werden, so dass man Anpassungen vornehmen muss.

Pflanzen

Im hier vorgestellten Aquarium sollen nicht nur Fische leben, sondern auch gesunde Pflanzen wachsen. Neueinsteiger sollten sowohl bei den Fischen als auch bei den Pflanzen Arten auswählen, die in diesem Buch für Anfänger empfohlen werden (leicht bzw. anspruchslos). Setzen Sie keine Fische ein, die Pflanzen fressen, weil das Becken sonst schnell unattraktiv wird. Vergessen Sie außerdem nicht, regelmäßig zu düngen und mit geeigneten Leuchtstoffröhren (siehe S. 48–49) für die erforderliche Beleuchtung (10–12 Stunden pro Tag) zu sorgen.

Oben Steine sorgen für Versteckmöglichkeiten, während Pflanzen helfen, die Wasserqualität zu verbessern.

Ein Warmwasseraquarium einrichten

Bevor Sie mit der Einrichtung des Aquariums beginnen, sollten Sie zunächst überprüfen, ob Sie auch alle die Dinge von der Einkaufsliste auf Seite 93 besorgt haben. Legen Sie sich ein Handtuch zum Abtrocknen der Hände bereit, und bitten Sie zwei Personen, Ihnen beim Aufstellen des Beckens zu helfen. Da mehrere Geräte und die Beleuchtung angeschlossen werden müssen, benötigen Sie außerdem ausreichend Steckdosen in der Nähe (siehe S. 30–31).

1 Nachdem das Becken am ausgewählten Platz steht, wird als erstes der Filter installiert, bei dem es sich in diesem Fall um einen Mehrkammer-Innenfilter handelt (siehe S. 35). Bringen Sie ihn so hinten im Aquarium an, dass sich der Filterkopf bei gefülltem Becken dicht unter der Wasseroberfläche befindet. Wenn der Filter gleichzeitig für die Belüftung des Aquariums sorgen soll, wird zusätzlich ein Diffusor am Auslass angebracht (siehe S. 42–43).

2 Installieren Sie einen Heizstab mit der richtigen Kapazität (siehe S. 44) im dafür vorgesehenen Teil des Filters. Dort ist er nicht nur ausgezeichnet geschützt, sondern die Wärmeverteilung funktioniert auch sehr gut. Allerdings besitzen nicht alle Mehrkammer-Innenfilter einen solchen Raum, so dass man den Heizstab eventuell direkt im Aquarium anbringen muss.

3 Bei dem in diesem Beispiel verwendeten Bodengrund handelt es sich um gewaschenen Quarzsand (siehe S. 50–51), der den Pflanzenwurzeln guten Halt bietet und zudem eine neutrale Farbe besitzt, so dass die Färbung der Fische gut zur Geltung kommt. Quarzsand ist kalkfrei und daher für alle Arten von Süßwasseraquarien gut geeignet.

4 Ein Steinstapel bietet Welsen (siehe S. 154–155) und anderen Fischen, die sich tagsüber gern verstecken, einen geeigneten Unterschlupf. Errichten Sie den Stapel direkt auf dem Beckenboden und nicht auf dem Quarzsand, damit die Konstruktion durch wühlende Fische nicht zum Einsturz gebracht werden kann.

5 Moorkienholzwurzeln sind ideale, natürlich aussehende Dekorationsstücke für Süßwasseraquarien (siehe S. 54), mit denen man beispielsweise einen versunkenen Baum oder Ast nachbilden kann. Neu angeschaffte Stücke enthalten oft noch Gerbstoffe, die das Wasser braun färben können, sich durch Aktivkohle aber entfernen lassen (siehe S. 40).

6 Füllen Sie das Becken zunächst nur zur Hälfte mit Wasser, weil es sich dann besser bepflanzen lässt. Falls Wasseraufbereitungsmittel benötigt werden (siehe S. 82), sollte sie jetzt eingesetzt werden; außerdem empfiehlt es sich, angewärmtes Wasser zu verwenden, denn nicht nur Fische, sondern auch Pflanzen können durch zu kaltes Wasser Schaden nehmen.

7 Beginnen Sie anschließend mit der Bepflanzung des Beckens. Entfernen Sie die Gewichte von den Bundpflanzen und pflanzen Sie die Exemplare dann einzeln ein (siehe S. 66). Die Topfpflanzen nimmt man aus den Töpfen und entfernt die Steinwolle aus den Wurzeln (siehe Seite 67). Setzen Sie die hohen Arten vor die Rückwand des Aquariums und kleinwüchsige Pflanzen in den Vordergrund (siehe S. 78).

8 Füllen Sie das Becken nun vollständig mit vorgewärmtem Wasser, wobei sich die Pflanzen langsam aufrichten sollten. Lösen sich dabei einige aus dem Boden, werden sie gleich wieder eingesetzt. Danach entfernt man abgefallene Blätter, abgebrochene Stängel und Schmutzreste mit einem Fangnetz.

9 Bringen Sie als nächstes im Inneren des Beckens ein Thermometer an und schalten Sie Filter und Heizstab ein. Letzterer bringt die Temperatur jetzt auf den gewünschten Wert.

10 Fügen Sie Pflanzendünger in flüssiger oder fester Form hinzu (siehe S. 65). Wenn das Becken sehr dicht bepflanzt wird, kann außerdem eine CO_2-Zugabe erforderlich sein. Es gibt aber einige sehr anspruchslose Arten, die eine solche Maßnahme nicht erforderlich machen, sondern allein mit ausreichend Licht und Flüssigdünger gut wachsen.

11 Setzen Sie geeignete Leuchtstoffröhren ein, damit die Pflanzen gut wachsen (siehe S. 48–49). Die hier verwendete Abdeckung hat Vorrichtungen für zwei Röhren; in anderen lassen sich oft noch weitere Leuchtstoffröhren unterbringen. Regeln Sie die Beleuchtungsdauer von 10–12 Stunden pro Tag über eine Zeitschaltuhr.

12 Das neue Aquarium ist nun vollständig eingerichtet. Lassen Sie Filter, Heizung sowie Beleuchtung an und warten Sie etwa eine Woche, bevor Sie die Fische einsetzen. Die meisten Pflanzen beginnen nun schnell zu wachsen und einige erreichen schon bald die Wasseroberfläche. Testen Sie das Wasser vor dem Einsetzen der Fische, um sicher zu sein, dass nicht zu viel Ammoniak oder Nitrat enthalten ist (was auch ohne Fische möglich ist) und dass der pH-Wert innerhalb des gewünschten Bereiches liegt (siehe S. 100–101).

Probleme vermeiden

- **Waschen Sie den Bodengrund vor dem Einfüllen sehr gründlich, um möglichst alle Schmutzreste zu entfernen. Andernfalls kann das Wasser wochenlang trübe aussehen.**
- **Berechnen Sie, ob der ausgewählte Filter auch noch ausreicht, wenn die eingesetzten Fische irgendwann ihre endgültige Größe erreicht haben. Muss dann ein neuer Filter angeschafft werden, ist es teurer, als wenn man gleich das etwas größere Modell nimmt.**
- **Testen Sie das Aquarienwasser nicht nur vor dem Einsetzen der Fische, sondern auch danach regelmäßig. Besonders wichtig ist das während der ersten sechs Wochen nach der Einrichtung, weil die Verhältnisse dann noch instabil sind.**

Aquarien richtig einfahren

Einfahren bedeutet in diesem Zusammenhang, dem Aquarium ausreichend Zeit zu geben, sich biologisch auf die Schadstoffbelastung einzustellen, die nach dem Einsetzen der Fische auftreten wird. Die wichtigste Rolle spielt dabei der Filter, in dem sich die nützlichen Bakterien ansiedeln, die später die Ausscheidungen der Fische abbauen.

Voraussetzungen

Damit sich die nützlichen Bakterien im Filter ansiedeln und vermehren können, muss das Wasser frei von Chlor sein. Dieses wird dem Trinkwasser manchmal zugesetzt, um schädliche Keime abzutöten. Allerdings werden dadurch natürlich auch die nützlichen Filterbakterien vernichtet, so dass man das Chlor gegebenenfalls aus dem Trinkwasser entfernen muss (siehe S. 82). Anschließend sollte man den Filter erst noch einmal 24 Stunden laufen lassen, bevor man das Wasser mit Bakterien animpft (s.u.).

Die richtigen Bakterien

Durch die Ausscheidungen der Fische gelangt giftiges Ammoniak ins Aquarienwasser, das von Bakterien der Gattungen *Nitrosomonas* und *Nitrobacter* in Nitrit bzw. Nitrat umgewandelt wird (siehe S. 108). Anschließend nehmen die Pflanzen dieses Nitrat auf oder es wird bei einem Teilwasserwechsel aus dem Becken entfernt. In einem neuen Becken leben zunächst weder im Filter noch auf den Oberflächen der Aquariendekoration ausreichend nützliche Bakterien. Doch sobald Fische eingesetzt werden, vermehren sich zunächst die Nitrosomonas-Arten sehr stark, weil viel Ammoniak zur Verfügung steht, und dann die Nitrobacter-Arten, die das anfallende Nitrit abbauen. Zu Problemen kommt es bei neu eingerichteten Becken vor allem, wenn mehr Ammoniak produziert wird, als von den Bakterien verbraucht werden kann (siehe S. 112–113).

Unten Dieser Schwamm hält nicht nur Schmutzpartikel zurück, sondern in seinem Inneren leben auch unzählige Bakterien.

Tipp

Filterbakterien sind aerobe Organismen, die sich nur bei ausreichend Sauerstoff gut vermehren. Daher profitieren in dicht besetzten Becken sowohl Fische als auch Bakterien von einer guten Durchlüftung (siehe S. 42–43).

Bakterienkulturen

Bakterienkulturen sind für die Aquaristik von großem Nutzen, denn ohne sie wäre die Neueinführung vieler Zierfischarten sehr viel schwieriger gewesen. Die in kleine Plastikflaschen abgefüllten Konzentrate, die fast überall im Fachhandel erhältlich sind, bestehen aus Millionen oder sogar Milliarden der nützlichen Bakterien, die dem Wasser eines neu eingerichteten Aquariums in der vorgeschriebenen Menge hinzugefügt werden müssen.

Durch diese Zugabe lässt sich das Einfahren eines neuen Aquariums um ein bis zwei Wochen verkürzen, weil Ammoniak und Nitrit schneller abgebaut werden. Daher muss man nicht die sonst üblichen sechs Wochen bis zum Einsetzen der Fische warten. Aber auch bereits eingefahrene Aquarien profitieren davon, wenn wöchentliche etwas Konzentrat zugegeben wird. Beachten Sie, dass einige Produkte nach dem Öffnen gekühlt aufbewahrt werden müssen.

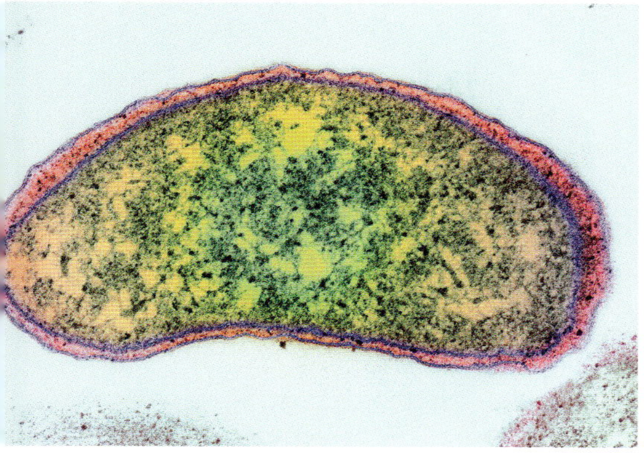

Oben Im Aquarienfilter sind Milliarden winziger Bakterien damit beschäftigt, die Ausscheidungen der Fische abzubauen.

Robuste Fischarten

In einem Aquarium lassen sich die erforderlichen Bedingungen aber auch durch das Einsetzen sehr robuster Zierfische schneller herbeiführen. Dabei muss es sich um Arten handeln, die vergleichsweise unempfindlich gegenüber Ammoniak und Nitrit sind, so dass man sie bereits nach einer Woche in das neu eingerichtete Becken setzen kann. Verfolgen lassen sich die veränderten Bedingungen mit Hilfe von Test-Sets (siehe S. 100), mit denen man zunächst die Ammoniak- und dann die Nitritkonzentration überwacht. Diese Methode funktioniert, weil die nützlichen Bakterien sich aufgrund der Fischausscheidungen schneller vermehren und die Wasserwerte so verbessern.

Ammoniak zusetzen

Diese Methode des Einfahrens wird immer beliebter, weil dabei nicht einmal robustere Fischarten dem Stress des noch nicht optimalen Beckenwassers ausgesetzt werden müssen. Benutzt wird dafür in Apotheken erhältliches Ammoniak, das man normalerweise zum Bleichen von Haaren verwendet. Dieses Ammoniak wird dann täglich in einer bestimmten Menge ins Wasser gegeben, um so die Anwesenheit einer größeren Anzahl von Fischen zu simulieren, wobei die Veränderungen bei der Ammoniak- und Nitritkonzentration genau überwacht werden müssen. Wenn das gesamte Ammoniak schnell von den Filterbakterien abgebaut wird, sind die Bedingungen gut genug, dass die Fische am nächsten Tag eingesetzt werden können (von diesem Zeitpunkt an wird natürlich kein weiteres Ammoniak mehr hingefügt). Aus Sicht der Fische ist diese Methode sicher die beste, um Aquarien auf einen hohen Besatz vorzubereiten.

Unten Platys gehören zu den Arten, die man bei noch nicht optimalen Wasserbedingungen einsetzen kann.

Warum muss Aquarienwasser getestet werden?

Schlechte Wasserqualität ist der häufigste Grund dafür, dass Fische erkranken oder gar eingehen. Früher war es zumeist nicht möglich, die genauen Ursachen festzustellen, aber heute gibt es diese Möglichkeit, so dass sich viele Probleme vermeiden lassen. Daher sollten Sie sich auch angewöhnen, Ihr Aquarienwasser regelmäßig mit einer der zahlreichen, im Handel erhältlichen Testausrüstungen zu untersuchen, denn das kann das Leben zahlreicher Fische retten.

So funktionieren die Test-Sets

Durch Untersuchung des Beckenwassers kann man viel mehr über sein Aquarium erfahren, als es mit bloßem Auge möglich wäre. So sieht das Wasser oft klar und frisch aus und ist doch durch hohe Konzentrationen an giftigem Ammoniak und Nitrit belastet (siehe S. 106), oder es enthält zu viel Nitrat bzw. Phosphat (siehe S. 108). Aber auch der pH-Wert und der Härtegrad des Beckenwassers (siehe S. 104) lassen sich nicht ohne weiteres feststellen, sondern man benötigt eine spezielle Testausrüstung, um die entsprechenden Werte zu ermitteln. Die meisten Test-Sets arbeiten mit Farbindikatoren und Farbtabellen zur Ermittlung der jeweiligen Werte, wobei für die einzelnen Messungen unterschiedliche Sets notwendig sind.

Test-Sets für die Wasseraufbereitung

Gerade wenn Sie ein neues Becken einrichten, ist die Kontrolle der Wasserwerte besonders wichtig (siehe S. 98). Aber auch später sollten Sie regelmäßige Untersuchungen durchführen, um zu überprüfen, ob das Becken nicht zu dicht besetzt ist, ob der pH-Wert noch stimmt und wie viel Nitrat vorhanden ist. Denn nur anhand dieser Parameter können Sie wirklich feststellen, wann ein Teilwasserwechsel notwendig wird, und ob es ratsam ist, noch weitere Fische einzusetzen.

Wasseruntersuchung bei Problemen

Wenn ein Fisch krank wird oder stirbt, sollte das Beckenwasser immer getestet werden, um mögliche Ursachen herauszufinden. Aber auch Algenprobleme oder ein zu geringes Pflanzenwachstum können auf eine schlechte Wasserqualität zurück-

Unten Flüssigreagenzien arbeiten sehr genau und stehen für fast alle Untersuchungen zur Verfügung.

Unten Mitte Tabletten sind dank mitgelieferter Teströhrchen und Farbskalen sehr einfach zu handhaben.

Unten rechts Teststreifen sind eine schnelle und preisgünstige Methode für regelmäßige Wasseruntersuchungen.

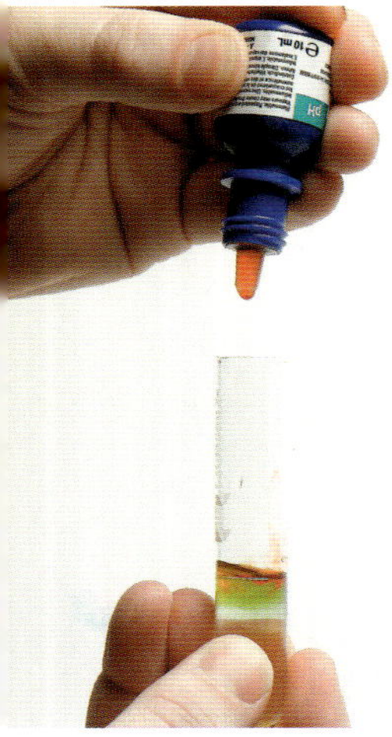

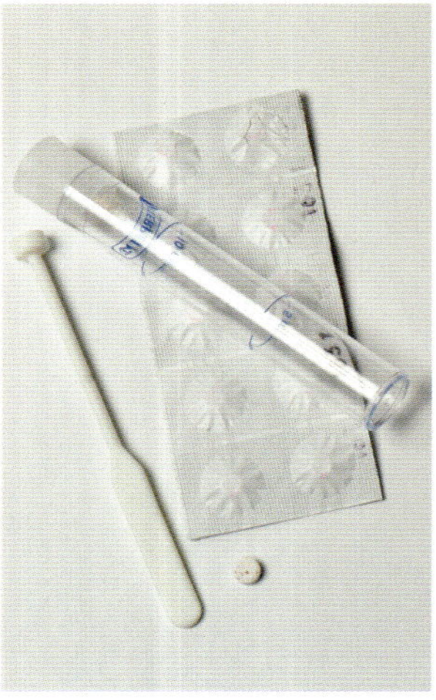

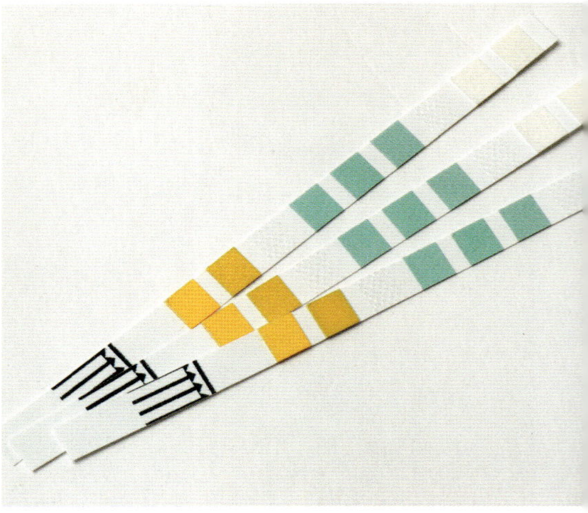

Das richtige Test-Set

TYP	DURCHFÜHRUNG	VORTEILE	NACHTEILE
Teststreifen	Nach dem Eintauchen in das Wasser verändern sich die aufgetragenen Farbindikatoren; die Werte werden anschließend anhand einer Farbskala ermittelt. Normalerweise lassen sich mit einem Streifen mehrere Parameter prüfen.	Preiswert; leicht und schnell durchzuführen.	Oft ohne Ammoniaktest; manchmal nicht so genau wie andere Tests.
Tabletten	Die einzeln in Folie verpackten Tabletten werden in ein Teströhrchen mit Wasser gegeben. Nach Auflösung erfolgt ein Farbumschlag, der mit einer Farbskala verglichen wird.	Leicht anzuwenden, auch weil dank der Tablettenform eine Überdosierung fast unmöglich ist.	Die Sets enthalten zumeist nicht mehr als 20 Tests.
Flüssigreagenzien	Für den Test wird eine bestimmte Flüssigkeitsmenge in ein Teströhrchen getropft. Anschließend vergleicht man den Farbumschlag mit einer Skala.	Die Sets ermöglichen nicht nur sehr genaue Tests, sondern enthalten zumeist auch Reagenzien für alle notwendigen Untersuchungen.	Es besteht die Gefahr einer Überdosierung und somit einer falschen Messung. Sind nicht unbegrenzt haltbar.

zuführen sein. Und selbst wenn im Becken alles gesund wirkt, sollte man das Wasser wöchentlich untersuchen. Haben Sie sich dies erst einmal zur Gewohnheit gemacht, werden Sie schnell feststellen, wenn die mechanische oder biologische Filterung nicht richtig funktioniert.

Unterschiedliche Test-Sets

Die Wasseruntersuchungen werden normalerweise mit Teststreifen, Tabletten oder Flüssigreagenzien durchgeführt; bei aufwändigeren Sets lassen sich häufig mehrere Parameter in einem Durchgang kontrollieren. Solche Produkte sind langfristig gesehen die sinnvollere Anschaffung, denn sie reichen unter Umständen bis zu einem Jahr. Alle Untersuchungen können auch von Neueinsteigern problemlos durchgeführt werden.

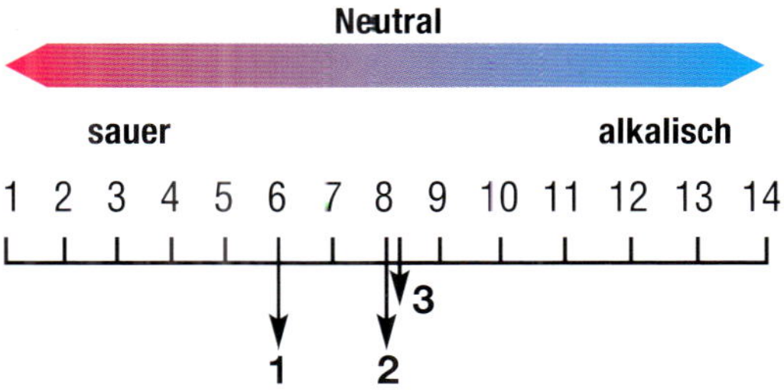

Typische pH-Werte in Aquarien
1 Einen pH-Wert von 6 sollte das Aquarienwasser mindestens aufweisen.
2 Einen pH-Wert von über 8 vertragen die meisten Süßwasserfische nicht.
3 Meereslebewesen benötigen einen konstanten pH-Wert von 8,2.

Verunreinigungen beseitigen

Verunreinigtes Wasser gilt als die häufigste Ursache für den Verlust von Fischen. In der Aquaristik meint man damit aber nicht nur, dass das Wasser verschmutzt ist, sondern man schließt vielmehr auch die Belastung mit biologischen Schadstoffen wie Ammoniak und Nitrit ein (siehe S. 106-107). Die Folge schlechter Wasserwerte sind apathische oder kranke Fische; im schlimmsten Fall kommt es zum Tod der Tiere.

Filtern statt Verdünnen

In der Natur werden Verunreinigungen und Schadstoffe durch die Größe der Gewässer so stark verdünnt, dass sie kein Unheil mehr anrichten können. Im vergleichsweise winzigen Aquarium reichern sich die Substanzen dagegen an, so dass man sie regelmäßig durch Teilwasserwechsel entfernen muss (siehe S. 170–171). Aber auch die Filterbakterien tragen zur Entgiftung des Aquarienwassers bei (siehe S. 32–33), denn sie verwandeln schädliche Substanzen in weniger unerwünschte. In Aquarien ohne Filter sammeln sich die Schadstoffe daher so lange an, bis sie durch einen Teilwasserwechsel entfernt werden. In der Natur gibt es keine Gewässer von der Größe eines Aquariums, in denen ständig Fische leben. Manchmal wird zwar behauptet, weil Killifische in sehr kleinen Tümpeln leben, brauchten sie im Aquarium keinen Filter, aber das trifft nicht zu. Vielmehr ist der Wasserstand in ihren Gewässern nicht immer gering, und die Schadstoffe werden zudem durch Regenfälle verdünnt und von Bakterien sowie Pflanzen abgebaut. Wenn der Wasserstand dann sinkt, können auch Killifische dort nicht länger leben, sondern sie gehen ein. Bevor die Gewässer austrocknen, legen sie allerdings noch ihre Eier ab, die dann im Schlamm überdauern und im nächsten Jahr, wenn wieder frisches Wasser vorhanden ist, ausschlüpfen. Daher müssen also auch Aquarien für Killifische mit einem Filter ausgestattet werden, weil sie sonst nicht einmal ihr an sich schon kurzes Dasein fristen können.

Weitere Vorteile von Teilwasserwechseln

Durch Teilwasserwechsel werden nicht nur Schadstoffe aus dem Becken entfernt, sondern diese Maßnahme hat oft auch noch weitere Vorteile. So geben einige Karpfenfische, darunter der Goldfisch (siehe S. 127–132 und 148–153), wachstumshemmende Hormone in das Wasser ab, die dafür sorgen, dass sie selbst und ihre Nachkommen nicht mehr wachsen. Nach einem Wasserwechsel sind diese dann so stark verdünnt, dass sie nicht mehr wirken.

Algenwuchs kontrollieren

Algen werden in diesem Buch häufiger erwähnt, denn es ist wichtig, ihr Wachstum unter Kontrolle zu halten, weil sie sonst alle Oberflächen mit einem dichten Belag überziehen und ein Aquarium so sehr schnell unansehnlich wirken lassen. Allerdings ist es nicht immer einfach, den Algenwuchs zu kontrollieren. Oft scheint es sogar, als sei dieses Problem nicht in den Griff zu bekommen, so dass übermäßiger Algenwuchs einer der häufigsten Gründe ist, ein Aquarium wieder abzuschaffen, weil einem das mühsame Entfernen der Algen jegliche Freude an der

Links Trübes Wasser deutet darauf hin, dass es Zeit für eine Filterreinigung und einen Teilwasserwechsel wird.

Aquaristik nimmt. Aber weil das Algenwachstum eng mit den Wasserwerten zusammenhängt, kann eine regelmäßige Kontrolle dazu beitragen, übermäßigen Algenwuchs zu verhindern.

Regelmäßige Beckenpflege

Natürlich müssen Sie etwas Zeit in die Pflege Ihres Aquariums investieren, damit Ihre Fische stets sauberes Wasser zur Verfügung haben. Am einfachsten lassen sich die notwendigen Arbeiten organisieren, wenn man sie miteinander kombiniert. Als Beispiel sind die routinemäßigen Aufgaben für ein etwa 100-Liter-Becken in der nachfolgenden Tabelle zusammengefasst.

Rechts Bei schlechten Wasserwerten sterben kleine Fische wie dieser Neonsalmler häufig zuerst.

Monatliche Pflegearbeiten

AUFGABE	DURCHFÜHRUNG	ZEITAUFWAND
Filterpflege	Filter ausschalten; Flügelrad mit einer Bürste reinigen (siehe S. 172) und Schwamm in altem Aquarienwasser auswaschen.	5 Minuten
Algen entfernen	Aquarienscheiben mit einem Algenschwamm reinigen.	5 Minuten
Bodengrund reinigen und Wasser wechseln	Entfernen Sie etwa 30 Prozent des Beckenwassers, und reinigen Sie dabei den Bodengrund mit einem speziellen Sauger (siehe S. 169).	10 Minuten
Becken mit aufbereitetem Wasser füllen	Füllen Sie einen Eimer mit vorgewärmtem Leitungswasser (Temperatur mit einem Thermometer prüfen) und geben Sie Wasseraufbereitungsmittel hinzu. Gießen Sie dieses Wasser anschließend in das Becken.	10 Minuten
Wassertest	Geben Sie Beckenwasser in ein Röhrchen und prüfen Sie mit einem Test-Set die Qualität (siehe S. 100–101).	20 Minuten
Äußerliche Reinigung	Reinigen Sie die Beckenaußenscheiben sowie die Abdeckscheibe mit warmem Wasser und wischen Sie die Abdeckung mit einem Staubtuch ab.	10 Minuten
Benötigte Zeit pro Monat		1 Stunde

pH-Wert und Härtegrad

Anfänger glauben häufig, man müsse vor allem den pH des Aquarienwassers kennen, also den Wert, der angibt, ob das Wasser sauer oder alkalisch ist. Tatsächlich sind die Ammoniak- und Nitritkonzentrationen (siehe S. 106-107) aber viel wichtiger, auch wenn zwischen allen dreien bestimmte Beziehungen bestehen. Der Härtegrad bezieht sich dagegen auf die Menge gelöster Erdalkalimetall-Ionen im Wasser.

Die Bedeutung des pH-Wertes

Da es Fische gibt, die aus sauren bzw. alkalischen Gewässern stammen, sollte der pH-Wert des Aquariums vor dem Einsetzen der Fische kontrolliert werden. Zur Durchführung einer entsprechenden Messung muss man wissen, dass die pH-Skala von 1 bis 14 reicht, wobei pH 1 sehr sauer und pH 14 stark alkalisch bedeutet. Die meisten Fische leben in Gewässern mit einem pH-Wert zwischen 4 und 9, wobei solche aus dem unteren pH-Bereich normalerweise nicht in stark alkalischem Wasser existieren können. In den Ozeanen liegt der pH-Wert dagegen bei einem konstanten Wert von 8,2, und den benötigen Meeresfische auch im Aquarium.

Der Einfluss des pH-Wertes

Wichtig ist, dass der pH-Wert die Wirkung des Ammoniaks beeinflusst, denn diese Substanz ist in saurem Wasser weniger giftig als in alkalischem. Daher sind Organismen, die in Wasser mit höheren pH-Werten leben, etwa Meerwasserfische, durch hohe Ammoniakkonzentration viel stärker gefährdet als viele Süßwasserarten.

Der pH-Wert des Wassers kann außerdem die Fortpflanzungsbereitschaft der Fische beeinflussen, denn es gibt nur wenige Arten, die ihre Eier unter Bedingungen ablegen, die sich von denen ihres natürlichen Lebensraumes unterscheiden.

Verändern des pH-Wertes

In Süßwasseraquarien können Sie den pH-Wert senken, indem Sie Wasser zugeben, das mit Hilfe einer Umkehrosmoseanlage aufbereitet wurde (siehe S. 84). Eine andere Möglichkeit ist die Verwendung von Austauscherharzen, deren Einsatz bei hartem Wasser allerdings wenig sinnvoll ist, weil dieses eine zu hohe Pufferkapazität besitzt. Außerdem lässt sich der pH-Wert mit natürlichen Materialien senken, etwa durch Filterung über Torf – jedoch nur, wenn das Wasser nicht zu hart ist und schon einen pH-Wert um 7 besitzt.

Unten Da Meeresfische an einen konstanten pH-Wert von 8,2 angepasst sind, tolerieren sie keine anderen Bedingungen.

Oben Tropische Süßwasserfische benötigen – je nach Art des Lebensraumes, aus dem sie stammen – ganz unterschiedliche pH-Werte.

Plötzlicher Abfall des pH-Wertes

Wurde das Wasser in einem Süßwasseraquarium lange Zeit nicht gewechselt, kann es zu einem plötzlichen Absinken des pH-Wertes kommen. Der Grund dafür ist, dass sich die Pufferkapazität des Beckenwassers nach und nach erschöpft hat, so dass es durch die Säuren, die bei bestimmten biologischen Prozessen im Filter gebildet werden, zu einer Absenkung kommt, wobei selbst Werte um pH 4 keine Seltenheit sind. Ist dies geschehen, muss sofort ein Teil des Beckenwassers ausgetaucht werden (siehe S. 83). Allerdings sollte es täglich nicht mehr als ungefähr 10 Prozent des Gesamtvolumens sein.

Hartes und weiches Wasser

Die Wasserhärte wird durch die Konzentration gelöster Erdalkalimetall-Ionen (hauptsächlich Kalzium-Ionen) bestimmt. Abhängig ist sie in erster Linie vom Substrat, mit dem das Wasser in der Natur in Berührung kommt, so dass Leitungswasser einen ganz unterschiedlichen Härtegrad aufweisen kann (in Kalk- oder Dolomitgebieten ist es normalerweise hart, in Sandstein- oder Basaltgebieten weich). Daher kann es unter Umständen notwendig sein, die Wasserhärte für die von Ihnen gehaltenen Fische zu verändern.

Tipp

Erfragen Sie beim Kauf eines Fisches stets den pH-Wert des Beckens in der Zoohandlung, damit Sie sicher wissen, ob eventuell eine langsame Eingewöhnung erfolgen muss.

Um weiches Wasser härter zu machen, können Sie einen kalkhaltigen Stein einbringen, aus dem sich Kalzium löst; aber auch Korallensand oder Muschelschalen (siehe S. 52) erhöhen den Härtegrad. Im umgekehrten Fall müssen dagegen Ionen entfernt werden, was sehr viel aufwändiger ist. Am besten eignet sich dafür eine Umkehrosmoseanlage (siehe S. 84), mit der sich die unerwünschten Substanzen sehr effektiv aus dem Wasser entfernen lassen. Unbedingt enthärten muss man Aquarienwasser aber auch, wenn der pH-Wert herabgesetzt werden soll. Geschieht das nicht, dann nützt die Filterung über Torf nur wenig (siehe S. 40), und selbst die Zugabe von Säure zeigt kaum Wirkung, denn hartes Wasser besitzt eine zu hohe Pufferkapazität. Abhilfe lässt sich durch handelsübliche Zusätze schaffen, die gleichzeitig den Härtegrad und den pH-Wert beeinflussen.

Ammoniak und Nitrit

Ammoniak und Nitrit dürfen in Aquarien mit Fischen, Wirbellosen oder Korallen nicht in zu hoher Konzentration vorhanden sein, denn diese beiden Substanzen sind die häufigste Ursache für den vorzeitigen Tod von Zierfischen. Daher sollten Sie das Aquarienwasser regelmäßig auf das Vorhandensein von Ammoniak und Nitrit testen, besonders aber nach der Neueinrichtung eines Beckens.

Ammoniak

Das Ammoniak stammt zu einem großen Teil aus den Ausscheidungen der Fische, aber auch aus Futterresten und verwesenden Organismen.

Toxizität

Ammoniak gehört zu den giftigsten Substanzen, die in Aquarien anfallen (siehe S. 100). Daher sollten Sie Ihr Becken regelmäßig auf das Vorhandensein dieses Schadstoffes überprüfen und gegebenenfalls Gegenmaßnahmen ergreifen.

Wirkung auf die Fische

Ist Ammoniak im Wasser vorhanden, werden die Fische häufig orientierungslos oder lethargisch; oft verweigern sie auch das Futter und hängen nach Luft schnappend an der Oberfläche, bis sie eingehen. Robustere Arten, die dieser Substanz längere Zeit ausgesetzt sind, haben häufig blutende Flossen, gerötete Kiemen, oder sie erkranken, etwa an Flossenfäule (siehe S. 181).

Tipp

Im Fachhandel gibt es spezielle Lösungen, die das giftige Ammoniak innerhalb kürzester Zeit in ungefährliches Ammonium umwandeln.

Ammoniak entfernen

Wenn ein Test eine hohe Ammoniakkonzentration anzeigt, muss täglich etwa 50 Prozent des Wassers ausgetauscht werden, bis die Werte auf unter 25 mg/l abgesunken sind (siehe S. 170–171). Füttern Sie die Fische einige Tage nicht, geben Sie Starterbakterien hinzu (siehe S. 38–39) und saugen Sie Futterreste ab (der Filter darf in dieser Zeit aber keinesfalls gereinigt werden). Außerdem können Sie zur Senkung der Konzentration weitere Pflanzen einsetzen.

Nitrit

Nitrit fällt beim Abbau von Ammoniak durch Bakterien aus der Gattung *Nitrosomonas* an (siehe S. 98). Es wird nur langsam abgebaut und bereitet vor allem bei der Einrichtung neuer Aquarien größere Probleme (siehe S. 112–113).

Toxizität

Nitrit ist eine ebenfalls giftige Substanz, die im Aquarium nicht mehr nachweisbar sein darf.

Links Durch Zugabe nützlicher Filterbakterien werden Ammoniak und Nitrit auf natürliche Weise abgebaut.

Schadstoffe erkennen und beseitigen

SCHADSTOFF	SYMPTOME	URSACHE	NACHWEIS	MAßNAHMEN
Ammoniak muss unter 25 mg/l sein	Inaktive, oft an der Oberfläche nach Luft schnappende oder gar sterbende Fische; häufig sind auch die Kiemen gerötet oder die Flossen geschädigt	Möglicherweise sind nicht ausreichend nützliche Filterbakterien vorhanden (etwa nach einer Filterreinigung); Überfütterung; zu kleiner Filter; überbesetztes Becken; verwesende Fische	Test-Set, mit dem sich die Ammoniakkonzentration bestimmen lässt	Etwa die Hälfte des Beckenwassers austauschen; nicht mehr füttern; tote Fische entfernen; Ammoniakumwandler verwenden; während der nächsten Tage mehrfach neue Filterbakterien zugeben
Nitrit darf nicht mehr nachweisbar sein	Inaktive oder gar sterbende Fische; anomales Schwimmverhalten; oft an der Oberfläche nach Luft schnappend; Futterverweigerung	Zu wenig nützliche Bakterien im Becken vorhanden; neu eingerichtetes Becken; unsachgemäße Filterinstallation; Überfütterung; zu dicht besetztes Becken	Test-Set, mit dem sich die Nitritkonzentration bestimmen lässt	Fütterung einstellen; neue Filterbakterien zugeben; Wasser teilweise austauschen; Salz zugeben; einige Arten, etwa Platies (*Xiphophorus maculatus*) vertragen höhere Nitratkonzentrationen (siehe S. 159)

Wirkung auf die Fische

Bei zu hoher Nitritkonzentration werden die Fische lethargisch und fressen kaum noch. Aber auch ein Luftschnappen an der Oberfläche kann ein Hinweis auf zu hohe Werte sein. Die meisten Zierfische gehen bei einer zu hohen Nitritkonzentration über kurz oder lang ein.

Nitrit entfernen

Erforderliche Maßnahmen sind: Fütterung einstellen, Futterreste absaugen, tote Fische und Pflanzenteile suchen und entfernen und Starterbakterien hinzufügen. Außerdem muss täglich etwa 50 Prozent des Wassers ausgetauscht werden, bis kein Nitrit mehr nachweisbar ist.

Rechts Aquariensalz kann die Nitratkonzentration im Becken herabsetzen.

Nitrat und Phosphat

Weil Nitrat und Phosphat nicht so giftig wie Ammoniak und Nitrit sind (siehe S. 106–107), richten diese Substanzen normalerweise weniger Schaden an. Allerdings kann der Nitratgehalt durchaus auf das 100fache der Nitritkonzentration ansteigen und dann ebenfalls Probleme verursachen. Ein hoher Phosphatgehalt ist dagegen die Hauptursache für übermäßiges Algenwachstum, so dass man die Konzentration so gering wie möglich halten sollte.

Nitrat

Nitrat entsteht bei Abbau von Nitrit durch Bakterien der Gattung *Nitrobacter* im Filter (siehe S. 98). Anschließend kann es von Pflanzen aufgenommen werden; es lässt sich aber auch durch spezielle Austauscherharze oder durch regelmäßige Teilwasserwechsel aus dem Becken entfernen (siehe S. 170). Dabei muss man allerdings darauf achten, dass die Nitratkonzentration im verwendeten Leitungswasser nicht zu hoch ist. Sollte die Konzentration bei Ihnen über 40 mg/l liegen, muss es mit einer Umkehrosmoseanlage aufbereitet werden (siehe S. 84).

Vertretbare Konzentrationen

In schlecht gepflegten Aquarien kann die Nitratkonzentration bis zu 150 mg/l betragen, was viel zu hoch ist. Versuchen Sie den Nitratgehalt in Süßwasseraquarien auf unter 40 mg/l und bei Meerwasseraquarien mit Korallen unter 10 mg/l zu drücken, und prüfen Sie das Wasser regelmäßig, damit Sie ein Ansteigen rechtzeitig bemerken.

Schadstoffanreicherung

In Becken, bei denen keine regelmäßigen Teilwasserwechsel durchgeführt werden und in denen nicht ausreichend gesunde Pflanzen wachsen, finden Veränderungen statt, die auf den ersten Blick nicht erkennbar sind. So bleibt das Wasser weithin klar, aber die Nitratkonzentration steigt stetig an, während der pH-Wert oft sehr stark absinkt, weil sich Säuren aus dem Abbau organischen Materials im Wasser anreichern (siehe S. 105). Werden neu gekaufte Fische in ein solches Aquarium gesetzt, sterben sie häufig innerhalb eines Tages. Verärgerte Aquarianer beschweren sich dann oft bei Ihrem Händler, der aber nur darauf hinweisen kann, dass es allen anderen Exemplaren in dem Becken weiterhin gut geht. Und tatsächlich ist die Ursache im eigenen Aquarium, wo das Wasser mit einem pH-Wert von 4 oder 5 und der Nitratgehalt von 100 mg/l einen Schock bei den neuen Fischen verursacht hat, weil diese aus einem Becken mit höherem pH-Wert und niedrigerer Nitratkonzentration kamen. Bei Ihren anderen Beckenbewohnern traten dagegen keine Probleme auf, weil sie sich über Monate an diese Bedingungen anpassen konnten. Daher ist es wichtig, das Aquarienwasser vor dem Einsetzen neuer Fische stets sorgfältig zu testen (siehe S. 100–101).

Unten Angereichertes Nitrat und Phosphat lässt sich nur durch entsprechende Messungen nachweisen.

Schadstoffdiagnose und Gegenmaßnahmen

SCHADSTOFF	SYMPTOME	URSACHE	NACHWEIS	GEGENMAßNAHME
Nitrat	Verstärktes Algenwachstum; viel Mulm; neu eingesetzte Fische fühlen sich nicht wohl	Zu viel organisches Material, dass zwar im Filter zersetzt, dessen Abbauprodukte aber wegen fehlender Wasserwechsel nicht entfernt werden (Ursache kann auch nitrathaltiges Leitungswasser sein)	Messung zeigt Werte von 100 ppm oder mehr	Wasserwechsel mit umkehrosmotisch aufbereitetem (nitratarmem) Wasser oder Leitungswasser unter 20 ppm; gründliche Reinigung des Bodengrundes und der mechanischen Filtermedien; wenn möglich, zusätzlich Pflanzen einsetzen
Anreicherungseffekte	Neu eingesetzte Fische sterben innerhalb kurzer Zeit, während es mit älteren Beckenbewohnern keine Probleme gibt	Zu seltene Teilwasserwechsel, verbunden mit hoher Nitratkonzentration und niedrigen pH-Werten	Messung zeigt Werte über 100 ppm Nitrat und pH-Werte unter 6	Mehrere Teilwasserwechsel mit nitratarmem Leitungswasser; Reinigung des Bodengrundes und der mechanischen Filtermedien
Phosphat	Verstärktes Algenwachstum	Anreicherung des Wassers mit Phosphat aus Fischfutter, Stoffwechselprodukten, Leitungswasser und anderen Quellen	Messung zeigt Werte über Null	Umkehrosmotisch aufbereitetes Wasser, Austauscherharze verwenden, Becken dichter bepflanzen und nach Möglichkeit weniger füttern

Phosphat

Phosphat ist in natürlichen Gewässern nur in geringer Konzentration vorhanden, während es sich in Aquarien durch Verwendung von phosphatreichem Leitungswasser, durch Futterreste und Ausscheidungsprodukte der Fische stark anreichern kann. Die Folge ist zwar – anders als bei zu hoher Ammoniak-, Nitrit- und Nitratkonzentration – kein Fischsterben, aber es kommt häufig zu einer Algenblüte. Die Phosphatkonzentration lässt sich durch dichteren Pflanzenwuchs oder Austauscherharze herabsetzen. Außerdem sollte man phosphatarme Trockenfutter- und Pflanzendüngersorten verwenden und die mechanischen Filtermedien reinigen (siehe S. 169 und 172–173) sowie phosphatarmes Leitungswasser benutzen oder eine Umkehrosmoseanlage einsetzen.

Der Stickstoffzyklus

Möglicherweise haben Sie den Stickstoffzyklus früher in der Schule durchgenommen und sich – genau wie bei vielen anderen Themen – gefragt, wozu das eigentlich gut sein soll. Als Aquarianer wissen Sie nun die Antwort, denn die Kenntnis dieses Kreislaufes ist sehr wichtig, wenn man ein gesundes Aquarium unterhalten will. Somit haben zumindest Ihre Fische etwas von dem einst gelernten.

So läuft der Zyklus ab

Durch die Ausscheidungen und die Zersetzungsprozesse gelangt Ammoniak ins Beckenwasser. Dieses ist giftig und verursacht in höherer Konzentration den vorzeitigen Tod der Tiere. Glücklicherweise hilft uns die Natur, dies zu verhindern, und zwar in Form von Bakterien aus der Gattung *Nitrosomonas*. Diese wandeln das Ammoniak in Nitrit um, das zwar ebenfalls giftig ist, aber von anderen Bakterien, genauer gesagt von *Nitrobacter*-Arten, in weitaus ungefährlicheres Nitrat umgewandelt wird (siehe S. 98), das dann von Pflanzen aufgenommen werden kann. Geschlossen wird der Kreislauf dadurch, dass bestimmte Fische Pflanzen fressen, und der gesamte Prozess so von vorn beginnt. Diese zyklische Umwandlung von Ausscheidungsprodukten ist ein kontinuierlicher und unbedingt notwendiger Prozess in jedem Aquarium.

Unterstützung des Stickstoffzyklus

In den meisten Aquarien können durch einen normal ablaufenden Stickstoffzyklus allerdings nicht alle Schadstoffe aus dem Wasser beseitigt werden, weil die Anzahl der Fische im Verhältnis zum Wasservolumen und zur Zahl der vorhandenen Pflanzen in den meisten unserer Aquarien viel zu hoch ist. Aus diesem Grund müssen in einem Aquarium auch viel mehr nützliche Bakterien vorhanden sein, als es dies im natürlichen Lebensraum der Fische der Fall ist. Ermöglicht wird das durch spezielle Filtermedien (siehe S. 38–39). Diese bestehen normalerweise aus einem sehr porösen Material, so dass eine riesige Oberfläche zur Verfügung steht, auf der sich Milliarden der nützlichen Filterbakterien auf kleinstem Raum ansiedeln können.

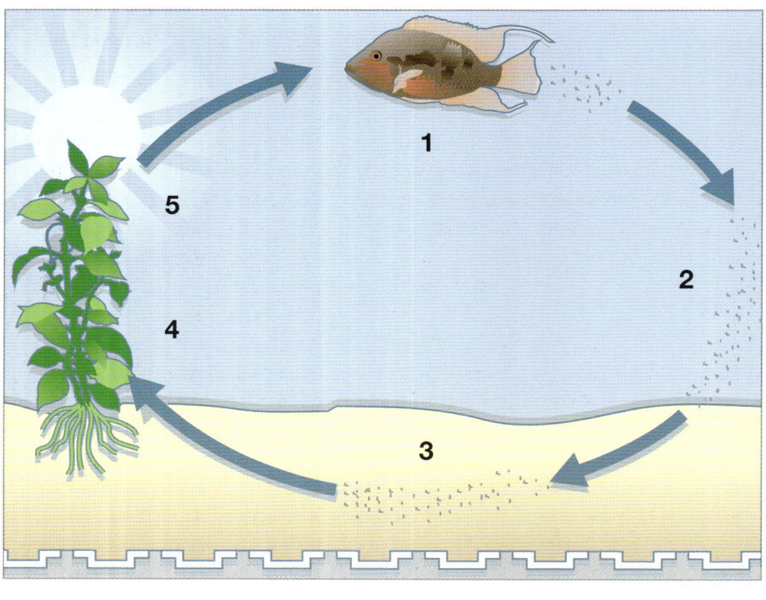

So profitieren Fische und Pflanzen vom Stickstoffzyklus

1 Fische verbrauchen Sauerstoff und produzieren Abfälle (Ammoniak).

2 Bakterien wandeln Ammoniak in Nitrit um.

3 Andere Bakterien wandeln Nitrit in Nitrat um.

4 Pflanzen verbrauchen das Nitrat.

5 Das Sonnenlicht ermöglicht die Fotosynthese der Pflanzen, die dann für sauerstoffreiches und klares Wasser sorgen.

Oben In dicht bepflanzten Aquarien sind zumeist weniger Teilwasserwechsel notwendig.

Verdünnung ist wichtig

Im gut bepflanzten Becken wird dem Wasser zwar ein großer Teil des Nitrats durch die Pflanzen entzogen, aber das reicht wegen der hohen Besatzdichte zumeist nicht aus, so dass zusätzlich regelmäßige Teilwasserwechsel notwendig sind (siehe S. 170–171). Dadurch gelangen neue Mineralien ins Wasser, die Pufferkapazität verändert sich, und es werden Abfallstoffe, Hormone (siehe S. 102) und Phosphate entfernt. Deshalb muss man, selbst bei einem gut funktionierenden Stickstoffzyklus, alle zwei Wochen etwa 30 Prozent des Wassers austauschen.

Auch Bakterien brauchen Aufmerksamkeit

Wenn es den Stickstoffzyklus gibt, warum kommt es dann in vielen Aquarien dennoch immer wieder zu Problemen mit Ammoniak, Nitrit und Nitrat? Der häufigste Grund ist, dass man den nützlichen Bakterien viel weniger Aufmerksamkeit widmet als den Fischen. Daher sollten Sie unbedingt darauf achten, dass der Filter ein möglichst großes Volumen besitzt (siehe S. 34–37), damit sich dort sehr viele Bakterien ansiedeln können, die dann natürlich sehr viel mehr Schadstoffe beseitigen. Ist die Filterkapazität im Verhältnis zur Menge der eingesetzten Fische nicht ausreichend, dann sind Schwierigkeiten vorprogrammiert. Außerdem müssen Sie berücksichtigen, dass sich die Bakterien erst stark vermehren müssen, bevor sie die Abfälle der eingesetzten Fische in erforderlichem Maße abbauen können, und das kann einige Tage dauern. Ist die Nitratkonzentration zu hoch, sind vermutlich nicht genug Pflanzen vorhanden, um diese Substanz abzubauen. Abhilfe lässt sich auch in diesem Fall nur durch regelmäßige Teilwasserwechsel schaffen.

Tipp

Wenn in Ihrem Becken die Pflanzen den größten Teil des Nitrats verbrauchen, dürfen Sie diese nicht zu stark ausdünnen, weil das empfindliche Gleichgewicht sonst gestört wird.

Probleme mit neu eingerichteten Becken

In neu eingerichteten Aquarien sind die Bedingungen für alle Zierfische zunächst einmal noch sehr lebensfeindlich, so dass man die Tiere keinesfalls zu früh einsetzen darf. Vor allem reichern sich im Wasser anfangs giftiges Ammoniak und Nitrit an, weil nicht genug nützliche Bakterien vorhanden sind, um die von den Fischen produzierten Ausscheidungen abzubauen. Die Folge sind inaktive Tiere, die kaum noch fressen und schließlich eingehen, wenn nicht schnell Abhilfe geschaffen wird.

Abhilfe schaffen

Probleme mit neu eingerichteten Becken lassen sich auf folgende Weise vermeiden:
Enthält Ihr Leitungswasser Chlor, dann muss es vor dem Einfüllen in das Aquarium mit Hilfe handelsüblicher Wasseraufbereitungsmittel entchlort werden (siehe S. 82), denn Chlor schadet nicht nur Ihren Fischen, sondern noch mehr den Filterbakterien. Schalten Sie den Filter sofort nach dem Befüllen des Beckens ein und lassen Sie ihn ohne Unterbrechung laufen, damit sich die nützlichen Bakterien im biologischen Filtermaterial ansiedeln und vermehren können.
Setzen Sie noch keine Fische ein, sondern impfen Sie das Becken mit einer im Handel erhältlichen Bakterienkultur an. Dadurch sind rasch viele Millionen nützliche Bakterien im Aquarium vorhanden. Nach frühestens einer Woche können dann die ersten Fische folgen. Beginnen Sie mit robusten Arten wie Platys oder bestimmten Bärblingen, und fügen Sie dann Woche für Woche weitere Exemplare hinzu. Die meisten Menschen neigen dazu, alle Fische auf einmal einzusetzen, aber damit wären die noch nicht in ausreichender Zahl vorhandenen Bakterien überfordert, so dass sich Schadstoffe anreichern würden.

Die Ausscheidungen der Fische

Wie alle Tiere, geben auch Fische regelmäßig nicht mehr benötigte Stoffwechselprodukte an ihre Umgebung ab. Dabei handelt es sich hauptsächlich um Kot und Urin, aber besonders Ammoniak gelangt auch über die Kiemen ins Wasser.

Unten Die sehr robusten Platys fühlen sich auch unter nicht ganz optimalen Wasserbedingungen noch wohl.

Unten Neonsalmler sind oft die ersten Fische, die bei schlechter Wasserqualität eingehen.

Oben Bärblinge gehören zu den Zierfischen, die sich ebenfalls an unterschiedliche Temperaturen, pH-Werte und Wasserwerte anpassen können.

Oben Die hübschen Sumatrabarben, die bei vielen Anfängern auf der Wunschliste stehen, darf man nur in ein gut eingefahrenes Becken setzen.

Füttern Sie in den ersten Wochen täglich nur eine winzige Menge. Für die wenigen Fische reicht das aus, und es bleibt kaum ungenutztes Futter zurück, das das Wasser weiter belasten würde. Entfernen Sie Futterreste oder eingegangene Fische möglichst sofort, weil es sonst schnell zu einem Anstieg der Ammoniakkonzentration kommt. Reinigen Sie den Filter in den ersten vier Wochen nach Installation nicht, weil dies die Entwicklung der Bakterien stören würde.

Häufig gestellte Fragen zu neu eingerichteten Becken

Wie finde ich den Zeitpunkt heraus, an dem ich meine Fische einsetzen darf?
Testen Sie das Wasser mit einem Testset auf Ammoniak und Nitrit. Es sollte nicht mehr als 25 mg/l Ammoniak enthalten. Nitrit darf gar nicht mehr nachweisbar sein.

Was kann ich bei zu hohen Werten tun?
Stellen Sie die Fütterung für ein oder zwei Tage ein, damit weniger Ammoniak und Nitrit anfallen. Geben Sie zur Verbesserung der biologischen Filterung eine handelsübliche Bakterienkultur ins Wasser. Sind schon Fische eingegangen, muss täglich etwa die Hälfte des Wassers ausgetauscht werden, bis die Werte deutlich gefallen sind (siehe S. 170–171). Überwachen Sie die Wasserqualität vorsichtshalber noch einige Zeit.

Darf ich bei schlechten Wasserwerten noch neue Fische einsetzen?
Nein! Da diese Fische wahrscheinlich unter besseren Bedingungen gehalten wurden, können sie wegen der hohen Schadstoffkonzentration innerhalb weniger Stunden eingehen.

Welche Fische kommen mit den Bedingungen in neu eingerichteten Becken am besten zurecht?
Bärblinge und Platys (siehe S. 151–152 und 159) gelten als robust und relativ unempfindlich gegenüber Nitrit. Neonsalmler und Sumatrabarben (siehe S. 143 und 150) dagegen als empfindlich. Für neue Becken eignen sich daher vor allem Bärblinge, die nicht nur klein sind und das Wasser daher wenig belasten, sondern außerdem gut mit den oft noch nicht ganz optimalen Bedingungen kürzlich eingerichteter Aquarien zurechtkommen.

Die Evolution der Fische

Glücklicherweise gibt es eine so große Anzahl unterschiedlicher Fischarten, dass wohl jeder Aquarianer etwas für seinen Geschmack finden wird. Entstanden sind diese Süß- und Meerwasserfische im Verlauf von Millionen von Jahren, wobei es ihnen gelungen ist, sich an nahezu jeden Lebensraum dieses Planeten anzupassen und sich dabei die verschiedensten Nahrungsquellen zu erschließen.

Umwelteinflüsse

Die meisten Fische leben in Flüssen, Seen oder Meeren, die auf irgendeine Weise miteinander in Verbindung stehen. Es gibt allerdings auch einige Gewässer, bei denen diese Verbindung irgendwann abgeschnitten wurde, so dass sich die Fische dort isoliert entwickelten. Ein Beispiel dafür sind die Buntbarsche der großen, in einer tektonischen Störungszone liegenden Seen des Ostafrikanischen Grabensystems. Dort haben die Fische in vergleichsweise kurzer Zeit alle vorhandenen ökologischen Nischen besetzt, wobei so viele unterschiedliche Arten entstanden sind, wie sonst nirgendwo auf der Erde. Durch ihre sehr spezielle Anpassung an die jeweilige Umgebung gelten solche Populationen allerdings auch als sehr anfällig für äußere Einflüsse, etwa Zerstörung ihres Lebensraums oder Überfischung.

Über Land kriechende Fische

Einige Fische haben es im Lauf ihrer Entwicklung geschafft, sich auch an ein kurzzeitiges Leben außerhalb des Wassers anzupassen. Dazu gehören die Welse aus der Gattung *Clarias,* die sich mit ihren langen Brustflossenstacheln eine gewisse Strecke über Land fortbewegen können, um ein anderen Lebensraum zu suchen, wenn ihr Gewässer austrocknet. Dies kann allerdings auch zu Problemen führen, wie sich in Florida gezeigt hat, wo solche Welse aus Fischteichen entflohen, um sich anschließend unter den für sie klimatisch günstigen Bedingungen schnell in der ganzen Region auszubreiten. Aber auch Flösselhechte (*Polypterus* spp.) und Schlangenköpfe (*Channa* spp.) sind in der Lage, sich ein Stück über Land fortzubewegen.

Springende Fische

Es gibt aber auch noch andere Möglichkeiten, dass Wasser kurzzeitig zu verlassen, nämlich durch weite Sprünge. Das kann für Fische von Vorteil sein, wenn sie verfolgt werden, aber auch, um Fluginsekten oberhalb der Wasseroberfläche zu erbeuten. Hält man solche Arten, muss unbedingt darauf geachtet werden, dass die Abdeckung dicht schließt, weil die Tiere sonst leicht aus dem Becken springen.

Spuckende Fische

Der Schützenfisch (*Toxotes jaculatrix*) hat die Jagd nach Beute außerhalb des Wassers noch weiter perfektioniert, denn er „schießt" sich Insekten mit einem Wasserstrahl von Blättern oder Zweigen herab. Diese Anpassung ist für Fische ziemlich einzigartig, und die Tiere beziehen beim „Zielen" nach ihrer Beute sogar die Lichtbrechung der Wasseroberfläche mit ein, um den Strahl möglichst genau zu platzieren.
Sollen Schützenfische in einem Aquarium gehalten werden, muss der Lebensraum der Tiere möglichst naturgetreu nachgebildet werden. Dazu gehört, dass man überhängende Vegetation oberhalb des Beckens anbringt, und weil die Tiere natürlicherweise in brackwasserhaltigen Biotopen vorkommen, also dort, wo Flüsse ins Meer münden und sich Süß- und Salzwasser mischen, muss man diese Bedingungen auch im Aquarium schaffen.

Nützliche Fische

Im Laufe vieler Jahre haben die Aquarianer herausgefunden, dass es einige Tiere gibt, die eine nützliche Rolle im Becken spielen können. So beseitigen beispielsweise Welse aus der Familie Loricariidae (siehe S. 154–155) unansehnliche Algen von den Scheiben und von Dekorationsgegenständen, so dass man diese Fische heute sehr oft in Aquarien findet. Schnecken können ebenfalls ihren Teil zur Algenbeseitigung beitragen, werden manchmal aber auch selbst zur Plage, etwa die sich sehr schnell vermehrende Malaiische Turmdeckelschnecke (*Melanoides tuber-*

Oben Der Amazonas ist ein riesiges Flusssystem mit einer einzigartigen Tier- und Pflanzenwelt.

Oben rechts Die unterschiedlichen ökologischen Nischen und das Nahrungsangebot beeinflussen die Evolution der Fische.

Rechts Korallenriffe sind der Lebensraum für zahlreiche, hoch spezialisierte Tiere.

culata). Dann helfen häufig nur Absammeln oder Fische, die Schnecken fressen, etwa Schmerlen (siehe S. 133 und 147–148), die der starken Vermehrung sehr schnell Einhalt gebieten.
Um übermäßiges Algenwachstum oder eine Schneckenplage zu verhindern, empfiehlt es sich also, stets auch einige dieser nützlichen Fische zu halten. Wurde die Anzahl der unermüdlichen Helfer richtig gewählt, dann verschwinden die ungeliebten Algenüberzüge sehr schnell von den Scheiben oder Dekorationsgegenständen, und die Schnecken nehmen ebenfalls nicht überhand, so dass sich der Gesamteindruck des Beckens oft deutlich verbessert.

Die Herkunft der Aquarienfische

Unsere Zierfische stammen aus den unterschiedlichsten Lebensräumen der tropischen und gemäßigten Breiten. Dabei wurden die meisten Arten vor allem wegen ihrer auffälligen Färbung oder besonders hübschen Zeichnung ausgewählt, womit die Haltung von Zierfischen in Aquarien nur ein weiteres Beispiel dafür ist, dass sich Menschen schon immer zu schönen Dingen hingezogen gefühlt haben.

Der Zierfischhandel

Die meisten Warm- und Kaltwasserfische werden heute in großem Maßstab für den Handel gezüchtet, so dass man nur noch wenige Tiere aus ihren natürlichen Lebensräumen entnimmt. Diese umweltfreundliche Vorgehensweise schützt nicht nur die natürlichen Bestände, sondern man geht damit auch der Schwierigkeit aus dem Weg, die Tiere in weit entlegenen oder schlecht zugänglichen Gegenden fangen und von dort transportieren zu müssen.

Die Vorfahren unserer Zierfische

Damit sich eine Art in der Natur durchsetzt, muss sie sich so schnell vermehren, dass Verluste durch Fressfeinde und andere Gefahren ausgeglichen werden. Alle unsere Zierfische haben Vorfahren, die sich irgendwann dieser Heraus-

Fische nicht aussetzen!

Aus anderen Regionen der Welt eingeführte und dann in die Freiheit gelangte Arten können bei der heimischen Flora und Fauna erhebliche Probleme verursachen – gleichgültig ob es sich um versehentlich oder absichtlich freigesetzte Lebewesen handelt. Der Grund ist, dass einige der fremden Arten in ihrem neuen Ökosystem so gut zurechtkommen, dass sie die einheimischen Arten verdrängen. Daher gibt es in vielen Ländern bereits genaue Kontrollen beim Verkauf bestimmter Pflanzen und Tiere, um so die Gefahr von ökologischen Katastrophen zu verringern.

Unten Vom beliebten Keilfleckbärbling gibt es heute zahlreiche unterschiedliche Zuchtformen.

forderung stellen mussten und dabei erfolgreich waren. Zusätzlich sind durch die Zuchtversuche unzähliger Aquarianer aber auch noch neue Varianten entstanden, die die Vielfalt weiter vergrößert haben.

Reinerbige Linien

Reinerbige Linien entstanden, als Hunde, Katzen oder Rinder nach bestimmten Merkmalen für die Weiterzucht ausgewählt wurden, damit sie den Ansprüchen des Menschen besser genügten. Auch bei den Zierfischen gibt es solche reinerbigen Linien, die hauptsächlich dazu dienen, bei bestimmten Arten auftretende Merkmale, etwa längere Flossen oder eine auffälligere Färbung, herauszuzüchten. Dabei sind im Laufe der Zeit zahlreiche Zuchtformen entstanden, die sich ganz erheblich von der Wildform unterscheiden. Beispiele dafür sind Platys (*Xiphophorus maculatus*), Guppys (*Poecilia reticulata*) oder Diskusfische (*Symphysodon* spp.; siehe S. 159, 158 und 147), bei denen viele Varianten inzwischen so auffällig gefärbt sind, dass sie in ihrem natürlichen Lebensraum kaum eine Überlebenschance hätten, weil ihre Feinde sie sofort entdecken und fressen würden.

Ungeeignete Zuchtstämme

Die Zucht mit Hilfe reinerbiger Linien kann jedoch Probleme mit sich bringen, weil sie auf Inzucht beruht, denn die gewünschten Merkmale, die ja bei der Wildform nicht besonders ausgeprägt sind, müssen durch Kreuzung nah verwandter Exemplare verstärkt werden. Dabei geht die genetische Vielfalt verloren, so dass bei den Nachkommen solcher Tiere genetische Defekte oft gehäuft auftreten. Aus diesem Grund sind diese Fische nicht selten weniger robust als die Wildform, oder sie weisen sogar schwerwiegende körperliche Mängel auf. Dazu können äußerlich nicht erkennbarer Schädigungen kommen, beispielsweise Sterilität oder eine erhöhte Anfälligkeit gegenüber Krankheiten.

Wenn Sie Ihre Zierfische vermehren wollen, sollten Sie sich daher vergewissern, dass die Elterntiere nicht näher miteinander verwandt sind. Halten Sie sich an diese Regel, dann können Sie einigermaßen sicher sein, dass Ihre Fische gesunden Nachwuchs hervorbringen.

Ganz oben Beim Skalar hat bereits die Wildform lang ausgezogene Flossen.

Oben Viele Zuchtformen des Diskus sind so auffällig gefärbt, dass Feinde sie sofort entdecken würden.

Bewohner unterschiedlicher Wasserschichten

Der Handel bietet heute ein riesiges Angebot an Zierfischen in den unterschiedlichsten Formen und Farben an. Diese stammen aber nicht nur aus den verschiedensten Ökosystemen, sondern leben dort auch an unterschiedlichen Stellen des Gewässers, was bei der Auswahl für ein Gesellschaftsbecken ebenfalls zu berücksichtigen ist, damit alle Bereiche des Aquariums besiedelt sind.

Oberflächenfische

Oberflächenfische haben sich an das Leben direkt unter der Wasseroberfläche angepasst. Dies ermöglicht ihnen, auf das Wasser fallende Beute als erste zu erreichen; gleichzeitig sind sie aber sowohl für Feinde aus den unteren Bereichen des Gewässers als auch für Angreifer von außerhalb des Wassers gut sichtbar und damit stärker gefährdet. Typische Oberflächenfische sind die aus der Amazonasregion stammenden Beilbauchfische (Familie Gasteropelecidae) mit ihrem oberständigen Maul zur schnellen Nahrungsaufnahme. Beim Blick von oben sind die Tiere aufgrund ihrer bräunlichen oder grauen Färbung recht gut getarnt, aber was passiert, wenn der Feind von unten kommt? Die Antwort lautet: Die Fische springen ein Stück aus dem Wasser und bringen so ausreichend Abstand zwischen sich und ihren Verfolger. Damit solche Sprünge möglich sind, besitzen die Tiere, etwa der Marmorierte Beilbauchfisch (*Carnegiella strigata*; siehe S. 139) starke Brustmuskeln und große, wie Flügel wirkende Brustflossen. Andere beliebte Oberflächenfische sind die zu den Lebendgebärenden Zahnkarpfen gehörenden Guppys (*Poecilia reticulata*), Platys (*Xiphophorus maculatus*) und Mollys (siehe S. 158).

Bewohner mittlerer Bereiche

Fische aus den mittleren Gewässerregionen haben den Vorteil, dass sie weder am Boden lebenden, noch von oben angreifenden Feinden zu nah kommen. Daher finden wir in diesem Bereich auch besonders viele Fischarten, darunter Salmler (siehe S. 139–144), Barben (siehe S. 149–150), Bärblinge (siehe S. 153), Regenbogenfische (siehe S. 156–157) oder Guramis (siehe S. 135–136). Zwar dringen einige dieser Arten auf der Suche nach Nahrung auch in andere Wasserregionen vor, aber besonders kleine Salm-

Links Beilbauchfische, die sich stets an der Wasseroberfläche aufhalten, benötigen schwimmende Nahrung.

Unten Die sehr aktiven Regenbogenfische benötigen viel freien Schwimmraum in mittleren Wasserregionen.

Oben Prachtschmerlen sind durch ihr unterständiges Maul gut an das Bodenleben angepasst.

ler oder Bärblinge nähern sich dem Boden fast nie, weil das für sie einfach zu gefährlich wäre. Für Aquarianer bedeutet diese enge Bindung an bestimmte Wasserbereiche, dass es bei einem Kurzurlaub eventuell nicht ausreicht, einfach einen der handelsüblichen Futterblöcke (siehe S. 162) ins Becken zu legen, um die Tiere dann sich selbst zu überlassen. Der Grund ist, dass sich bestimmte Fische aus der mittleren Wasserzone, etwa Neonsalmler, keine Nahrung aus dem sich am Boden langsam auflösenden Futterblock holen, und ein kleiner Fisch kann täglich bis zu 10 Prozent seines Körpergewichts verlieren, wenn er nicht richtig gefüttert wird. Die Lösung ist ein elektronisch gesteuerter Futterautomat.

Bodenfische

Die größte Gruppe unter den Bodenfischen sind die Welse, von denen sich viele auch in Gesellschaftsaquarien halten lassen (siehe S. 154–155). Ihre Färbung ist normalerweise nicht besonders spektakulär, aber dafür haben sie oft ein recht ungewöhnliches Aussehen. Zu den beliebtesten Bodenfischen gehören die Panzerwelse (*Corydoras* spp.; siehe S. 138). Die meisten von ihnen werden kaum größer als 6 cm, und man hält sie am besten in kleinen Gruppen von fünf bis sechs Exemplaren. Welse ernähren sich größtenteils von Futterresten, die auf den Boden herabfallen, benötigen aber zusätzlich noch spezielle Nahrung in Form von Futtertabletten und Gefrierfutter (siehe S. 164–165). Außerdem darf der Bodengrund nicht verschmutzt sein, weil es sonst leicht zu bakteriellen Infektionen an den Barteln kommt.

Weitere beliebte Bodenfische sind die asiatischen Schmerlen, etwa die Prachtschmerle (*Botia macracantha;* siehe S. 147), die deutlich größer wird als die Panzerwelse und dafür sorgt, dass die Schneckenpopulation nicht überhand nimmt. Außerdem richten sich einige Buntbarsche ihr Revier am Boden ein und legen dort dann auch ihre Eier ab (siehe S. 190).

Das Sozialverhalten der Fische

Nachdem wir nun wissen, wo sich unsere Fische am liebsten aufhalten, soll als nächstes ihr Sozialverhalten näher beleuchtet werden. Das ist wichtig, weil sich bestimmte Arten nicht gut mit anderen Fischen vertragen, was man bei der Auswahl unbedingt bedenken muss. Die meisten Zierfische sind aber sehr verträglich, so dass man sie problemlos mit Ihresgleichen und anderen Arten vergesellschaften kann.

Einzelgänger

Wenn ein Fisch in der Natur allein lebt oder ein großes Revier abgrenzt, wird er sich mit großer Wahrscheinlichkeit im Aquarium ähnlich verhalten. Grund für das Einzelgängerdasein ist zumeist der Nahrungserwerb, denn ein Raubfisch wird naturgemäß keine anderen Räuber in der Umgebung dulden, weil diese ihm möglicherweise sein Futter wegschnappen könnten. Und das gilt die meiste Zeit des Jahres selbst für potentielle Geschlechtspartner und heranwachsende Nachkommen. Doch auch nicht räuberisch lebende Arten, etwa Algenfresser wie der Feuerschwanz-Fransenlipper (*Epalzeorhynchus bicolor*) und der Grüne Fransenlipper (*E. frenatus;* siehe S. 152–153), zeigen ein solches Verhalten, weil sie ein Gebiet bestimmter Größe benötigen, in dem sie ihre Futterpflanzen abgrasen können. Für Revier bildende und aggressive Arten gilt daher generell: setzen Sie die Tiere keinesfalls mit Artgenossen zusammen, weil bei den unvermeidlichen Auseinandersetzungen fast immer eines der Tiere auf der Strecke bleibt.

Unten Der Purpurprachtbarsch verträgt sich gut mit anderen Fischen – aber nur außerhalb der Laichzeit.

Sozialverhalten von Buntbarschen

Viele Buntbarsche (siehe S. 144–147) gelten als aggressiv und territorial, aber sobald sich ein Pärchen gefunden hat, leben die beiden Tiere friedlich zusammen. Problematisch ist beim Zusammensetzen von Männchen und Weibchen allerdings das zunächst noch stark ausgeprägte Territorialverhalten, so dass der stärkere Partner (normalerweise das Männchen) den schwächeren ständig durch das Becken jagt. Ist das Weibchen bereits laichreif (siehe S. 192), geht es dagegen sehr viel friedlicher zu. Daher sollten sie nach Möglichkeit diesen Zeitpunkt für eine Annäherung der Tiere wählen. Eine andere Möglichkeit besteht darin, das Becken zunächst mit einer durchbrochenen Trennwand in zwei Hälften zu teilen (siehe S. 195).

Aber auch bei anderen Buntbarschen kann eine solche Trennwand zum Einsatz kommen, etwa bei Purpurprachtbarschen (*Pelvicachromis pulcher*) oder Schmetterlingsbuntbarschen (*Microgeophagus ramirezi;* siehe S. 145–146), die sich normalerweise gut in Gesellschaftsbecken halten lassen. Dort geraten sie allerdings oft nicht in Laichstimmung, weil stets die Gefahr besteht, dass andere Fische ihre Eier oder ihre Nach-

Rechts Da im Zoofachgeschäft intensive Wasserpflege betrieben wird, können kurzfristig mehrere Arten in größerer Stückzahl zusammen in einem gemeinsamen Becken präsentiert werden.

kommen fressen. Daher empfiehlt es sich, auch ihnen gegebenenfalls einen Teil des Beckens abzutrennen oder sie in ein eigenes Aquarium umzusetzen.

Schwarmfische

Schwarmfische sind das genaue Gegenteil der beschriebenen Einzelgänger, denn sie suchen die Gesellschaft von Artgenossen. Der Hauptgrund ist, dass vor allem kleine Schwarmfische viele Feinde haben und sich daher in einer Gruppe sicherer fühlen. Dies lässt sich auch zur Fütterungszeit beobachten, wenn häufig zunächst nur ein Tier vorsichtig zu den Nahrungsbrocken schwimmt und erst dann der Rest des Schwarmes folgt. Wenn Sie Schwarmfische in Gruppen von sechs oder mehr Exemplaren halten, werden sich die Tiere wohl fühlen, und Sie können außerdem ihr natürliches Verhalten beobachten.

Nachtaktive Fische

Viele Zierfische sind im Aquarium keinesfalls so zufrieden, wie wir glauben. So handelt es sich bei den meisten Welsen (siehe S. 154–155) um nachtaktive Arten, die sich tagsüber verstecken, was bei der hellen Beleuchtung und den oft unzureichenden Rückzugsmöglichkeiten aber gar nicht so einfach ist. Ändern kann man das durch Blaulichtröhren („Blue Moon"), wie sie in der Meeresaquaristik verwendet werden. Schaltet man diese in der Morgen- und Abenddämmerung ein, also dann, wenn die meisten Welse aktiv sind, und füttert auch um diese Zeit, werden sich die Tiere weitaus wohler fühlen als zuvor. Oft kann man die scheuen Fische auch besser beobachten, weil sie unter diesen Bedingungen bereitwilliger aus ihrem Unterschlupf kommen. Erscheint einem das zu aufwändig, muss man zumindest ausreichend Rückzugsmöglichkeiten schaffen und Bereiche, in denen auch während des Tages eine gedämpfte Beleuchtung herrscht. Außerdem sollten Welse nach dem Ausschalten der Beleuchtung noch einmal mit schnell auf den Boden sinkenden Futtertabletten gefüttert werden.

Gesellschaftsaquarien

Die meisten Aquarianer möchten Fische in den unterschiedlichsten Formen und Farben zusammen halten. Allerdings kann man nicht alle Arten miteinander vergesellschaften, sondern es gibt auch Zierfische, die einzeln leben müssen. Bei dem, was möglich ist, sollten Sie sich nicht an den Becken Ihres Händlers orientieren, denn was dort bei intensiver Wasserpflege kurzfristig möglich ist, kann langfristig gesehen durchaus schief gehen.

Geeignete Fische

Arten, die sich problemlos mit anderen Fischen in einem gemeinsamen Aquarium halten lassen, sind bei den Aquarianern besonders beliebt und werden daher von Händlern in großer Zahl angeboten. Typische Beispiele aus dieser Gruppe sind zahlreiche Bärblinge (siehe S. 151–152), kleine Salmler (siehe S. 139–144) und die meisten Lebendgebärenden Zahnkarpfen (siehe S. 158–159), die alle mit ebenfalls friedlichen Arten in einem Becken leben können.

Ungeeignete Fische

Zierfische können aus verschiedenen Gründen für ein Gesellschaftsaquarium ungeeignet sein. So bilden einige ein Revier und verteidigen es aggressiv; andere sind unersättliche Räuber, oder sie werden einfach zu groß und brauchen daher ein Becken für sich allein. Manchmal wirkt bei einer Vergesellschaftung solcher Arten anfangs alles ganz friedlich, aber leider hört es zumeist auf, wenn die Tiere eine gewisse Größe erreicht haben.

Unten Haibarben können nur jung in einem Gesellschaftsbecken leben, denn sie fressen später die anderen Fische.

Ausnahmen von der Regel

Da jede Regel ihre Ausnahmen hat, kann man unter Umständen auch weniger friedliche Fische zusammen halten, etwa größere Buntbarsche oder Raubfische. Allerdings sind die Erfahrungen mit solchen Vergesellschaftungen durchaus widersprüchlich, so dass stets ein Restrisiko bleibt. Auf jeden Fall sollten sich nur erfahrene Aquarianer an solche Experimente heranwagen und möglichst auch erst dann, wenn sie mit jemandem Rücksprache gehalten haben, der die in Frage kommenden Arten bereits einmal gehalten hat. Außerdem muss auf jeden Fall ein Ersatzbecken zur Verfügung stehen, falls der Versuch doch scheitern sollte.

Artenbecken

Wie der Namen bereits andeutet, hält man in solchen Becken nur Fische einer Art. Dabei kann es sich sowohl um Schwarmfische handeln, etwa Kongosalmler (*Phenacogrammus interruptus*; siehe S. 143), als auch um einen einzelnen, unverträglichen Raubfisch. Besonders Neueinsteiger sollten zunächst mit einem Gesellschaftsbecken beginnen, um die Vielfalt ihres neuen Hobbys genauer kennen zu lernen. Später kann man es dann aber

durchaus auch einmal mit einem Artenbecken versuchen, das nicht nur Einblicke in das natürliche Verhalten bestimmter Fische liefern kann, sondern sich in vielen Fällen auch zu einem echten Schmuckstück gestalten lässt.

Oben Der Zitronen-Segelflossen-Doktorfisch lässt sich gut mit anderen friedlichen Meerwasserfischen vergesellschaften.

Unten Besonders die empfindlichen Zuchtformen unserer Goldfische sollten nur in Artenbecken gehalten werden.

Vergesellschaftung von Kaltwasserfischen

Einige Aquarianer sind stets auch auf der Suche nach Kaltwasserarten, die sich mit Goldfischen vergesellschaften lassen. Zwar gibt es einige tropische Süßwasserfische, die so niedrige Temperaturen vertragen (siehe S. 132–133), dass man sie gemeinsam mit Goldfischen halten könnte, aber von denen gehören viele zu den Arten, die gern an den Flossen anderer Fische zupfen. Und da sind vor allem die langflossigen Goldfisch-Zuchtformen beliebte „Opfer“. Deshalb ist es ratsam, auf solche Versuche besser zu verzichten.

Der Kauf der Fische

Wenn Sie eine Liste der Arten erstellt haben, die Sie in Ihrem Aquarium halten wollen, wird es Zeit, sich auf den Weg zum Zoofachhändler zu machen. Denken Sie aber daran, dass ein neu eingerichtetes Becken etwa zwei Wochen eingefahren werden muss, bevor Sie die ersten Tiere einsetzen können. Werden die weiteren Fische dann langsam nach und nach eingesetzt, wird es kaum Probleme geben.

Vermeiden Sie Spontankäufe

Beim Zoofachhändler fallen Ihnen möglicherweise Arten auf, die Sie zwar noch nie zuvor gesehen haben, die Ihnen aber ausgesprochen gut gefallen. Lassen Sie sich nicht verleiten, solche Fische, über die Sie ja nichts wissen, zu kaufen. Merken Sie sich stattdessen den vollständigen wissenschaftlichen Namen und beschaffen Sie sich erst einmal Informationen über die entsprechende Art. Bei unbekannten Fischen kann sich sonst später möglicherweise herausstellen, dass es sich um gefräßige Räuber handelt, oder dass die Tiere schnell viel zu groß für Ihr Becken werden.

Beginnen Sie mit robusten Arten

Suchen Sie aus Ihrer Liste die robusteren Arten heraus und erwerben Sie diese zuerst, denn sie kommen in einem neu eingerichteten Becken am besten zurecht. Sind diese nicht vorrätig, gedulden Sie sich, bis sie wieder verfügbar sind. Möglicherweise werden die Tiere in den Verkaufsbecken nicht genau so aussehen, wie auf den Bildern in Ihren Büchern. Der häufigste Grund dafür ist, dass es sich um Jungfische handelt, die noch nicht voll ausgefärbt sind. Wenn die Tiere aktiv sind und gesund wirken, können Sie diese aber durchaus erwerben, denn sie sind zumeist preiswerter; außerdem ist es nett zu beobachten, wie sie langsam zu hübschen Exemplaren heranwachsen. Und natürlich haben Sie auch länger etwas von Ihnen.

Stellen Sie Fragen

Stellen Sie dem Personal im Zoofachgeschäft Fragen, denn so können Sie in kürzester Zeit eine Menge über Ihre neuen Fische lernen.

Seien Sie auf Fragen vorbereitet

Möglicherweise wird Ihr Händler aber auch Ihnen Fragen stellen, etwa zur Größe Ihres Aquariums, so dass Sie darauf vorbereitet sein sollten.

Fragen an den Zoofachhändler

- ❍ **Wie lange sind die Fische schon im Geschäft?**
- ❍ **Haben sie unter Quarantäne gestanden?**
- ❍ **Handelt es sich um Wildfänge oder gezüchtete Tiere?**
- ❍ **Sind sie für ein neu eingerichtetes Becken geeignet?**
- ❍ **Wie lange können sie gefahrlos in dem Transportbeutel bleiben?**
- ❍ **Gibt es Rabatt, wenn ich einen Schwarm kaufe?**
- ❍ **Wie wurden die Tiere gefüttert?**
- ❍ **Vertragen sie sich mit den anderen Fischen auf meiner Liste?**

Mögliche Fragen des Händlers

- ❍ **Wann wurde das Becken eingerichtet?**
- ❍ **Sind dies Ihre ersten Fische?**
- ❍ **Wie weit entfernt ist Ihre Wohnung?**
- ❍ **Haben Sie das Wasser getestet?**
- ❍ **Wie groß ist das Becken?**
- ❍ **Welche Temperatur hat das Wasser?**

Oben Stellen Sie Ihrem Zoofachhändler beim Kauf der Fische möglichst viele Fragen über die Bedürfnisse Ihrer zukünftigen Pfleglinge.

Mögliche Antworten

Wenn Sie den Ratschlägen in diesem Buch gefolgt sind, werden Ihre Antworten folgendermaßen aussehen: Es handelt sich um mein erstes Aquarium; es ist bereits eine Woche ohne Fische in Betrieb; ich habe das Wasser getestet und die Temperatur gemessen und die Werte waren so, wie sie sein sollten. Außerdem sollten Sie die genaue Größe Ihres Beckens notiert haben und angeben, wie weit entfernt Ihre Wohnung ist, damit der Händler die Fische für den Transport entsprechend einpacken kann. Handelt es sich bei den Fischen um die Arten, die Sie kaufen wollten, dann können Sie den Handel jetzt abschließen und die Tiere möglichst schnell nach Hause bringen.

Kaltwasserarten

Die außerordentlich beliebten Goldfische werden leider immer noch oft in zu kleinen Aquarien gehalten. Da Sie sich aber gerade Ihr erstes richtiges Aquarium eingerichtet haben, können Sie diesen Tieren nun einen wirklich geeigneten Lebensraum bieten, und es wird dann sicher nicht sehr lange dauern, bis Sie sich nach weiteren Mitbewohnern für die ersten Zierfische umsehen.

Goldfischzuchtformen

Der herkömmliche Goldfisch gehört immer noch zu den robustesten Zierfischen, und das gilt inzwischen auch für eine Reihe von Zuchtformen mit einfacher Schwanzflosse, etwa Kometenschweif und Shubunkin. Daneben gibt es aber auch noch eine Reihe weiterer Varianten mit doppelten oder sehr tief eingeschnittenen Schwanzflossen, die sehr viel empfindlicher sind.

Letztere sollte man nicht mit Exemplaren zusammen halten, die eine einfache Schwanzflosse besitzen, und auch nicht mit anderen Kaltwasserfischen. Der Grund ist, dass diese Formen stark überzüchtet sind und daher sehr empfindlich auf jede Störung in ihrer Umgebung reagieren. Außerdem können sie nicht besonders gut schwimmen, so dass sie beim Fressen oft viel zu kurz kommen und häufig bis zur Erschöpfung gejagt werden.

Andere Kaltwasserarten

Neben den Goldfischen gibt es noch weitere Kaltwasserarten, die aber häufig sehr unverträglich sind, so dass sie sich nicht für eine Vergesellschaftung eignen. Eine Ausnahme sind die Flossensauger (*Gastromyzon* spp. und *Beaufortia* spp.), die als sehr friedlich gelten, aber auch optimale Wasserbedingungen und geeignetes Futter benötigen (siehe S. 132).

Algen fressende Fische

Viele Aquarianer möchten auch in ihrem Kaltwasserbecken Algen fressende Fische halten. Davon gibt es zwar einige, aber die meisten sind nicht zur Vergesellschaftung mit Goldfischen geeignet, so dass einem in solchen Fällen nichts anderes übrig bleibt, als die Algen von Hand zu entfernen (siehe S. 168).

Fische aus temperierten Gewässern

Zur Gruppe der Zierfische aus temperierten Gewässern werden Arten gerechnet, die in der Natur in warmen, aber dennoch gemäßigten Regionen leben. Daneben gibt es aber auch tropische Fische, die sich dieser Gruppe zuordnen lassen, weil sie sich auch bei vergleichsweise niedrigen Temperaturen noch wohl fühlen. Ein Beispiel ist der Zebrabärbling (*Danio rerio*; siehe S. 152), den man noch problemlos bei einer Temperatur von 18 °C halten kann.

Tipp

Auch ein Aquarium für Fische aus gemäßigten Breiten kann sehr reizvoll sein. Solche Becken brauchen keine Heizung, lassen sich aber ähnlich wie tropische Aquarien einrichten. Das gilt auch für die Bepflanzung, denn die meisten im Handel erhältlichen Pflanzen vertragen durchaus niedrigere Temperaturen. Geeignete Fischarten für solche Becken sind bestimmte Bärblinge, Kardinalfische und Flossensauger.

KARPFENFISCHE (*Cyprinidae*)

Herkunft Ostasien

Größe 30 cm, meist aber kleiner

Beckengröße 90 cm

Schwierigkeitsgrad Leicht

Bemerkungen Diese Art wird schon seit Jahrhunderten gehalten, ist aber immer noch sehr beliebt. Wenn Goldfische gute Bedingungen vorfinden, sind sie sehr langlebig und erreichen ihre Höchstlänge. Für die Ernährung gibt es ein reichhaltiges Angebot an Gefrier- und Trockenfutter; regelmäßige Teilwasserwechsel sind unbedingt erforderlich. Optimale Exemplare haben kurze Flossen, einen kompakten Körperbau und eine leuchtende Färbung.

Shubunkin *Carassius auratus*

Herkunft Zuchtform

Größe 30 cm

Beckengröße 90 cm

Schwierigkeitsgrad Leicht

Bemerkungen Beim Shubunkin, einer Zuchtform des Goldfisches vom matten oder perlmuttartigen Beschuppungstyp, gibt es sowohl Formen mit normal kurzen als auch langen, kometschweifartigen Flossen. Besonders begehrt sind Shubunkins mit einer einheitlich blauen Grundfärbung und einer kräftigen Zeichnung aus roten, gelben, purpurfarbenen, braunen und schwarzen Flecken.

Kometschweif *Carassius auratus*

Herkunft Zuchtform

Größe 30 cm

Beckengröße 90 cm

Schwierigkeitsgrad Leicht

Bemerkungen Ein Kometschweif sieht aus wie eine etwas schlankere und mit längeren Flossen ausgestattete Variante des normalen Goldfischs. Auch die Färbung erinnert zumeist an den herkömmlichen Goldfisch; daneben gibt es aber eine „Sarasa" genannte Zuchtform, die eine weiße Grundfärbung und rote Flecken aufweist. Viele Exemplare, die als normale Goldfische verkauft werden, sind tatsächlich Kometschweife.

Schwarzer Teleskopschleierschwanz *Carassius auratus*

Herkunft Zuchtform

Größe 15 cm

Beckengröße 60 cm

Schwierigkeitsgrad Mittel

Bemerkungen Diese Fische, die etwas anfällig für Augenerkrankungen sind, verdanken ihren umgangssprachlichen Namen den hervorstehenden Augen, dem schleierartigen Schwanz und der durchgängig schwarzen Färbung. Ältere Exemplare dieser beliebten Zuchtform verfärben sich vom Bauch her oft bronzefarben; neben der schwarzen Variante gibt es inzwischen auch andersfarbige Formen.

Oranda *Carassius auratus*

Herkunft Zuchtform

Größe 15 cm

Beckengröße 60 cm

Schwierigkeitsgrad Mittel

Bemerkungen Diese Zuchtform erkennt man leicht an den blumenkohlartigen Auswüchsen am Kopf, die bei Jungtieren allerdings noch nicht entwickelt sind. Orandas gibt es in unterschiedlichen Farbschlägen; besonders beliebt sind Exemplare mit roter, bläulicher, brauner, schwarzer, oder weißer bis silberweißer Färbung. Erste Anzeichen der Kopfauswüchse zeigen sich bei etwa 5 cm großen Tieren.

Ryukin *Carassius auratus*

Herkunft Zuchtform

Größe 15 cm

Beckengröße 60 cm

Schwierigkeitsgrad Mittel

Bemerkungen Die auch Fächerschwanz genannte, zumeist rot und weiß gefärbte Zuchtform, lässt sich von den manchmal ähnlichen Orandas (oben) durch die abweichende Kopfform und die fehlenden Auswüchse unterscheiden. Ausgewachsene Ryukins haben im Idealfall einen eiförmigen Körper, so dass sie bei einer Körperlänge von 15 cm nicht selten 13 cm hoch sind.

Ranchu *Carassius auratus*

Herkunft Zuchtform

Größe 15 cm

Beckengröße 60 cm

Schwierigkeitsgrad Mittel

Bemerkungen Der Ranchu, manchmal auch Büffelkopf genannt, gehört zu den besonders empfindlichen Goldfisch-Zuchtformen. Es handelt sich um schlechte Schwimmer, was vor allem an der fehlenden Rückenflosse und den verkürzten Bauch- und Brustflossen liegt. Die hauptsächlich rot, schwarz, grünlich und weiß gefärbten Ranchus, die im Alter oft Kopfauswüchse entwickeln, gehören zu den teuren Zuchtformen.

Perlschupper *Carassius auratus*

Herkunft Zuchtform

Größe 15 cm

Beckengröße 60 cm

Schwierigkeitsgrad Mittel

Bemerkungen Der stark überzüchtete Perlschupper gehört ebenfalls zu den empfindlicheren Goldfischen, und die Tiere schwimmen auch ähnlich schlecht wie die Ranchus (oben). Der umgangssprachliche Name der rundlichen, häufig rot und weiß gefärbten Fische bezieht sich auf die aufgewölbten Schuppen; eine Variante mit Kopfauswüchsen wird „Crowned Pearlscale" genannt.

Wakin *Carassius auratus*

Herkunft Zuchtform

Größe 15 cm

Beckengröße 75 cm

Schwierigkeitsgrad Leicht

Bemerkungen Der Wakin gehört zu den Varianten mit doppelter Schwanzflosse, hat aber nicht den gedrungenen, rundlichen Körperbau der anderen Zuchtformen aus dieser Gruppe. Die häufig rot und weiß gefärbten Wakins sind aktive, robuste Fische, die sich auch zusammen mit Varianten halten lassen, die eine einfache Schwanzflosse besitzen.

Blasenauge *Carassius auratus*

Herkunft Zuchtform

Größe 10 cm

Beckengröße 60 cm

Schwierigkeitsgrad Schwierig

Bemerkungen Die flüssigkeitsgefüllten Ausstülpungen des Blasenauges wirken auf viele Betrachter unnatürlich, andere finden die Tiere faszinierend. Das Becken, in dem die Fische ausschließlich mit Artgenossen gehalten werden sollten, darf wegen der Verletzungsgefahr keine spitzen Gegenstände aufweisen. Die Tiere fressen nur schwimmendes Futter, weil sie die Nahrung am Boden nicht sehen können.

Himmelsgucker *Carassius auratus*

Herkunft Zuchtform

Größe 10 cm

Beckengröße 60 cm

Schwierigkeitsgrad Schwierig

Bemerkungen Diese Fische verdanken ihren Namen den nach oben gerichteten Augen, und sie wurden angeblich vor vielen Jahrhunderten in Asien extra so gezüchtet, damit sie die Kaiser anschauen konnten. Weil ihnen die Rückenflosse fehlt, schwimmen sie schlecht, so dass man sie nur zusammen mit Artgenossen oder Blasenaugen (siehe S. 131) halten sollte.

Flossensauger *Gastromyzon* und *Beaufortia* spp.

Herkunft China und Südostasien

Größe 5–10 cm

Beckengröße 60 cm

Schwierigkeitsgrad Mittel

Bemerkungen Unter diesem Namen bietet der Handel oft eine Reihe unterschiedlicher Arten an. Die Tiere bevorzugen zwar niedrige Temperaturen, sind für die meisten Goldfischbecken aber nur bedingt geeignet, weil sie ein gut durchströmtes Becken mit sauerstoffreichem Wasser benötigen, denn solche Bedingungen herrschen auch im natürlichen Lebensraum dieser Fische. Ihre Nahrung besteht aus winzigen Wirbellosen und Algen.

Schlammpeitzger *Misgurnus anguillicaudatus*

Herkunft China

Größe 20 cm

Beckengröße 90 cm

Schwierigkeitsgrad Leicht

Bemerkungen Die recht friedliche Art lässt sich mit den robusteren Goldfischen aus der Gruppe mit einfacher Schwanzflosse vergesellschaften. Schlammpeitzger werden manchmal auch Wetterfische genannt, weil sie bei niedrigem Luftdruck besonders aktiv sind. Da sie atmosphärische Luft atmen können, müssen sie Gelegenheit haben, regelmäßig an die Wasseroberfläche zu kommen. Den Tag verbringen die Tiere gern eingegraben im tiefen Bodengrund.

Kardinalfisch *Tanichthys albonubes*

Herkunft China

Größe 4 cm

Beckengröße 45 cm

Schwierigkeitsgrad Leicht

Bemerkungen Der hübsche Kardinalfisch, von dem es auch Zuchtformen mit ausgezogenen Flossen gibt, kann gut in kleineren, ungeheizten Aquarien gehalten werden. Die Vermehrung ist einfach, weil die Elterntiere ihren Jungen nicht nachstellen. Eine Vergesellschaftung mit Goldfischen ist nicht ratsam, da die Kardinalfische zumeist gefressen werden, so dass man am besten einen kleinen Schwarm in einem Artenbecken hält.

Tropische Süßwasserfische

Tropische Süßwasserfische gibt es nicht nur in fast allen Größen, Farben, Formen und Schwierigkeitsgraden, sondern sie sind zumeist auch noch ausgesprochen preiswert, so dass sie sich bei den Aquarianern großer Beliebtheit erfreuen. Sollten Sie dabei sein, sich Ihr erstes Aquarium einzurichten, empfiehlt es sich, mit kleinen bis mittelgroßen Arten zu beginnen. Dabei sollten Sie darauf achten, Fische aus allen Wasserzonen auszuwählen, damit das Becken später in allen Ebenen farbig und belebt wirkt.

Artenvielfalt

Die Zahl der tropischen Süßwasserfische ist schon jetzt riesig, und dennoch werden ständig weitere Arten eingeführt oder neue Farbschläge gezüchtet. Um Ihnen die Auswahl zu erleichtern, werden hier einige der beliebtesten und fast immer im Handel erhältlichen Arten mit unterschiedlichem Schwierigkeitsgrad vorgestellt. Achten Sie besonders darauf, dass die Fische erst eingesetzt werden können, wenn das Becken gut eingefahren ist (siehe S. 98–99).

Goldene Regeln

Für eine erfolgreiche Haltung tropischer Süßwasserfische sollten Sie folgende Regeln unbedingt beachten:

- Informieren Sie sich bei unbekannten Arten stets über die zu erwartende Größe der Tiere, denn Händler halten oft Jungfische zusammen, die später ganz unterschiedlich groß werden.
- Setzen Sie die für das Becken vorgesehenen Fische nicht alle auf einmal ein. Waschen Sie Filtermedien niemals mit Leitungswasser aus.
- Suchen Sie sich einen vertrauenswürdigen Zoohändler und hören Sie auf seinen Rat. Verzichten Sie aber nicht darauf, sich auch aus anderen Quellen ständig weiter zu informieren. Zu einem guten Aquarianer werden Sie nur, wenn Sie die Ansprüche und Besonderheiten der von Ihnen gehaltenen Fische genau kennen.
- Führen Sie sehr regelmäßig Teilwasserwechsel durch und entfernen Sie die Algen, bevor diese die Gelegenheit haben, sich übermäßig stark zu vermehren (siehe S. 168–169).

Tipp

Wenn Sie auf der Suche nach sehr robusten Arten sind, sollten Sie sich bei den Platys (*Xiphophorus maculatus*; siehe S. 159) und Bärblingen (siehe S. 151–152) einmal genauer umschauen. Kaufen Sie zunächst nicht mehr als sechs Exemplare, füttern Sie in Maßen, und überprüfen Sie die Wasserqualität regelmäßig mit einem Test-Set (siehe S. 100–101).

LABYRINTHFISCHE (*Anabantoidei*)

Siamesischer Kampffisch *Betta splendens*

Herkunft Thailand (früher Siam)

Größe 6 cm

Beckengröße 30 cm

Temperatur 24–30 °C

Wasser Mittelhart bis hart, pH-Wert 6–7

Schwierigkeitsgrad Mittel

Bemerkungen Bei diesen beliebten Zierfischen ist die Zuchtform deutlich farbenprächtiger als die Wildform. Die Männchen sind untereinander aggressiv, so dass man nur eines pro Becken halten kann. Ideal sind ruhige Becken mit friedlichen Fischen, vielen Pflanzen und sanfter Filterung.

Honiggurami *Colisa chuna*

Herkunft Asien

Größe 5 cm

Beckengröße 45 cm

Temperatur 24–28 °C

Wasser Weich bis mittelhart, pH-Wert 6–7

Schwierigkeitsgrad Mittel

Bemerkungen Die Männchen zeigen ihre schönste Färbung erst nach der Eingewöhnung. Die Haltung kann in gut bepflanzten Gesellschaftsbecken mit sanfter Filterung und friedlichen Arten erfolgen; als Nahrung wird Lebend- und Gefrierfutter bevorzugt (siehe S. 164–165).

Zwergfadenfisch *Colisa lalia*

Herkunft Asien

Größe 5 cm

Beckengröße 45 cm

Temperatur 24–28 °C

Wasser Weich bis mittelhart, pH-Wert 6–7

Schwierigkeitsgrad Mittel

Bemerkungen Diese attraktive Art wurde durch Zuchtwahl so verändert, dass inzwischen auch die Weibchen eine sehr schöne Färbung zeigen. Die Tiere bauen ein Schaumnest (siehe S. 190), so dass Schwimmpflanzen vorhanden sein sollten; außerdem darf die Strömung nicht zu stark sein. Das Männchen wird etwas größer als das Weibchen.

Küssender Gurami *Helostoma temminckii*

Herkunft Südostasien

Größe 20 cm

Beckengröße 120 cm

Temperatur 24–28 °C

Wasser Mittelhart, pH-Wert 7

Schwierigkeitsgrad Mittel

Bemerkungen Neben der hier abgebildeten rosa Form gibt es auch eine silbergrüne, gepunktete Variante. Beim typischen „Küssen“ der Tiere, das viel zur Popularität der Art beigetragen hat, handelt es sich in Wahrheit um Rivalenkämpfe. Von einer als „Balloon Kissing Gourami“ bezeichneten Zuchtform wird abgeraten.

Mosaikfadenfisch *Trichogaster leeri*

Herkunft Südostasien

Größe 12 cm

Beckengröße 90 cm

Temperatur 24–28 °C

Wasser Weich bis mittelhart, pH-Wert 6–7

Schwierigkeitsgrad Mittel

Bemerkungen Die Art ist ein hübscher Blickfang für jedes größere Gesellschaftsbecken, wobei die Tiere vor allem durch ihre sehr anmutigen Bewegungen auffallen. Die Männchen erkennt man an der orangefarbenen bis rötlichen Kehle und länger ausgezogenen Rückenflossen. Bei der Haltung sollten die Weibchen in der Überzahl sein.

Blauer Fadenfisch *Trichogaster trichopterus*

Herkunft Südostasien

Größe 12 cm

Beckengröße 90 cm

Temperatur 24–28 °C

Wasser Weich bis mittelhart, pH-Wert 6–7

Schwierigkeitsgrad Mittel

Bemerkungen Typisch für diese Art, von der es verschiedene Zuchtformen gibt, sind die Flecken auf Flanke und Schwanzwurzel. Da die Männchen, die man an der ausgezogenen Rückenflosse erkennt, etwas unverträglich sind, hält man sie am besten einzeln mit mehreren Weibchen in einem großen, teilweise dicht bepflanzten Becken.

SCHWIELEN- UND PANZERWELSE (*Callichthyidae*)

Panzerwelse *Brochis* spp.

Herkunft Südamerika

Größe 8 cm

Beckengröße 90 cm

Temperatur 22–26 °C

Wasser Weich, pH-Wert 6–7

Schwierigkeitsgrad Mittel

Bemerkungen Die Arten dieser Gattung ähneln den *Corydoras*-Panzerwelsen (unten), und sie haben auch eine ähnliche Lebensweise. Es handelt sich um friedliche, gut für Gesellschaftsaquarien geeignete Tiere, die einen sauberen Bodengrund benötigen (siehe S. 169), weil sie leicht bakterielle Infektionen an den Barteln bekommen.

Panzerwelse *Corydoras* spp.

Herkunft Südamerika

Größe 6 cm

Beckengröße 75 cm

Temperatur 20–24 °C

Wasser Weich, pH-Wert 6–7

Schwierigkeitsgrad Mittel

Bemerkungen Alle Arten aus dieser Gattung sind friedliche Bodenfische, die im Aquarium dafür sorgen, dass auf den Boden gesunkene Futterreste dort nicht verfaulen. Es gibt zahlreiche, unterschiedlich gefärbte und gezeichnete Arten.

SALMLER (*Characidae*)

Marmorierter Beilbauchfisch *Carnegiella strigata*

Herkunft Südamerika

Größe 4 cm

Beckengröße 60 cm

Temperatur 24–28 °C

Wasser Weich, pH-Wert 6–7

Schwierigkeitsgrad Mittel

Bemerkungen Die an der Wasseroberfläche lebenden Beilbauchfische sind bekannt dafür, dass sie bei der Flucht vor Feinden aus dem Wasser springen. Zwar geschieht das in Aquarien nicht sehr häufig, aber man sollte das Becken dennoch sehr gut abdecken. Für die Haltung wird ein Aquarium mit Schwimmpflanzen und feines, schwimmendes Futter (siehe S. 166–167) benötigt.

Glühlichtsalmler *Hemigrammus erythrozonus*

Herkunft Südamerika

Größe 4 cm

Beckengröße 60 cm

Temperatur 24–28 °C

Wasser Weich, pH-Wert 6–7

Schwierigkeitsgrad Mittel

Bemerkungen Typisch für diesen Salmler ist die schillernde, rote Längsbinde, die in der Dunkelheit aber nicht leuchtet. Die Tiere hält man am besten als Schwarm in einem gut eingefahrenen Becken; die Vergesellschaftung mit kleinen friedlichen Arten ist möglich.

Blutsalmler *Hyphessobrycon eques*

Herkunft Südamerika

Größe 4 cm

Beckengröße 60 cm

Temperatur 24–28 °C

Wasser Weich, pH-Wert 6–7,5

Schwierigkeitsgrad Mittel

Bemerkungen Der Blutsalmler zupft gern an den Flossen anderer Fische, so dass man ihn nicht mit langflossigen Arten vergesellschaften sollte, etwa Kampffischen (*Betta splendens;* siehe S. 135) oder Guppys (*Poecilia reticulata;* siehe S. 158). Für die Haltung wird ein dicht bepflanztes Becken benötigt.

Fahnen-Kirschflecksalmler *Hyphessobrycon erythrostigma*

Herkunft Südamerika

Größe 6 cm

Beckengröße 90 cm

Temperatur 24–28 °C

Wasser Weich, pH-Wert 6–7

Schwierigkeitsgrad Mittel

Bemerkungen Der attraktive Fahnen-Kirschflecksalmler bevorzugt Aquarien mit dichter Bepflanzung, benötigt aber auch freien Schwimmraum. Die Männchen haben eine ausgezogene Rückenflosse und sind etwas größer als die Weibchen. Ihre wahre Färbung zeigen die Tiere nur im Schwarm.

Schwarzer Neon *Hyphessobrycon herbertaxelrodi*

Herkunft Südamerika

Größe 4 cm

Beckengröße 60 cm

Temperatur 24–28 °C

Wasser Weich, pH-Wert 6–7

Schwierigkeitsgrad Mittel

Bemerkungen Die Art erinnert ein wenig an den Neonsalmler (siehe S. 143), was den deutschen Namen erklärt. Man hält die Tiere am besten als Schwarm von mindestens sechs Exemplaren in einem dicht bepflanzten Aquarium, das gut eingefahren sein muss, weil die Art empfindlich auf Nitrit reagiert (siehe S. 105). Die Weibchen sind etwas größer und rundlicher.

Zitronensalmler *Hyphessobrycon pulchripinnis*

Herkunft Südamerika

Größe 4 cm

Beckengröße 60 cm

Temperatur 24–28 °C

Wasser Weich, pH-Wert 6–7

Schwierigkeitsgrad Mittel

Bemerkungen Die Art, die sich auch mit anderen, friedlichen Fischen vergesellschaften lässt, wirkt anfangs etwas unscheinbar, zeigt bei optimalen Bedingungen und richtiger Ernährung aber bald die hübsche, zitronengelbe Färbung. Man hält am besten einen Schwarm; die Männchen lassen sich am dunklen Saum der Afterflosse erkennen.

Rotaugen-Moenkhausia *Moenkhausia sanctaefilomenae*

Herkunft Südamerika

Größe 6 cm

Beckengröße 75 cm

Temperatur 24–28 °C

Wasser Weich bis hart, pH-Wert 6–7

Schwierigkeitsgrad Mittel

Bemerkungen Diese Art wirkt am schönsten, wenn sie in einem größeren Schwarm gehalten wird. Es handelt sich um robuste Tiere, die man in einem größeren Becken auch mit mittelgroßen Buntbarschen (siehe S. 144–147) halten kann. Leider zupft die recht langlebige Art aber manchmal an den Flossen andere Fische.

Roter Neon *Paracheirodon axelrodi*

Herkunft Südamerika

Größe 3 cm

Beckengröße 60 cm

Temperatur 24–28 °C

Wasser Weich, pH-Wert 6–7

Schwierigkeitsgrad Mittel

Bemerkungen Diese kleine Art ist sogar noch etwas bunter als der sehr ähnliche Neonsalmler (siehe S. 143), denn die rote Färbung erstreckt sich über den gesamten Bauch. Am besten kommen die Tiere in einem größeren Schwarm zur Geltung; die Haltung mit anderen kleinen, friedlichen Fischen ist möglich.

Neonsalmler *Paracheirodon innesi*

Herkunft Südamerika

Größe 3 cm

Beckengröße 45 cm

Temperatur 24–28 °C

Wasser Weich, pH-Wert 6–7

Schwierigkeitsgrad Mittel

Bemerkungen Der Neonsalmler gehört wegen seiner auffälligen roten und blauen Färbung zu den beliebtesten tropischen Zierfischen. Man hält die Tiere am besten als etwas größeren Schwarm in einem nicht zu hellen Becken mit Moorkienholz (siehe S. 54) und zahlreichen Pflanzen (siehe S. 62–75); eine Vergesellschaftung mit anderen kleinen Arten ist möglich.

Blauer Kongosalmler *Phenacogrammus interruptus*

Herkunft Afrika

Größe Männchen 10 cm, Weibchen 7,5 cm

Beckengröße 120 cm

Temperatur 24–28 °C

Wasser Weich, pH-Wert 6–7

Schwierigkeitsgrad Mittel

Bemerkungen Der hübsch gefärbte Blaue Kongosalmler ist sicher die bekannteste Art unter den afrikanischen Salmlern. Die auffälligen, langen Flossen der Männchen entwickeln sich nur in großen Becken; die Weibchen sind kleiner und deutlich blasser gefärbt.

Schrägschwimmer *Thayeria boehlkei*

Herkunft Südamerika

Größe 6 cm

Beckengröße 75 cm

Temperatur 24–28 °C

Wasser Weich, pH-Wert 6–7

Schwierigkeitsgrad Mittel

Bemerkungen Das auffälligste an dieser ungewöhnlichen Art ist die schräge Schwimmhaltung. Die Tiere, die sich vorzugsweise in den oberen Wasserregionen aufhalten, können mit mittelgroßen, friedlichen Fischen vergesellschaftet werden. Es gibt einige nah verwandte Arten, etwa den Pinguinsalmler (*Thayeria obliqua*), bei denen die dunkle Längsbinde kürzer ist.

BUNTBARSCHE (*Cichlidae*)

Kakadu-Zwergbuntbarsch *Apistogramma cacatuoides*

Herkunft Südamerika

Größe 7 cm

Beckengröße 60 cm

Temperatur 24–28 °C

Wasser Weich, pH-Wert 6–7

Schwierigkeitsgrad Schwierig

Bemerkungen Zur Gattung *Apistogramma* gehören eine Reihe sehr farbenprächtiger Zwergbuntbarsche. Für ihre Haltung ist ein gut gefiltertes Becken mit vielen Verstecken notwendig, außerdem benötigen sie eine abwechslungsreiche Ernährung mit feinem Lebend- und Gefrierfutter (siehe S. 164–167).

Pfauenaugenbuntbarsch *Astronotus ocellatus*

Herkunft Südamerika

Größe 30 cm

Beckengröße 150 cm

Temperatur 24–28 °C

Wasser Weich, pH-Wert 6–7

Schwierigkeitsgrad Leicht

Bemerkungen Der hübsche Pfauenaugenbuntbarsch lässt sich leider nur schlecht mit anderen Fischen vergesellschaften, weil er sehr schnell wächst und dann alle kleineren Mitbewohner frisst. Die Art benötigt einen starken Filter und eine abwechslungsreiche Ernährung mit speziellem Buntbarsch-, Gefrier- und Lebendfutter (siehe S. 164–167).

Schmetterlingsbuntbarsch *Microgeophagus ramirezi*

Herkunft Südamerika

Größe 7 cm

Beckengröße 60 cm

Temperatur 24–28 °C

Wasser Weich, pH-Wert 6–7

Schwierigkeitsgrad Schwierig

Bemerkungen Diese sehr attraktive Art hält man am besten paarweise in gut bepflanzten Becken mit weichem Wasser. Eine Vergesellschaftung mit kleinen, friedlichen Arten ist möglich; gefüttert wird mit Lebend- und Gefrierfutter (siehe S. 164–167). Die Männchen erkennt man an den länger ausgezogenen Rückenflossenstrahlen.

Purpurprachtbarsch *Pelvicachromis pulcher*

Herkunft Nigeria, Afrika

Größe 10 cm

Beckengröße 75 cm

Temperatur 24–26 °C

Wasser Weich, pH-Wert 6–7

Schwierigkeitsgrad Mittel

Bemerkungen Dieser hübsche Zwergbuntbarsch, der sich am liebsten in Bodennähe aufhält, lässt sich im Aquarium recht gut vermehren, sofern ausreichend Eiablageplätze vorhanden sind (siehe S. 188–189). Die Weibchen bekommen zur Laichzeit einen stärker gerundeten, roten Bauch; Eier und Nachkommen werden von den Eltern bewacht.

Skalar *Pterophyllum scalare*

Herkunft Südamerika

Größe 12 cm

Beckengröße 90 cm

Temperatur 24–28 °C

Wasser Weich, pH-Wert 6–7

Schwierigkeitsgrad Mittel

Bemerkungen Junge Skalare lassen sich problemlos in einem Gesellschaftsbecken halten, aber ausgewachsene Exemplare vergreifen sich häufiger an kleineren Fischen, etwa Neonsalmlern (*Paracheirodon innesi;* siehe S. 143). Für die Haltung sind hohe, teilweise dicht bepflanzte Becken am besten geeignet.

Diskus *Symphysodon* spp.

Herkunft Südamerika

Größe 15 cm

Beckengröße 120 cm

Temperatur 27–30 °C

Wasser Weich, pH-Wert 6–7

Schwierigkeitsgrad Schwierig

Bemerkungen Der Diskus benötigt vergleichsweise warmes, weiches Wasser von gleich bleibend guter Qualität, so dass eine Umkehrosmoseanlage für die Teilwasserwechsel zur Verfügung stehen sollte (siehe S. 84). Kaufen Sie mehrere Exemplare von mindestens 7 cm Größe und bieten Sie regelmäßig proteinreiches Spezial- und Gefrierfutter an (siehe S. 164–167).

SCHMERLEN (*Cobitidae*)

Prachtschmerle *Botia macracantha*

Herkunft Südostasien

Größe 30 cm

Beckengröße 100 cm

Temperatur 25–30 °C

Wasser Weich, pH-Wert 6–7

Schwierigkeitsgrad Mittel

Bemerkungen Diese schuppenlosen Fische brauchen die Gesellschaft von Artgenossen, mit denen sie sich durch hörbare Klicklaute verständigen. Gefüttert wird mit Futtertabletten, Mückenlarven und gefrorenem Muschelfleisch (siehe S. 164–167), die Tiere fressen aber auch Schnecken (siehe S. 115).

Geflecktes Dornauge *Pangio kuhli*

Herkunft Asien

Größe 10 cm

Beckengröße 75 cm

Temperatur 24–28 °C

Wasser Weich, pH-Wert 6–7

Schwierigkeitsgrad Mittel

Bemerkungen Diese wurmähnlichen Schmerlen, die sich gern in den Bodengrund einwühlen, finden ihr Futter auch noch in den letzten Spalten und Winkeln des Beckens. Die Ernährung erfolgt am besten mit Futtertabletten und Mückenlarven (siehe S. 167); einmal im Becken heimisch geworden, lassen sich die flinken Tiere kaum wieder herausfangen.

KARPFENFISCHE (*Cyprinidae*)

Haibarbe *Balantiocheilus melanopterus*

Herkunft Asien

Größe 35 cm

Beckengröße 150 cm

Temperatur 24–28 °C

Wasser Weich bis hart, pH-Wert 6–8

Schwierigkeitsgrad Mittel

Bemerkungen Die Haibarbe gehört zu den Zierfischen, die schnell aus einem Becken „herauswachsen"; außerdem fressen sie normalerweise alle kleineren Fische. Man hält die Tiere am besten als Schwarm in einem großen Aquarium mit viel freiem Schwimmraum. Mit den echten Haien sind sie natürlich nicht verwandt.

Prachtbarbe *Barbus conchonius*

Herkunft Asien

Größe 10 cm

Beckengröße 90 cm

Temperatur 18-26 °C

Wasser Weich bis mittelhart, pH-Wert 6–7

Schwierigkeitsgrad Leicht

Bemerkungen Die robuste Prachtbarbe ist eine ausgezeichnete Art für Gesellschaftsbecken, denn es handelt sich um friedliche, aktive, anspruchslose Fische, die sich oft auch im Aquarium fortpflanzen. Inzwischen gibt es eine Reihe von Zuchtformen; geschlechtsreife Männchen erkennt am an ihrer leuchtend roten Färbung.

Feuerstreifen-Haibarbe, Denisonbarbe, Rotstrich-Algenfresser *Barbus denisoni*

Herkunft Indien

Größe 15 cm

Beckengröße 90 cm

Temperatur 20–25 °C

Wasser Weich bis mittelhart, pH-Wert 7-8

Schwierigkeitsgrad Mittel

Bemerkungen Typisch für diese Art ist die kurze, rötliche Querbinde auf dem Vorderkörper, außerdem zeigen die Tiere unter optimalen Bedingungen – das sauerstoffreiche Wasser darf nicht zu warm oder zu sauer sein – eine Zeichnung auf der Schwanzflosse, die der des Dreilinienbärblings (*Rasbora trilineata*) ähnelt.

Sumatrabarbe *Barbus tetrazona*

Herkunft Asien

Größe 7 cm

Beckengröße 90 cm

Temperatur 22–26 °C

Wasserbedingungen Weich, pH-Wert 6–7

Schwierigkeitsgrad Mittel

Bemerkungen Die hübsche Sumatrabarbe gehört leider zu den Arten, die an den Flossen anderer Fische zupfen. Verhindern lässt sich das, wenn man die Tiere in Schwärmen von mindestens sechs Exemplaren hält und sie zudem nicht mit langflossigen Arten vergesellschaftet. Das Becken sollte gut bepflanzt sein, aber auch ausreichend freien Schwimmraum bieten.

Bitterlingsbarbe *Barbus titteya*

Herkunft Asien

Größe 5 cm

Beckengröße 60 cm

Temperatur 23-26 °C

Wasserbedingungen Weich bis mittelhart, pH-Wert um 7

Schwierigkeitsgrad Leicht

Bemerkungen Die anspruchslose Bitterlingsbarbe kann gut mit anderen friedlichen Arten vergesellschaftet werden. Die Männchen verfärben sich mit Eintritt der Geschlechtsreife hellrot; eine Vermehrung im Aquarium ist möglich. Die auch für Anfänger geeignete Art benötigt ein gut bepflanztes Becken mit Holz- und Steindekoration.

Siamesische Rüsselbarbe *Crossocheilus siamensis*

Herkunft Südostasien

Größe 15 cm

Beckengröße 90 cm

Temperatur 24–26 °C

Wasserbedingungen Weich bis mittelhart, pH-Wert 6–7,5

Schwierigkeitsgrad Mittel

Bemerkungen Die Siamesische Rüsselbarbe wird gern gehalten, weil sie als ausgezeichneter Algenfresser gilt. Es gibt einige ähnlich aussehende Rüsselbarben, die allerdings weniger friedlich sind, weil sie ein Revier verteidigen. Erkennen lassen sich solche Arten häufig an einer Zeichnung auf der Schwanzflosse, die bei *C. siamensis* nicht vorhanden ist.

Schillerbärbling *Danio albolineatus*

Herkunft Asien

Größe 5 cm

Beckengröße 45 cm

Temperatur 20–26 °C

Wasserbedingungen Weich bis mittelhart, pH-Wert 7–7,5

Schwierigkeitsgrad Leicht

Bemerkungen Schillerbärblinge sind gute Anfängerfische, denn sie vertragen vergleichsweise niedrige Temperaturen, lassen sich leicht ernähren und eignen sich zudem ganz ausgezeichnet für Gesellschaftsaquarien. Am besten hält man die sehr aktive Art in einem Schwarm aus mindestens sechs Exemplaren.

Zebrabärbling *Danio rerio*

Herkunft Asien

Größe 5 cm

Beckengröße 45 cm

Temperatur 18–26 °C

Wasserbedingungen Weich bis mittelhart, pH-Wert 7–7,5

Schwierigkeitsgrad Leicht

Bemerkungen Der Zebrabärbling, der recht einfach zu vermehren ist, kann auch in noch nicht voll eingefahrenen und unbeheizten Aquarien leben. Man hält die Art, von der es verschiedene Zuchtformen gibt, etwa goldfarbene, gefleckte und langflossige Varianten, am besten als Schwarm; eine Vergesellschaftung mit friedlichen Fischen ist möglich.

Feuerschwanz-Fransenlipper *Epalzeorhynchus bicolor*

Herkunft Südostasien

Größe 15 cm

Beckengröße 90 cm

Temperatur 24–26 °C

Wasserbedingungen Weich, pH-Wert um 7

Schwierigkeitsgrad Mittel

Bemerkungen Der hauptsächlich am Boden lebende Feuerschwanz braucht zahlreiche Verstecke, weil er sonst häufig ziemlich unverträglich wird. Die Nahrung sollte sehr vielfältig sein und auch Futtertabletten mit Algenzusätzen enthalten (siehe S. 167). Mit Artgenossen verträgt sich der Feuerschwanz nicht!

Grüner Fransenlipper *Epalzeorhynchus frenatus*

Herkunft Südostasien

Größe 15 cm

Beckengröße 90 cm

Temperatur 24–26 °C

Wasserbedingungen Weich, pH-Wert um 7

Schwierigkeitsgrad Mittel

Bemerkungen Bei dieser Art sind alle Flossen rot gefärbt, was sie vom ähnlichen Feuerschwanz-Fransenlipper, siehe S. 152, unterscheidet. Die Tiere, die ebenfalls nicht mit Artgenossen vergesellschaftet werden dürfen, benötigen ein Becken mit zahlreichen Verstecken und pflanzliche Zusätze enthaltendes Futter (siehe S. 167).

Keilfleckbärbling *Trigonostigma heteromorpha*

Herkunft Südostasien

Größe 4 cm

Beckengröße 60 cm

Temperatur 24–26 °C

Wasserbedingungen Weich, pH-Wert 6–7

Schwierigkeitsgrad Mittel

Bemerkungen Dieser hübsche, schwimmfreudige Fisch, der alle Bereiche eines Aquariums besiedelt, lässt sich gut mit anderen kleinen Fischen vergesellschaften. Man hält ihn am besten in einem größeren Schwarm in einem gut bepflanzten Becken; die Weibchen lassen sich häufig an der stärker ausgebogenen Bauchlinie erkennen.

HARNISCHWELSE (*Loricariidae*)

Bürstennasenwels *Ancistrus temminckii*

Herkunft Südamerika

Größe 15 cm

Beckengröße 90 cm

Temperatur 24–28 °C

Wasserbedingungen Weich, pH-Wert 6–7

Schwierigkeitsgrad Mittel

Bemerkungen Dieser ausgezeichnete Algenfresser kann sowohl mit kleineren als auch größeren Fischen vergesellschaftet werden. Die Tiere vermehren sich auch häufig im Aquarium, wobei sich das Männchen, das man an den zahlreichen Kopfborsten erkennt, allein um das Gelege kümmert.

Gelbsaumwels *Baryancistrus* spp.

Herkunft Südamerika

Größe 10 cm

Beckengröße 90 cm

Temperatur 24–26 °C

Wasserbedingungen Weich, pH-Wert 6–7

Schwierigkeitsgrad Mittel

Bemerkungen Diese sehr attraktive Art benötigt ein gut gefiltertes Becken mit Moorkienholz sowie abwechslungsreiches Futter, das Mückenlarven, Gurken und Futtertabletten umfassen sollte (siehe S. 167). Zur Gattung *Baryancistrus* gehört eine Reihe sehr ähnlicher Arten.

Zebra-Harnischwels *Hypancistrus zebra*

Herkunft Südamerika

Größe 6 cm

Beckengröße 90 cm

Temperatur 23–26 °C

Wasserbedingungen Weich, pH-Wert 6–7

Schwierigkeitsgrad Mittel

Bemerkungen Dieser attraktive, erst 1991 entdeckte Wels war zwischenzeitlich so beliebt, dass seine Heimatgewässer stark überfischt wurden. Inzwischen wird er aber überall auf der Erde nachgezüchtet. Leider sieht man die nachtaktiven Tiere, die viele Verstecke benötigen, tagsüber nur sehr selten.

Gestreifter Ohrgitterharnischwels *Otocinclus affinis*

Herkunft Südamerika

Größe 4 cm

Beckengröße 60 cm

Temperatur 24–28 °C

Wasserbedingungen Weich, pH-Wert 6–7

Schwierigkeitsgrad Mittel

Bemerkungen Diesen kleinen Algenfresser sollte man stets in kleinen Gruppen halten. Es handelt sich um tagaktive Fische, die sich gut für Gesellschaftsbecken eignen und regelmäßig Grünfutter und Futtertabletten mit pflanzlichen Zusätzen benötigen, weil sie sich sonst häufig an den Aquarienpflanzen vergreifen.

REGENBOGENFISCHE (*Melanotaeniidae*)

Lachsroter Regenbogenfisch *Glossolepis incisus*

Herkunft Neuguinea

Größe 15 cm

Beckengröße 100 cm

Temperatur 24–26 °C

Wasserbedingungen Hart, pH-Wert 7–8

Schwierigkeitsgrad Mittel

Bemerkungen Die Männchen bekommen mit zunehmendem Alter einen Buckel und eine kräftigere Färbung, so dass sich die aktiven, langlebigen Fische gut für große Schauaquarien eignen. Die auch Roter Guinea Regenbogenfisch genannte Art hält man am besten als Schwarm in einem sehr geräumigen Becken mit viel freiem Schwimmraum.

Boeseman's Regenbogenfisch *Melanotaenia boesemani*

Herkunft Neuguinea

Größe 10 cm

Beckengröße 100 cm

Temperatur 24–28 °C

Wasserbedingungen Mittelhart bis hart, pH-Wert 7–8

Schwierigkeitsgrad Mittel

Bemerkungen Diese leuchtend gelb und blau gefärbte Art gehört zu den schönsten tropischen Süßwasserfischen. Man hält sie am besten als Schwarm in einem größeren Aquarium mit zahlreichen Pflanzen und viel freiem Schwimmraum. Dort laichen die Tiere häufig auch ab, fressen die Eier aber leider auch sofort wieder auf.

Kutubu-Regenbogenfisch *Melanotaenia lacustris*

Herkunft Neuguinea

Größe 10 cm

Beckengröße 90 cm

Temperatur 22–26 °C

Wasserbedingungen Mittelhart bis hart, pH-Wert 7–8

Schwierigkeitsgrad Mittel

Bemerkungen Diese Art ist vor allem deswegen sehr begehrt, weil es nur wenige Zierfische mit einer natürlichen blauen Färbung gibt. Es handelt sich um anspruchslose Tiere, die aber ein geräumiges Becken mit ausreichend freiem Schwimmraum benötigen, wo man sie auch zusammen mit anderen Regenbogenfischen halten kann.

Diamant-Regenbogenfisch *Melanotaenia praecox*

Herkunft Neuguinea

Größe 6 cm

Beckengröße 75 cm

Temperatur 24–28 °C

Wasserbedingungen Mittelhart bis hart, pH-Wert 7–8

Schwierigkeitsgrad Mittel

Bemerkungen Diese friedlichen, hübsch gefärbten, nicht allzu großen Regenbogenfische hält man am besten als Schwarm in einem Becken mit ausreichend freiem Schwimmraum. Die Männchen erkennt man an der etwas kräftigeren Färbung und den rötlichen Flossensäumen.

LEBENDGEBÄRENDE ZAHNKARPFEN (*Poecilidae*)

Guppy *Poecilia reticulata*

Herkunft Süd- und Mittelamerika

Größe Männchen 3 cm, Weibchen 5 cm

Beckengröße 45 cm

Temperatur 18–26 °C

Wasserbedingungen Weich bis hart, pH-Wert 6–8,2

Schwierigkeitsgrad Leicht

Bemerkungen Von dieser Art gibt es inzwischen unzählige Zuchtformen, die zumeist deutlich farbenprächtiger und zum Teil auch etwas größer als die Wildform sind. Allerdings sind diese Tiere normalerweise auch nicht mehr so robust wie ihre wild lebenden Verwandten.

Segelkärpfling *Poecilia velifera*

Herkunft Mittelamerika

Größe Männchen 10 cm, Weibchen bis 15 cm (aber zumeist nicht über 7,5 cm)

Beckengröße 90 cm

Temperatur 25–28 °C

Wasserbedingungen Mittelhart bis hart, pH-Wert 7,5–8,2

Schwierigkeitsgrad Leicht

Bemerkungen Die Männchen dieser Art, die man an der großen Rückenflosse erkennt, sind oft sehr unverträglich, wenn sich nicht ausreichend Weibchen im Becken befinden, so dass auf jedes Männchen unbedingt drei weibliche Tiere kommen sollten.

Schwertträger *Xiphophorus helleri*

Herkunft Mittelamerika

Größe 10 cm

Beckengröße 75 cm

Temperatur 22–28 °C

Wasserbedingungen Mittelhart bis hart, pH-Wert 7,5–8,2

Schwierigkeitsgrad Leicht

Bemerkungen Bei dieser Art, von der es zahlreiche unterschiedliche Zuchtformen gibt, sind die Männchen leicht an der schwertartigen Verlängerung der Schwanzflosse zu erkennen. Es handelt sich um robuste, auch für Anfänger geeignete Zierfische, die sich unter Umständen auch mit Platys (*Xiphophorus maculatus*) fortpflanzen.

Platy *Xiphophorus maculatus*

Herkunft Mittelamerika

Größe 6 cm

Beckengröße 60 cm

Temperatur 18–25 °C

Wasserbedingungen Weich bis hart, pH-Wert 6–8,2

Schwierigkeitsgrad Leicht

Bemerkungen Auch vom Platy gibt es unzählige Zuchtformen, darunter solche mit verlängerter Rückenflosse. Er handelt sich um robuste, leicht zu pflegende Zierfische, die man schon relativ früh in neu eingerichtete Becken setzen kann, weil sie vergleichsweise unempfindlich gegenüber Nitrit sind.

Das Einsetzen neuer Fische

Beim Einsetzen neuer Fische in ein Aquarium sind einige Dinge zu beachten, weil eine unsachgemäße Vorgehensweise nicht selten den Tod der Tiere verursacht. So können sich die Wasserqualität und die Temperatur im Becken des Händlers von den Bedingungen in Ihrem Aquarium unterscheiden, es kann aber auch zu Veränderungen der Wasserwerte beim Transport gekommen sein.

Günstige Lichtverhältnisse

Es hat sich bewährt, die Beleuchtung des Beckens vor dem Einsetzen der Fische auszuschalten. Das gilt vor allem, wenn der Transportbeutel zum Schutz vor Auskühlung in Papier eingewickelt war, weil sich die Tiere dann an die Dunkelheit gewöhnt haben und durch plötzlich auftretendes, helles Licht leicht in Stress versetzt werden. Daher lässt man während der Akklimatisierungsphase am besten nur eine Lampe im Zimmer brennen, damit die Fische sich an die neue Umgebung gewöhnen können.

Ausgleichen der Temperatur

Vor dem Freilassen der Fische sollte der Transportbeutel zunächst einmal ungefähr 20–30 Minuten auf der Wasseroberfläche schwimmen, damit sich der Inhalt der Temperatur im Becken anpasst. Dabei wird der Beutel anfangs nicht geöffnet, aber nach ungefähr zehn Minuten schneidet man dann den Knoten ab und schlägt die Kanten an der Öffnung einige Male um, so dass er jetzt offen im Becken treibt. Anschließend füllt man immer wieder kleine Mengen Aquarienwasser in den Beutel, um zu erreichen, dass sich die beiden Flüssigkeiten langsam angleichen. Da dies sehr vorsichtig geschehen muss, benutzt man dafür am besten eine Spritze oder eine kleine Pipette.

Das Einsetzen der Fische

Nach rund 20 Minuten sollten das Wasser im Transportbeutel und im Aquarium eine annähernd übereinstimmende Temperatur und eine vergleichbare Qualität aufweisen, so dass man die Fische jetzt mit einem Netz herausfangen und in das Becken setzen kann. Das Restwasser im Beutel wird vorsichtshalber fortgeschüttet.

Kontrolle der neuen Fische

Nach dem Einsetzen sollte man die Fische etwa eine Stunde beobachten, um sicher zu sein, dass sie sich in ihrer neuen Umgebung auch wohl fühlen. Neue Tiere werden ein bis zwei Tage nicht gefüttert, aber den älteren Bewohnern kann man etwas Nahrung anbieten, um sie von den Neuankömmlingen abzulenken.

Probleme beseitigen

Zeigen Fische nach dem Einsetzen ein auffälliges Verhalten, wird als erstes die Wasserqualität überprüft (siehe S. 100–101). Dabei sollte man feststellen, dass praktisch kein Ammoniak und Nitrit im Wasser vorhanden und die Nitratkonzentration niedrig ist. Weiterhin empfiehlt es sich, den pH-Wert und die Temperatur zu testen und eventuell zu korrigieren. Wird ein Fisch ständig von anderen Beckenbewohnern angegriffen, muss er notfalls in ein anderes Becken umgesetzt werden. Noch besser ist es, wenn die Möglichkeit besteht, beim Einsetzen neuer Fische einen Teil des Beckens abzutrennen (siehe S. 194). Haben Sie beim Kauf einen Fehler gemacht (etwa versehentlich einen Kaltwasserfisch ausgewählt), wird Ihnen kaum etwas anderes übrig bleiben, als das Tier zum Händler zurückzubringen.

Garantieansprüche

Einige Händler garantieren Ihnen den Verkauf gesunder Fische, so dass Sie den Handel rückgängig machen können, wenn ein Tier wenige Tage nach dem Kauf stirbt. Daher sollten Sie beim Erwerb der Fische unbedingt nachfragen, ob Ihr Zoofachhändler eine solche Zusicherung vorgesehen hat, und wie die genauen Modalitäten sind. Üblich ist, dass die beim Kauf ausgestellte Quittung verlangt wird und zumeist auch etwas Beckenwasser, um zu überprüfen, ob der Fehler nicht doch bei Ihnen lag. Vermeiden lassen sich solche Schwierigkeiten häufig dadurch, dass man sich jeden Fisch vor dem Kauf genau ansieht und sorgfältig auf eventuelle Krankheitsanzeichen überprüft.

Fische einsetzen

1 Stellen Sie die Aquarienbeleuchtung aus und lassen Sie den ungeöffneten Transportbeutel etwa 20 Minuten auf der Wasseroberfläche treiben.

2 Scheiden Sie den Knoten des Beutels nach etwa 10 Minuten auf, schlagen Sie die Kanten einige Male um, und geben Sie dann immer wieder kleinere Mengen Aquarienwasser in den Beutel.

3 Fangen Sie die Fische heraus, und lassen Sie sie durch Ausstülpen des Netzes mit der Hand frei. Schütten Sie das Wasser im Beutel fort und beobachten Sie die neuen Fische genau.

Ernährung

Ein langes und gesundes Leben ermöglichen Sie Ihren Aquarienfischen nur bei richtiger Ernährung. Versuchen Sie die Tiere mit abwechslungsreichem und vielseitigem Futter zu versorgen, wobei die Nahrungsbrocken der Größe der Fische angepasst sein müssen. Wichtig ist aber auch, dass die Fische überhaupt auf das Futter reagieren. So nehmen beispielsweise Salmler (siehe S. 139–144) fast nie Nahrung vom Boden auf und verhungern, wenn nur zu Boden sinkende Futtertabletten angeboten werden.

Ausgewogene Ernährung

Gutes Fischfutter zeichnet sich dadurch aus, dass es alle wichtigen Nahrungsbestandteile, etwa Proteine, Ballaststoffe und Vitamine, im richtigen Verhältnis enthält. Die meisten handelsüblichen Trockenfuttersorten erfüllen diese Anforderung, während Lebend- oder Gefrierfutter oft weniger nahrhaft ist, so dass bei ausschließlicher Ernährung mit diesem Futter unter Umständen häufiger Nahrung angeboten werden muss. So enthalten beispielsweise gefrorene Salinenkrebschen (siehe S. 164) oft nur etwa 5% Protein, während der Anteil im Trockenfutter (siehe S. 166) bis zu 50% betragen kann. Die nebenstehende Tabelle zeigt die Nahrungsbedürfnisse für einige beliebte Zierfische.

Wie oft muss gefüttert werden

Bei räuberisch lebenden Fischen hat sich das Verdauungssystem der Tatsache angepasst, dass die Tiere nicht jeden Tag Beute machen, aber im Erfolgsfall sehr viel Nahrung auf einmal aufnehmen müssen. Daher werden solche Fische auch seltener, aber dafür mit größeren Nahrungsbrocken gefüttert. Andernfalls würden sie verfetten und früher eingehen.

Bei kleineren Zierfischarten verhält es sich dagegen genau umgekehrt. Da ihre Stoffwechselrate sehr viel höher ist, sollten sie bis zu dreimal täglich mit kleinen Mengen gefüttert werden. So kann man ihnen beispielsweise zweimal täglich Trockenfutter und einmal Lebend- oder auch Gefriernahrung als besonderen Leckerbissen anbieten.

Fütterung in neuen Becken

Bei neu eingerichteten Becken gelten andere Fütterungsregeln als in gut eingefahrenen Aquarien (siehe S. 112). Wenn Sie hier dreimal täglich füttern, kann dies zu erheblichen Problemen führen, weil sich noch nicht ausreichend nützliche Bakterien im Filter angesiedelt haben. Stellen Sie bei einer Überprüfung zu hohe Ammoniak- oder Nitritkonzentrationen fest (siehe S. 100), muss die Fütterung eingestellt werden, bis sich die Verhältnisse wieder normalisiert haben. Füttern Sie in einem solchen Fall nur einmal täglich, und entfernen Sie alle Futterreste möglichst schnell wieder aus dem Becken.

Versorgung im Urlaub

Da Ihre Fische auch während des Urlaubs mit Futter versorgt werden müssen, gilt es, rechtzeitig entsprechenden Vorkehrungen zu treffen. Dabei gibt es verschiedene Möglichkeiten:

1. Die wahrscheinlich beste Lösung ist die Anschaffung und Installation eines Futterautomaten, der Ihre Fische in bestimmten Intervallen mit Trockenfutter versorgt.
2. Als Alternative können Sie einige, sich langsam auflösende Futterblöcke ins Becken geben (siehe S. 119). Allerdings wird diese Nahrung nicht von allen Fischen angenommen, und es gibt auch Arten, die viel zu viel auf einmal fressen, was sich sehr schnell nachteilig auf die Wasserqualität auswirkt.
3. Sie bitten jemanden, die Fische zu füttern. Dies hat den zusätzlichen Vorteil, dass gleichzeitig die Funktion des Filters überprüft und ein totes Tier aus dem Becken entfernt werden kann. Nachteilig ist, dass wohlmeinende Freunde und Nachbarn die Fische leicht überfüttern, was häufig zu erheblichen Problemen bei der Wasserqualität führt. Abhilfe lässt sich schaffen, wenn man die täglichen Portionen vorher abgemessen auf gesonderte Behälter verteilt und mit einem Datum versieht, an dem sie verfüttert werden sollen. Außerdem ist es ratsam, für Notfälle die Telefonnummer Ihres Händlers zu hinterlassen.

Oben Neonsalmler müssen mehrmals täglich mit feinem Futter versorgt werden.

Oben Pfauenaugenbuntbarsche werden seltener, aber dafür mit größeren Brocken gefüttert.

Nahrungsbedürfnisse verschiedener Zierfische

ART	GEEIGNETES FUTTER	FÜTTERUNGSINTERVALLE
Neonsalmler (*Paracheirodon innesi;* siehe Seite 143)	Flocken- und feines Granulatfutter für tropische Süßwasserfische sowie Gefrierfutter, etwa Daphnien, Mückenlarven und Salinenkrebse	Morgens und abends Trockenfutter, jeden zweiten Tag mittags Gefrierfutter
Guppy (*Poecilia reticulata*, siehe S. 158)	Flockenfutter (z.T. mit Algenzusätzen); Futtertabletten; Gefrierfutter, etwa Mückenlarven	Zweimal täglich Trockenfutter; regelmäßig Futtertabletten; jeden zweiten Tag Gefrierfutter
Haibarbe (*Balantiocheilus melanopterus*; siehe S. 148)	Flocken- und Granulatfutter für tropische Süßwasserfische sowie Gefrierfutter, etwa Mückenlarven und größere Krebstiere wie Krill	Zweimal täglich Trocken- und einmal pro Tag Gefrierfutter; ausgewachsene Exemplare bekommen jeden zweiten Tag Futtersticks und Fleischbrocken
Pfauenaugenbuntbarsch (*Astronotus ocellatus*; siehe S. 145)	Pelletfutter; Futtersticks; Muschelfleisch und Regenwürmer	Jungfische werden zweimal täglich mit klein geschnittenem Futter versorgt, ausgewachsene Tiere bekommen jeden zweiten Tag Futtersticks und größere Fleischbrocken
Bürstennasenwels (*Ancistrus temminckii*; siehe S. 154)	Futtertabletten mit Algen; Gurke; Mückenlarven; Holz	Wachsen im Becken keine Algen, werden täglich einige Futtertabletten mit Algen angeboten; außerdem jeden zweiten TagMückenlarven und einmal pro Woche Gurke

Lebend- und Gefrierfutter

Die Versorgung mit den jeweils natürlichen Futtersorten ist für alle Arten optimal, denn davon ernähren sich die Tiere ja auch in ihrem angestammten Lebensraum. Versuchen Sie Ihre Fische möglichst vielseitig mit dem unterschiedlichsten Gefrier-, Lebend- sowie Trockenfutter in richtiger Dosierung zu versorgen, damit die Tiere gut wachsen, gesund bleiben und auch im Aquarium ihre schönsten Farben zeigen.

Lebendfutter

Lebendfutter kann man in Tümpeln selbst fangen, es wird in vielen Zoofachhandlungen aber auch zum Verkauf angeboten. Erhältlich ist es dort zumeist in kleinen verschlossenen Beuteln, in denen es nur begrenzt haltbar bleibt, so dass Sie es stets so frisch wie möglich kaufen sollten. Zu den häufigsten Lebendfuttersorten für Aquarienfische gehören:

1 Rote Mückenlarven, die in kaltem Süßwasser gefangen werden und sich für die meisten Süßwasserfische eignen.

2 Wasserflöhe (Daphnien), die auch in kaltem Süßwasser leben und ebenfalls für viele Süßwasserfische geeignet sind.

3 Salinenkrebschen stammen dagegen aus dem Salzwasser, können aber sowohl für Süß- als auch Meerwasserfische verwendet werden.

Unten Lebende oder tiefgefrorene Rote Mückenlarven sind ein begehrtes Zierfischfutter.

Tipp

Im Sommer verdirbt Lebendfutter noch schneller, so dass man es in dieser Jahreszeit auf jeden Fall im Kühlschrank aufbewahren sollte.

Die Vorteile von Lebendfutter

Bei den gerade aufgezählten Lebendfuttertieren handelt es sich um eine gesunde und ausgewogene Nahrung in der richtigen Größe für kleinere und mittelgroße Arten. Bestimmte Fische nehmen sogar ausschließlich Lebendfutter, so dass es ständig zur Verfügung stehen muss; andere benötigen zumindest für die Fortpflanzung ausreichend Lebendfutter, weil sie sonst nicht ablaichen (siehe S. 192).

Fische als Nahrung

Kleinere Fische als Nahrung für größere Arten zu verwenden, ist unnötig, denn selbst schwierig zu ernährende Zierfische lassen sich mit etwas Ausdauer an Fleischnahrung, etwa tief gefrorenen Fisch, gewöhnen. Dazu kann es unter Umständen notwenig sein, die Fleischstücke ein wenig zu bewegen, um den Jagdtrieb der Tiere zu wecken. Bewährt hat es sich, die (leicht befestigten) Nahrungsbrocken an einem Stück Angelschnur durchs Becken zu ziehen – ein Trick den ja auch Angler bei wild lebenden Raubfischen tagtäglich erfolgreich anwenden!

Gefrierfutter

Gefrierfutter kann man sehr lange aufbewahren, so dass es sich viel besser handhaben lässt als Lebendfutter. Und gefressen wird es nach dem Auftauen kaum weniger begierig als lebende

Nahrung. Ein zusätzlicher Vorteil ist, dass dieses Futter keine Parasiten oder Krankheitskeime enthält, die mit lebender Nahrung oft eingeschleppt werden.
Gefrierfutter ist üblicherweise in Form kleiner Würfel eingefroren, die einzeln entnommen werden können; für größere Arten muss die Nahrung, etwa Fisch- oder Muschelfleisch, vor dem Einfrieren oder Verfüttern erst noch zerschnitten werden.

Auftauen

Gefrierfutter sollte ähnlich transportiert und gehandhabt werden wie Tiefkühlkost, das heißt, es gilt beispielsweise ein zwischenzeitliches Auftauen und erneutes Einfrieren zu vermeiden. Vor dem Verfüttern legt man den Futterwürfel oder -brocken am besten in ein wenig Aquarienwasser, und wenn man ihn dann noch unter die Aquarienbeleuchtung stellt, geht das Auftauen sehr schnell. Anschließend mischt man Futtertiere und Wasser durch leichtes Umrühren und gibt den Ansatz ins Aquarium.
Bei Salinenkrebschen geht man dagegen etwas anders vor, weil es ratsam ist, zunächst das enthaltene Salz zu entfernen, damit es sich bei Süßwasseraquarien nicht nach und nach im Beckenwasser anreichert: Legen Sie den Würfel in ein sehr feinmaschiges Netz und lassen Sie Leitungswasser darüber laufen, so dass die Futtertiere nicht nur aufgetaut, sondern auch abgespült werden.

Tipp

Sterbende oder kranke Fische sollte man auf gar keinen Fall verfüttern, weil dadurch leicht Krankheiten übertragen werden – nicht nur auf Raub-, sondern auch auf andere Zierfische.

Gefriergetrocknete Nahrung

Gefriergetrocknetes Futter, das es schon sehr lange gibt, wird heute nicht mehr so häufig verwendet wie früher. Es handelt sich um kleine Futtertiere, beispielsweise Mückenlarven oder Röhrenwürmer (Tubifex), die in einem speziellen Verfahren getrocknet und so lange haltbar gemacht wurden.

Unten Eine Mischung aus winzigem Lebend- und speziellem Aufzuchtfutter eignet sich für Jungfische.

Unten Bei diesen gefriergetrockneten Garnelen wurde die Flüssigkeit vollständig aus den Körpern entfernt.

Trockenfutter

Die zweite Hauptnahrungsquelle für Zierfische ist Trockenfutter, das es in Form von Flocken, Pellets, Tabletten, Granulat und Sticks gibt. Und da die Futterherstellung für Zierfische inzwischen ein florierender Geschäftszweig ist, wird viel in die Forschung auf dem Gebiet investiert, so dass sich heute die meisten Fische allein mit diesem sehr hochwertigen und gesunden Futter ernähren lassen.

Die Vorteile von Trockenfutter

Das Hauptargument für die Verwendung von Trockenfutter ist die bequeme Handhabung, denn die zumeist in gut verschlossenen Dosen gelieferte Nahrung kann längere Zeit aufbewahrt und dann bei Bedarf beliebig portioniert und verfüttert werden. Trockenfutter, enthält alle lebensnotwendigen Nahrungsbestandteile in ausgewogener Form, so dass es sehr viel besser für die Fischernährung geeignet ist als viele Gefrierfuttersorten.

Flockenfutter

Die bei weitem beliebteste Zierfischnahrung ist Flockenfutter. Zwar hat es keine Ähnlichkeit mit Dingen, die Fische in der Natur fressen, aber es wird von den meisten Arten dennoch sehr gern genommen. Besonders vorteilhaft ist, dass es sich durch eine spezielle Form der Herstellung für Fische aus allen Wasserregionen eignet, denn es schwimmt zunächst eine Zeit lang auf der Wasseroberfläche, bevor es sich voll Wasser saugt und dann langsam zu Boden sinkt. Dadurch kommen zuerst die Oberflächenfische zu ihrem Recht und anschließend die Bewohner der unteren Regionen.

Flockenfutter, das es für Kalt-, Warm- und Meerwasserfische gibt, kann verschiedenfarbig sein, was auf unterschiedliche Bestandteile wie Gemüsebeigaben oder auch Farbverbesserer zurückzuführen ist. Hochwertige Sorten enthalten alle Nährstoffe, die Fische zum Leben benötigen; außerdem gibt es spezielle Produkte, etwa zur Aufzucht von Jungfischen.

Unten Flockenfutter, die am häufigsten verwendete Trockennahrung, wird von fast allen Zierfische gefressen.

Unten Pellets sind vor allem für größere Arten gedacht, die kleine Futterbrocken oft verschmähen.

Sticks und Pellets

Futter in Form von Sticks und Pellets ist vor allem für größere Fische gedacht. Möglicherweise müssen sie sich erst an dieses Futter gewöhnen, nehmen es dann aber sehr gern. Sticks schwimmen zumeist einige Zeit an der Oberfläche, so dass sich übrig gebliebene Futterreste leicht mit einem Netz entfernen lasen. Danach nehmen sie langsam Wasser auf und werden dann so weich, dass auch kleinere Fische Stücke abbeißen können. Pellets sind nicht nur schwerer als Sticks, sondern auch deutlich nahrhafter, so dass man nicht zu viel davon füttern darf. Auch ihre Reste müssen möglichst vollständig herausgefischt werden.

Granulat

Dieses Trockenfutter ist so beschaffen, dass es langsam durch das Wasser zu Boden sinkt. Dadurch ist es besonders für Fische aus mittleren Wasserregionen geeignet (siehe S. 118), etwa Diskusfische (*Symphysodon* spp.; siehe S. 147). Die kleinen Futterbrocken sind anfangs hart, weichen im Wasser aber schnell auf. Auch diese Nahrung wird anfangs oft verweigert, wenn die Tiere damit noch nicht vertraut sind.

Unten Futtertabletten sinken auf den Boden und versorgen so die dort lebenden Fische.

Tipp

Es gibt auch Futtertabletten, die man an die Aquarienwand heftet, so dass sie für alle Fische zugänglich sind.

Futtertabletten

Futtertabletten eignen sich besonders zur Ernährung von Bodenfischen, etwa Welsen oder Schmerlen (siehe S. 133, 138 und 154–155). Diese kommen bei der Fütterung häufig zu kurz, weil sie keine schwimmenden Futterbrocken annehmen, so dass die gesamte Nahrung von Bewohnern der oberen oder mittleren Wasserregionen gefressen wird (siehe S. 118). Und leider trifft auch die weit verbreitete Ansicht, solche Arten könnten sich allein von Algen oder auf den Boden gesunkenen Futterresten ernähren, nicht zu. Daher brauchen sie eine genau auf ihre Bedürfnisse abgestimmte Ernährung, so dass man sie am besten mit geeigneten, sofort auf den Boden absinkenden Futtertabletten versorgt. Bei nachtaktiven Fischen sollte die Fütterung mit solchen Tabletten kurz vor dem Erlöschen der Aquarienbeleuchtung erfolgen.

Algen-Futtertabletten

Für Arten, deren Nahrung hauptsächlich aus Algen besteht, die sie von Wurzeln oder Steinen abschaben, etwa Harnischwelse, gibt es spezielle Futtertabletten („Algae-Wafers") mit einem hohen Anteil an Algen und anderen pflanzlichen Bestandteilen. Allerdings wird dieses Futter auch gern von vielen anderen Fischen gefressen, darunter sogar Arten, die ihr Futter normalerweise an der Wasseroberfläche suchen, etwa Guppys. Daher sollten Sie sich vergewissern, dass die Futtertabletten auch tatsächlich am Boden ankommen. Geschieht das nicht, können Sie die Futtertabletten beispielsweise durch ein Rohr direkt zu den Versteckplätzen der Welse fallen lassen, oder Sie füttern erst, wenn die Beleuchtung ausgestellt wurde.

Reinigung des Beckens

Die Reinigung des Beckens gehört zu den wichtigsten Routinearbeiten des Aquarianers, denn im Laufe der Zeit sammelt sich immer etwas Schmutz an, der entfernt werden muss, ebenso wie bestimmte Algen, die sonst oft übermäßig wuchern. Andernfalls sieht das Becken nicht nur schnell unansehnlich aus, sondern ein vernachlässigtes Aquarium kann außerdem die Gesundheit der Fische gefährden.

Algen entfernen

Zu den größten Flächen, die gereinigt werden müssen, gehören die Scheiben des Aquariums. Dort wachsen sehr häufig unzählige kleine Algen, die in den meisten Becken durch die gute Beleuchtung (siehe S. 46) ausgezeichnete Wachstumsbedingungen vorfinden. Am einfachsten lassen sich die kleinen Pflanzen mit einem Algenschwamm entfernen, den der Zoofachhandel speziell für diesen Zweck anbietet. Damit werden die Glasscheiben sorgfältig abgerieben, was den größten Teil der Algen beseitigt (an besonders dicht bewachsenen Stellen müssen Sie möglicherweise etwas kräftiger drücken). Wichtig ist, dass sich kein Sand oder Kies vom Bodengrund zwischen dem Schwamm und den Scheiben befindet, weil es sonst Kratzer gibt. Um das zu vermeiden, sollte man die Oberfläche des Schwammes unbedingt regelmäßig auf Fremdkörper überprüfen.

Algenschaber

Neben den gerade beschriebenen Algenschwämmen gibt es zum Reinigen der Scheiben aber noch weitere Hilfsmittel, mit denen sich Algen gut entfernen lassen, etwa die praktischen Algenmagneten. Dabei handelt es sich um zwei starke, in ein Kunststoffgehäuse eingepasste Magneten, die bei der Reinigung rechts und links der Glasscheibe angesetzt werden, so dass sie sich dank der magnetischen Kräfte anziehen. Damit die Scheiben gereinigt werden, sitzt auf dem inneren Magnet ein grobes Gewebe, während der äußere mit einem weichen, polierenden Material überzogen wurde. Wird nun der äußere Magnet außen auf der Glasscheibe entlanggeführt, bewegt sich der Innenmagnet mit und schabt dabei die Algen ab.
Wegen ihrer einfachen Handhabung gehören Algenmagneten zu den beliebtesten Hilfsmitteln zum Entfernen von Algen, denn man kann sie

Links Ein Algenschwamm ist ein einfaches, aber wirksames Hilfsmittel zum Entfernen von Algen, die auf den Scheiben gewachsen sind.

Unten Mit einem Algenmagnet kann man die Algen entfernen, ohne sich die Hände nass zu machen.

benutzen, ohne sich die Hände nass zu machen. Daneben gibt es auch noch mit einem langen Stiel versehene Metallklingen, die sich ebenfalls gut für diesen Zweck einsetzen lassen.

Reinigung des Bodengrundes

Noch wichtiger als das Entfernen der Algen ist aber die Reinigung des Bodengrundes, weil diese Pflegemaßnahme nicht nur das Erscheinungsbild Ihres Beckens verbessert, sondern auch einen positiven Einfluss auf die Wasserqualität hat. Schmutzrückstände aus den Ausscheidungen der Fische oder von Futterresten bzw. faulenden Pflanzenteilen lagern sich in jedem Becken zwischen den Partikeln des Bodengrundes ab und können dann dazu beitragen, die Qualität des Wassers zu verschlechtern, etwa durch zu hohe Nitratwerte (siehe S. 108). Daher muss der Schmutz regelmäßig entfernt werden. Geschieht das nicht, verdichtet sich der Boden schließlich so stark, dass dort anaerobe Verhältnisse herrschen und somit ein großer Fäulnisherd entsteht. Daher sollte man den Bodengrund ungefähr alle zwei Wochen reinigen, was mit einer Mulmglocke geschehen kann, die man beim Teilwasserwechsel auf den Ablaufschlauch steckt. Daneben gibt es aber auch elektrische oder batteriegetriebene Bodensauger, bei denen man das gereinigte Wasser direkt ins Becken zurückleiten kann.

Verwendung einer Mulmglocke

Bei einer Mulmglocke handelt es sich um eine Plastikröhre von etwa 5 cm Durchmesser, die an einen normalen Wasserschlauch angeschlossen wird. Nach dem Ansaugen des Beckenwassers über den Schlauch fährt man mit der Glocke über den Boden, wobei die entstehende Saugwirkung dafür sorgt, dass der Schmutz mit dem ablaufenden Wasser entfernt wird, während der schwerere Kies oder Sand wieder zurücksinkt. Beginnen Sie an einem Ende des Beckens, und setzen Sie die Arbeit dann Stück für Stück im gesamten Aquarium fort, bis der Schmutz vollständig entfernt ist. Am sinnvollsten ist es, diese Pflegemaßnahme mit den regelmäßigen Teilwasserwechseln zu verbinden (siehe S. 170–171).

Tipp

Das Absaugen von Mulm und Entfernen der Algen, das etwa alle zwei Wochen erfolgen sollte, lässt sich sehr gut mit der Filterpflege kombinieren.

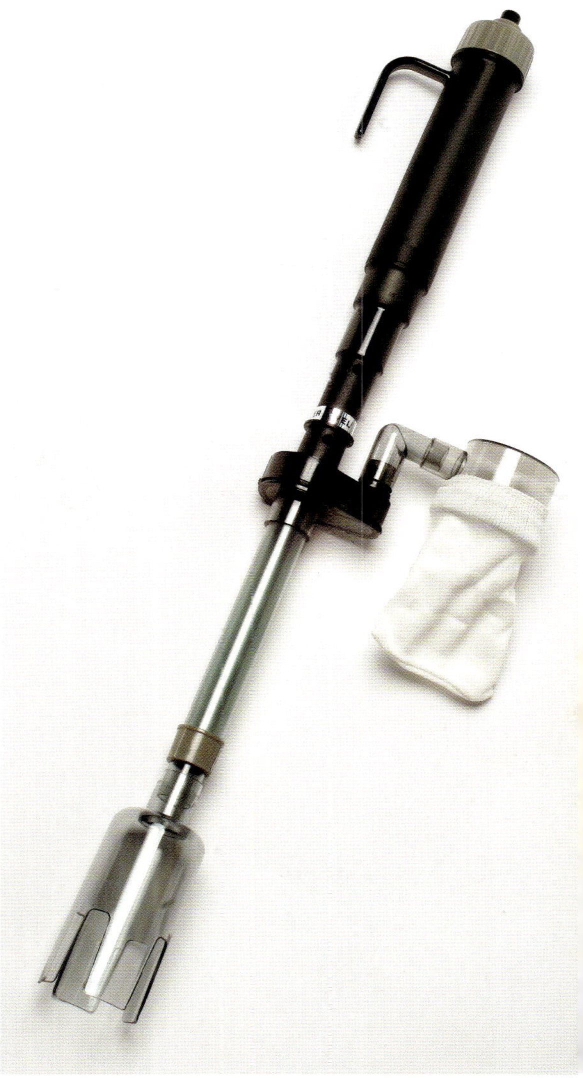

Rechts Bei diesem batteriebetriebenen Bodensauger wird der Schmutz in einem Leinenbeutel aufgefangen.

Wasserwechsel

Teilwasserwechsel gehören zu den wichtigsten Pflegemaßnahmen, denn während in der Natur schädliche Abfallprodukte durch die Größe der meisten Gewässer schnell verdünnt werden (siehe S. 102), reichern sie sich in einem Aquarium ständig an. Und dagegen hilft selbst der beste Filter nicht, so dass Sie regelmäßig einen Teil des Wassers austauschen müssen, um vor allem Nitrate zu entfernen und wichtige Mineralstoffe zu ersetzen. Die Häufigkeit richtet sich nach Art des Aquariums, hängt aber auch davon ab, ob Sie aufbereitetes oder normales Leitungswasser verwenden (siehe S. 82–85).

Wie oft?

Es ist empfehlenswert, alle zwei Wochen etwa 25% des Aquarienwassers zu ersetzen, damit die Nitratkonzentration möglichst niedrig bleibt (siehe S. 108). Wenn Sie als Ersatz Leitungswasser verwenden, sollten Sie es vorher testen, um sicherzustellen, ob der pH-Wert und die Härte

Tipp

Am sinnvollsten ist es, den Teilwasserwechsel mit einer Reinigung des Bodengrundes, dem Entfernen von Algen und einer Wartung des Filters zu verbinden.

Unten Mulmglocken gehören zu den Ausrüstungsgegenständen, die jeder Aquarianer verwenden sollte.

auch den Ansprüchen Ihrer Fische genügen (siehe S. 104–105) und die Nitratkonzentration nicht über 40 mg/l liegt, weil die Nitratbelastung im Becken sonst leicht zu hoch wird. Ist dies bei Ihrem Wasser der Fall, sollten Sie es aufbereiten oder eine andere Quelle finden. Auskunft über die Qualität Ihres Leitungswassers erhalten Sie auch bei den örtlichen Stadtwerken.

Benötigte Ausrüstung

Nehmen Sie für den Wasserwechsel saubere Eimer und einen speziell für diesen Zweck reservierten Schlauch. Wenn Sie Wasser längere Zeit lagern wollen, sollten Sie große, auch für Nahrungsmittel geeignete Kunststoffbehälter verwenden, damit keine schädlichen Substanzen ins Wasser gelangen. Bewahren Sie die Behälter im Dunklen auf, damit keine Algen wachsen, und benutzen Sie einen Durchlüfterstein (siehe S. 82), um es frisch zu halten. Ähnliches gilt auch für in einer Umkehrosmoseanlage aufbereitetes Wasser, bei dem eine Durchlüftung helfen kann, den pH-Wert stabil zu halten.

Tipp

Auch Regenwasser lässt sich für Aquarien verwenden. Es ist von Natur aus weich und arm an Mineralsalzen, sollte aber über Aktivkohle (siehe S. 40) gefiltert werden, um Schadstoffe zu entfernen. Wird das Wasser aus einer Regenrinne entnommen, muss diese nicht nur sauber sein, sondern sie darf auch keine Schadstoffe abgeben.

Beim Wasserwechsel Fehler vermeiden

Die nachfolgenden Hinweise sollen Ihnen helfen, Fehler beim Teilwasserwechsel zu vermeiden, die unter Umständen fatale Folgen haben können.

Richtig

- ✔ **Wenn Sie aufbereitetes Wasser verwenden, aus dem neben Chlor auch die Mineralsalze entfernt wurden (siehe S. 84), müssen Sie handelsübliche Mineralien zugeben, um wichtige Elektrolyte zu ersetzen. Bringen Sie das Wasser dann mit Hilfe eines Heizstabes und eines Thermometers (siehe S. 44) auf die richtige Temperatur.**
- ✔ **Bei Verwendung von Leitungswasser (siehe S. 82) lässt sich die richtige Temperatur leicht durch Mischen mit heißem Wasser herstellen. Überprüfen Sie dabei auch das Wasser im Becken regelmäßig.**
- ✔ **Zum Befüllen eines Meerwasseraquariums (siehe S. 214) muss das verwendete warme Wasser kupferfrei sein. Deshalb kann Leitungswasser unter Umständen ungeeignet sein.**
- ✔ **Sollte das Leitungswasser in Ihrer Region gechlort sein, müssen Sie es vor dem Einfüllen entsprechend aufbereiten (siehe S. 82), weil sonst die nützlichen Bakterien auf allen Oberflächen, im Bodengrund und im Filter abgetötet werden.**

Falsch

- ✘ **Füllen Sie kein zu kaltes Wasser ins Becken, weil der damit verbundene Stress die Fische anfällig gegen Krankheiten macht (siehe S. 180).**
- ✘ **Geben Sie kein zu warmes Wasser ins Aquarium, weil dies den Sauerstoffgehalt des Beckenwassers verringern und dadurch Filterbakterien abtöten kann.**

Reinigung des Filters

Die Reinigung eines Filters ist nicht so einfach, wie man annehmen könnte. So müssen die Flügelräder und Achsen hinterher wieder an der richtigen Stelle sitzen, und die nützlichen Bakterien sollten ebenfalls nicht geschädigt werden. Daher ist es wichtig, dass man nur die mechanischen Filtermedien mit Leitungswasser auswäscht, aber nie die biologischen; außerdem muss die gesamte Prozedur zügig durchgeführt werden, um den Stress für die Fische möglichst gering zu halten.

Schwämme auswaschen

Zum Entnehmen und Auswaschen der Schwämme wird der Filter stets ausgeschaltet. Da es sich um mechanische Filtermedien handelt, sind sie normalerweise stark verschmutzt.

Schwämme als mechanische Filter

Wenn ein Schwamm in Kombination mit speziellen biologischen Filtermedien verwendet wird, kann man ihn mit Leitungswasser reinigen. Dabei muss er nicht durch und durch sauber werden, sondern es reicht, den sichtbaren Schmutz zu entfernen. Anschließend sollte man überprüfen, ob man ihn noch ein weiteres Mal als Filterschwamm benutzen kann: Nimmt er nach einem kräftigen Zusammendrücken nicht wieder seine ursprüngliche Form an, ist er verbraucht und muss er ersetzt werden.

Schwämme als mechanische und biologische Filter

Wenn ein Schwamm sowohl eine mechanische als auch eine biologische Filterfunktion erfüllen muss, darf man ihn nur mit Aquarienwasser reinigen, weil Leitungswasser die Bakterien abtöten könnte. Muss ein solcher Schwamm ersetzt werden, schneidet man ihn in zwei Teile und verwendet die alte Hälfte mit einer neuen, damit sich die nützlichen Bakterien schnell wieder im gesamten Medium ausbreiten können.

Reinigung des Flügelrades

Das Flügelrad, mit dessen Hilfe das Beckenwasser in den Filter transportiert wird, ähnelt einem kleinen Propeller, der auf einer zentralen Achse sitzt. Es befindet sich im Filterdeckel, der zur Reinigung abgenommen werden muss. Da das klei-

Unten Waschen Sie verschmutzte Filterschwämme in einem Eimer mit abgesaugtem Beckenwasser aus.

Unten Ein verbrauchter Filterschwamm wird nur zur Hälfte durch einen neuen ersetzt.

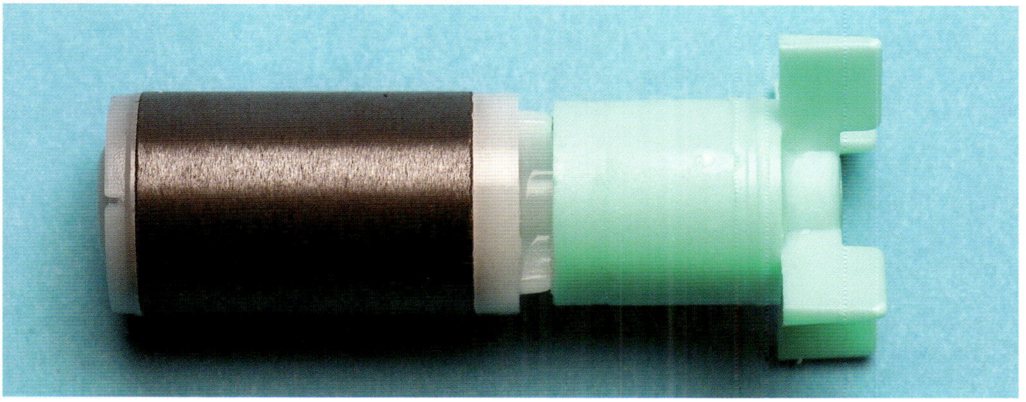

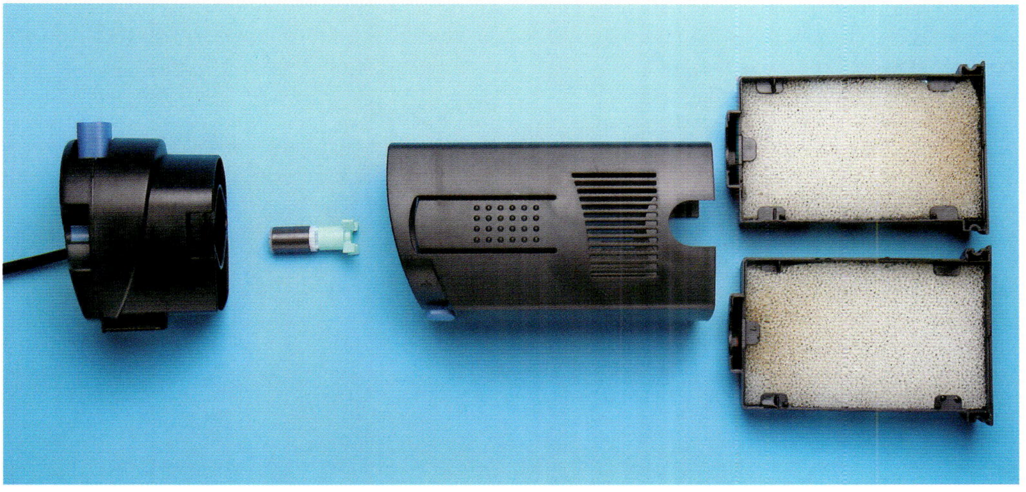

ne, bewegliche Flügelrad nur von Magneten gehalten wird, lässt es sich leicht von der Achse, die aus Stahl oder Keramik bestehen kann, abziehen. Auf beiden Seiten der Achse sitzen außerdem häufig kleine Gummipuffer, die dazu dienen, die Vibrationen zu dämpfen, und die sich zur Reinigung normalerweise entfernen lassen.

Das Flügelrad säubert man am besten mit einer alten Zahn- oder anderen kleinen Bürste unter fließendem Wasser. Verzichten Sie keinesfalls auf diese Maßnahme, denn sie kann die Lebensdauer Ihres Filters deutlich verlängern. Überprüfen Sie vor dem anschließenden Zusammenbau, ob Achse und Gummipuffer unversehrt sind. Ersatz erhalten Sie bei Ihrem Zoofachhändler.

Ganz oben Flügelräder, die das Beckenwasser in den Filter befördern, sollten unbedingt sauber gehalten werden.

Oben Bei diesem Filter ist das Flügelrad leicht zugänglich, und der Schwamm besteht praktischerweise bereits aus zwei Hälften.

Chemische und biologische Medien

Aktivkohle und andere chemische Medien lassen sich nicht reinigen, sondern sie müssen ersetzt werden, wenn ihre Kapazität erschöpft ist. Bei Aktivkohle wird das alle vier bis sechs Wochen der Fall sein. Biologische Medien können in einem Eimer mit Aquarienwasser ausgespült und dann wieder verwendet werden.

Abhilfe bei Störungen

Der Ausfall eines Gerätes oder auch nur eine nicht optimale Leistung bestimmter Zubehörteile ist bei Aquarien stets ein Grund zur Besorgnis. Dennoch sollten Sie bei einem technischen Defekt keinesfalls in Panik geraten. Lokalisieren Sie das Problem zunächst einmal möglichst genau, und entscheiden Sie dann, wie schnell und wirksam Abhilfe geschaffen werden kann.

Heizungsdefekt

Haben Sie den Eindruck, das Kontrolllämpchen an Ihrem Heizstab würde nicht mehr regelmäßig an- und ausgehen (siehe Seiten 44–45), sollten Sie zunächst einmal die Wassertemperatur am Aquarienthermometer überprüfen. Da die Raumtemperatur in den heutigen Wohnungen etwa 20 °C beträgt, gehen sowohl tropische Süß- als auch Meerwasserfische bei einem Temperaturabfall nicht gleich ein. Sollten Sie dennoch die Befürchtung haben, das Wasser würde sich zu schnell abkühlen, können Sie das gesamte Becken in Decken hüllen, um den Vorgang ein wenig zu verlangsamen.

Stellt sich die Heizung nicht selbsttätig aus, und Sie erkennen die veränderten Bedingungen bereits am ungewöhnlichen Verhalten Ihrer Fische, muss der Heizstab sofort abgeschaltet und herausgezogen werden. Befindet sich im Becken ein Durchlüfterstein oder ein Diffusor am Filterauslass (siehe S. 42–43), drehen Sie diesen voll auf. Ersetzen Sie etwa die Hälfte des Beckenwassers, wobei das neu eingefüllte Wasser etwas kälter sein sollte als normal (siehe S. 170). Sehen die Fische aus, als würden sie schon bald eingehen, setzt man sie sofort in einen Eimer um, dessen Wasser die richtige Temperatur hat und schließt dort einen Durchlüfterstein an (siehe S. 82).

Filterausfall

Den Ausfall des Filters erkennt man häufig an der fehlenden Strömung im Becken oder daran, dass die Fische heftig atmend an der Wasseroberfläche hängen. Im letztgenannten Fall fehlt

Unten Ersetzen Sie bei einem Stromausfall einen Teil des Beckenwassers durch Frischwasser, wobei dieses aus größerer Höhe eingegossen wird, damit wieder ausreichend Sauerstoff ins Wasser kommt.

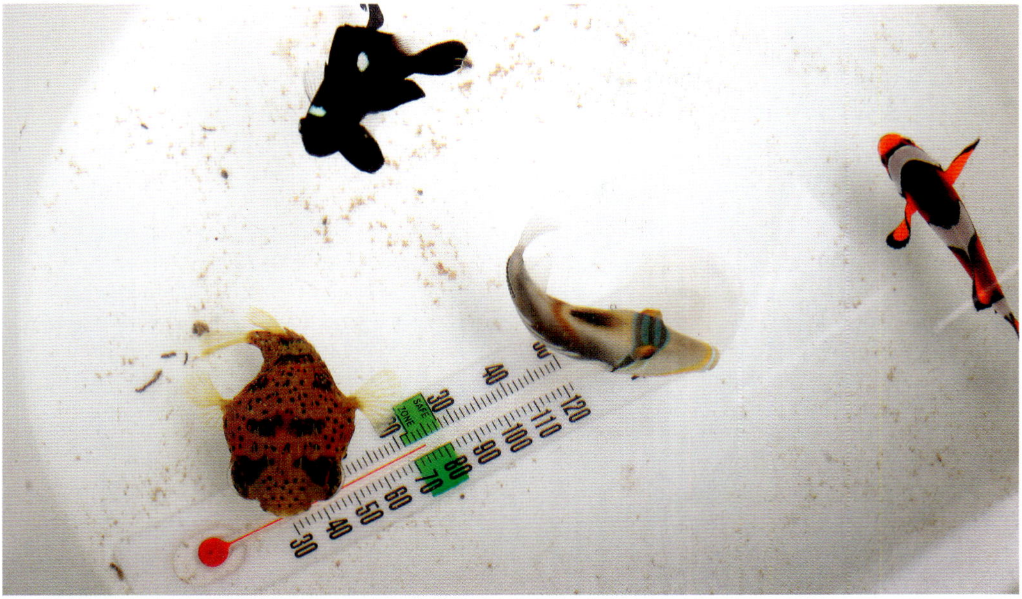

Oben Diese Fische wurden in einen Eimer umgesetzt, bis die Probleme im Aquarium behoben sind.

vermutlich Sauerstoff, was sich durch eine Luftpumpe mit Durchlüfterstein zumeist beheben lässt (siehe S. 43). Hilft das nicht, wird die Hälfte des Beckenwassers ersetzt, wobei man die Flüssigkeit zur Sauerstoffanreicherung aus größerer Höhe eingießt. Läuft die Filterpumpe nicht, sollte zunächst kontrolliert werden, ob der Ansaugstutzen verstopft ist. Liegt es nicht daran, wird das Flügelrad überprüft und gesäubert oder ersetzt, wenn es defekt ist (siehe S. 173).
Lässt sich der Filter nicht mehr reparieren (denken Sie daran, auch die Sicherung zu überprüfen), empfiehlt es sich, noch einmal das gleiche Modell zu kaufen, weil man dann die alten, gut eingefahrenen Medien weiterverwenden kann, so dass sich nicht alle nützlichen Bakterien neu ansiedeln müssen. Anschließend sollten Sie das Wasser noch mehrmals täglich überprüfen, damit Sie sofort merken, wenn sich die Wasserwerte in bedrohlicher Weise verändern (siehe S. 100–101). Verzichten Sie nach einem Filterausfall zunächst auf die Fütterung, damit weniger Ausscheidungen produziert werden, die das Wasser sonst schnell vergiften können, weil der Filter möglicherweise noch nicht ordnungsgemäß arbeitet.

Erste-Hilfe-Maßnahmen

- **Wurden Ihre Fische durch äußere Umstände in Stress versetzt, sollten Sie die Fütterung zunächst einmal einstellen. Häufig fressen die Tiere jetzt sowieso nicht, und falls es doch der Fall sein sollte, belasten die Ausscheidungen das Wasser nur noch stärker.**
- **Fügen Sie ein Wasseraufbereitungsmittel mit Pflanzenextrakten hinzu, das Stressbelastungen lindern kann (siehe S. 82), oder auch Zeolith bzw. ein Mittel zum Entfernen von Ammoniak (siehe S. 40 und 106).**

Kleine Fischkunde

Je mehr Sie über die Anatomie Ihres Fisches wissen, umso einfacher ist es in vielen Fällen, den Bedürfnissen der Tiere gerecht zu werden. So lassen sich die Geschlechter bei einigen Arten nur durch die unterschiedliche Ausbildung bestimmter Flossen erkennen, während Ihnen andere anatomische Merkmale verraten, was ein Fisch vorzugsweise frisst und in welcher Region des Beckens er sich am liebsten aufhält.

Flossen

Die Flossen der Fische dienen in erster Linie der Fortbewegung, wobei die kleinen Brustflossen beispielsweise für einen langsamen Vortrieb eingesetzt werden und die kräftige Schwanzflosse für eine schnelle Flucht oder für die Verfolgung einer Beute.

Häufig lässt sich anhand der Flossen aber auch die Geschlechtszugehörigkeit erkennen. So haben Männchen oft länger ausgezogene und farbigere Flossen, weil diese zur Partnerwerbung eingesetzt werden. Und bei den Lebendgebärenden Zahnkarpfen (siehe S. 158–159) ist die Afterflosse der Männchen sogar zu einem röhrenförmigen Gonopodium umgewandelt, mit dem sie Sperma direkt in den Körper der Weibchen übertragen können. Dadurch ist es den männlichen Tieren möglich, die Weibchen ohne Paarungsrituale ständig zu befruchten, so dass man z.B. bei Guppys oder Platys stets mehr Weibchen halten sollte, damit diese nicht bis zur Erschöpfung verfolgt werden.

Eine Fettflosse besitzen nur die Salmler (siehe S. 139–144). Dabei handelt es sich um eine kleine Flosse auf dem Schwanzstiel, die vermutlich keine spezielle Funktion hat.

Anatomische Merkmale der Fische

1 Gehirn
2 Kiemenspalten
3 Geruchsrezeptoren
4 Zunge
5 Herz
6 Leber
7 Darm
8 Keimdrüsen (Eierstöcke/Hoden)
9 After
10 Geschlechtsöffnung
11 Harnleiter
12 Niere
13 Wirbelsäule
14 Flossenstrahlen
15 Dornfortsätze
16 Auge
17 Kiemendeckel
18 Seitenlinienorgan
19 Rückenflosse
20 Schwanzstiel
21 Schwanzflosse
22 Afterflosse
23 Bauchflosse
24 Brustflosse
25 Barteln

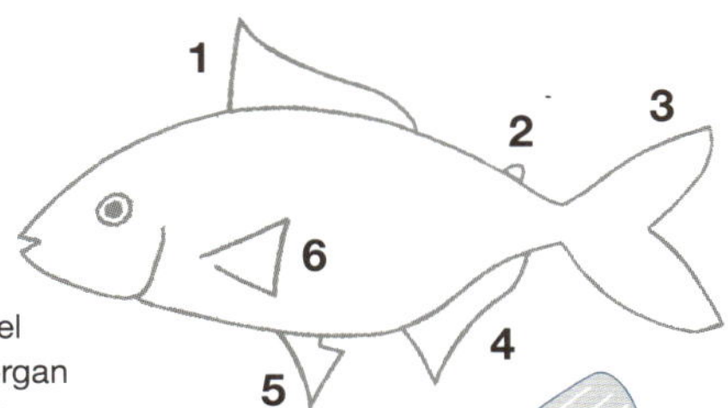

Benennung der Flossen

1 Rückenflosse
2 Fettflosse
3 Schwanzflosse
4 Afterflosse
5 Bauchflosse
6 Brustflosse

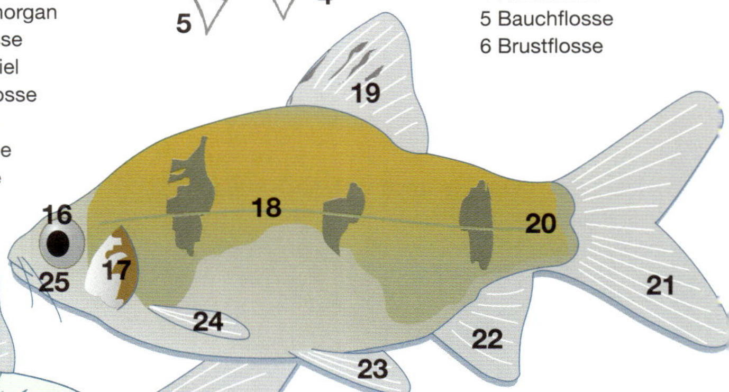

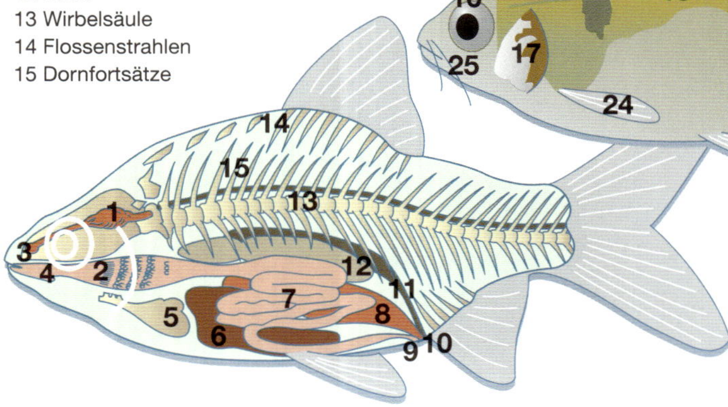

Die Maulstellung

An der Stellung des Fischmauls kann man in vielen Fällen bereits erkennen, in welcher Wasserregion sich ein Fisch vorzugsweise aufhält. So haben Oberflächenfische ein nach oben gerichtetes Maul, während das von Bodenfischen normalerweise nach unten weist und von Arten aus mittleren Wasserzonen nach vorn. Der Grund ist, dass den Tieren durch diese spezielle Anordnung des Mauls die Nahrungsaufnahme erleichtert wird.

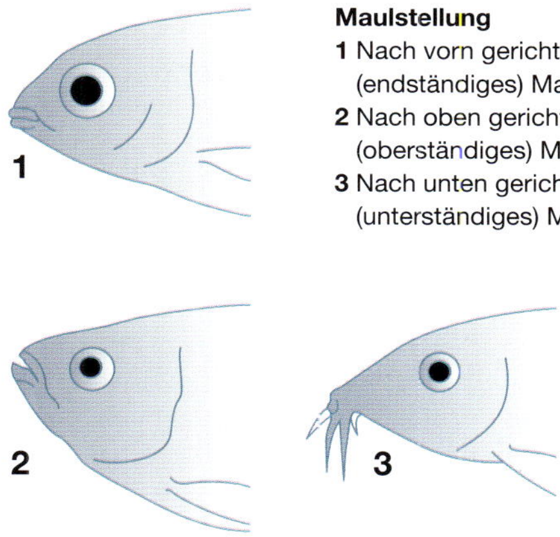

Maulstellung
1 Nach vorn gerichtetes (endständiges) Maul
2 Nach oben gerichtetes (oberständiges) Maul
3 Nach unten gerichtetes (unterständiges) Maul

Die Größe des Mauls

Bei Fischen mit einem großen Maul handelt es sich häufig um Raubfische, denn diese fressen oft Beute bis zu einem Drittel der eigenen Größe. Außerdem ist der Magen sehr elastisch, so dass er sich ausdehnen kann, um die oft enormen Futtermengen aufzunehmen. Deutlich wird die Maulgröße besonders beim Gähnen.

Barteln

Die Barteln am Maul von Welsen (siehe S. 154–155) können ebenfalls ein Hinweis auf die Ernährung sein. So haben am Boden nach Futter suchende Arten, etwa Panzerwelse (*Corydoras* spp.; siehe S. 138), kleine, nach unten gerichtete Barteln, um damit den Bodengrund nach Nahrung abzutasten, sowie ein kleines Maul, an dem bereits zu erkennen ist, dass sie keine anderen Fische fressen.

Für Antennenwelse gilt genau das Gegenteil: sie haben seitlich vom Maul abstehende, waagerechte Barteln, mit denen sie im trüben Wasser in der Nähe befindliche Beute, häufig andere Fische, aufspüren.

Das abgeplattete, rundliche Saugmaul der Harnischwelse, zu denen beispielsweise der Bürstennasenwels (*Ancistrus temminckii*; siehe S. 154) gehört, enthält zwar oft Zähne, die allerdings nur zum Abraspeln von Holz benutzt werden. Lebende Fische sind durch diese Welse nicht gefährdet, aber Fischkadaver werden normalerweise innerhalb kürzester Zeit fast vollständig aufgefressen.

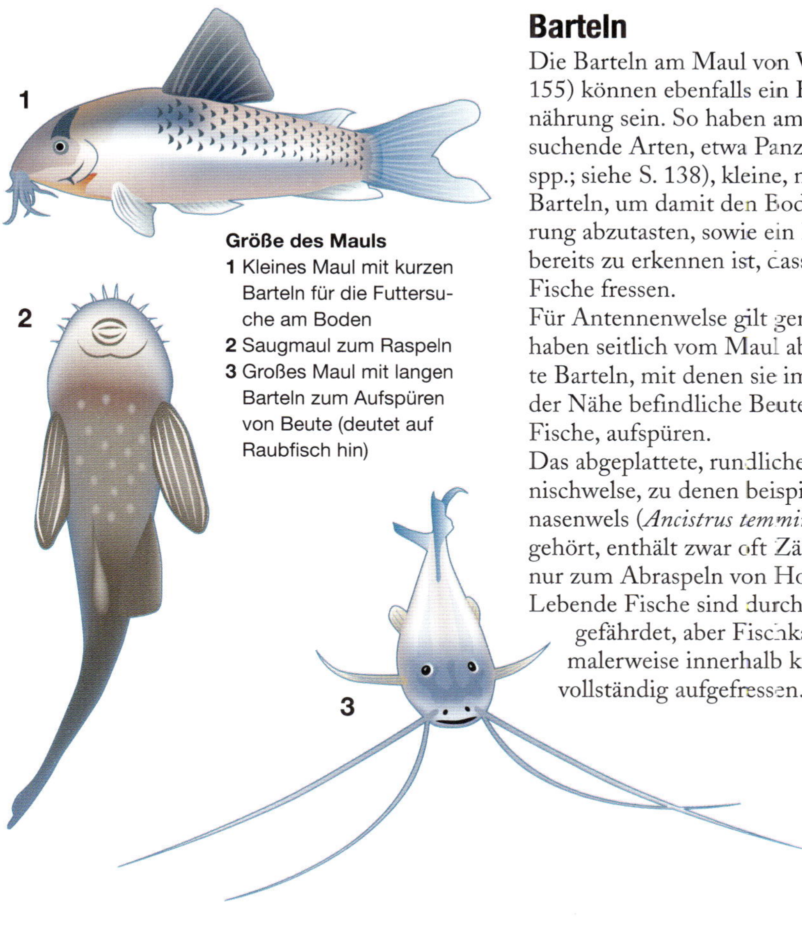

Größe des Mauls
1 Kleines Maul mit kurzen Barteln für die Futtersuche am Boden
2 Saugmaul zum Raspeln
3 Großes Maul mit langen Barteln zum Aufspüren von Beute (deutet auf Raubfisch hin)

So bleiben Ihre Fische gesund

Ein sehr häufiger Auslöser für Fischkrankheiten ist Stress, der dazu führen kann, dass die Funktion des Immunsystems geschwächt wird. Tatsächlich scheint Stress die Ursache für weitaus mehr Probleme zu sein, als man allgemein annimmt, und nicht selten ist er auch verantwortlich dafür, dass Fische eingehen. Durch welche Umstände Stress verursacht werden kann, soll in diesem Abschnitt beschrieben werden.

Ursachen und Anzeichen von Stress

Es gibt offensichtliche Faktoren, die bei Aquarienfischen Stress verursachen können, etwa aggressives Verhalten anderer Beckenbewohner oder ein überbesetztes Aquarium, aber auch verdeckte, etwa eine schlechte Wasserqualität. Um die mögliche Ursachen auszumachen, sollten Sie das Wasser regelmäßig testen (siehe S. 100–101), die Fische aber auch täglich auf ungewöhnliches Verhalten, etwa sehr schnelle Kiemenbewegung oder Fressunlust, überprüfen.

Stressauswirkungen behandeln

Einige Wasseraufbereitungsmittel enthalten Auszüge der Echten Aloe (*Aloe vera*) oder andere Pflanzenextrakte, die helfen können, Stressauswirkungen zu lindern (siehe S. 82). Noch wichtiger ist es aber, die Ursachen für die Stressbelastung zu beseitigen.

Unten Entfernen Sie möglichst alle Futterreste, denn schlechte Wasserqualität bedeutet Stress für die Fische.

Stress vermeiden

Viele Probleme lassen sich vermeiden, wenn man sich vor dem Kauf der Fische gründlich über ihre Bedürfnisse informiert. Dadurch kann man ausschließen, dass die Tiere zu groß für ein Becken werden, dass Aquarien zu dicht besetzt sind, oder dass Arten, die hartes Wasser benötigen, in weichem Wasser gehalten werden. Aber auch laute Musik, ein zu langer Tagesrhythmus oder zu wenige Versteckmöglichkeiten können Stress verursachen.

Fütterung

Wenn Sie sich vergewissert haben, dass Ihre Fische weitgehend stressfrei leben, sollten Sie nun die Bedingungen für eine langfristige Gesundheit schaffen. Dazu gehört in erster Linie das richtige Futter, denn ein gesund ernährter Fisch ist gegenüber Krankheiten weitaus weniger anfällig. Folgende Ratschläge sollen Ihnen bei der richtigen Ernährung der Fische helfen:

- Greifen Sie auf Futter angesehener Hersteller zurück, und informieren Sie sich möglichst genau über die Nahrungsansprüche Ihrer Fische, damit beispielsweise Algenfresser auch Algenfutter bekommen (siehe S. 167).
- Geben Sie kleinen Fischen wegen ihres schnelleren Stoffwechsels wenig, aber häufiger zu fressen.
- Füttern Sie große Fische seltener mit größeren Nahrungsbrocken (siehe S. 162).
- Versuchen Sie Lebendfutter möglichst frisch zu halten (siehe S. 164–165).
- Entfernen Sie Futterreste so schnell wie möglich, weil faulende Nahrung die Wasserqualität verschlechtert.
- Sorgen Sie für eine abwechslungsreiche Ernährung, indem Sie sowohl Lebend-, Gefrier- als auch Trockenfutter anbieten.

Oben Eine häufige Ursache für eine hohe Stressbelastung ist ein zu dicht besetztes Becken.

Wasserqualität

Da die Wasserqualität eine wichtige Rolle bei der Gesunderhaltung Ihrer Fische spielt, sollten Sie folgende Regeln beachten:

- Installieren Sie einen Filter, der auch noch ausreicht, wenn alle Fische ihre endgültige Größe erreicht haben (siehe S. 34–37).
- Waschen Sie biologische Filtermedien nicht mit Leitungswasser aus, weil dadurch viele der nützlichen Bakterien abgetötet werden (siehe S. 38).
- Tauschen Sie etwa alle zwei Wochen rund 25% des Beckenwassers aus (siehe Seite 170).
- Sorgen Sie für die richtige Wasserqualität, damit beispielsweise südamerikanische Salmler auch weiches Wasser zur Verfügung haben (siehe S. 104).

Besatzdichte

Ein zu dicht besetztes Becken kann schwerwiegende gesundheitliche Folgen für Ihre Fische haben. Daher sollten Sie bei der Auswahl der Tiere folgende Punkte berücksichtigen.

- Kaufen Sie ausschließlich Fische, die Sie auch wirklich artgerecht unterbringen können. Einigen Jungfischen sieht man Ihre spätere Größe kaum an, so dass man sich leicht verschätzen kann.
- Schränken Sie sich bei der Anzahl der gehaltenen Fische ein. Zwar ist der Kaufanreiz bei der Vielzahl attraktiver Arten sehr hoch, aber eine Überbesetzung führt leicht zu Sauerstoffmangel, zur Überlastung des Filters und zur Ausbreitung von Parasiten.
- Halten Sie Schwarmfische nie einzeln.
- Sorgen Sie für die richtige Beleuchtung, weil empfindliche Arten bei zu hellem Licht (siehe S. 46–47) leicht in Stress versetzt werden.
- Setzen Sie die Fische nicht alle auf einmal ein, und halten Sie Raub- und Friedfische nie zusammen in einem Becken, auch nicht, wenn Erstere noch klein sind.

Krankheiten erkennen und behandeln

Fische erkranken ebenso oft wie Menschen, und auch die Ursachen können ähnlich verschieden sein. Eine häufiger Grund für Fischkrankheiten ist ein nicht optimal arbeitendes Immunsystem, weil die Tiere hohen Stressbelastungen ausgesetzt waren. Dies kann an einer schlechten Wasserqualität liegen, wird aber nicht selten auch durch eine zu hohe Besatzdichte verursacht (siehe S. 178).

Unterschiedliche Erreger

Die bei Fischen hauptsächlich auftretenden Krankheiten werden in erster Linie durch Parasiten oder bakterielle Erreger verursacht. Eine Behandlung ist in beiden Fällen unbedingt erforderlich.

Parasiten werden häufig durch neue Fische eingeschleppt, es kann aber auch vorkommen, dass wenige, im Becken latent vorhandene parasitäre Erreger sich plötzlich stark vermehren, weil das Immunsystem der Tiere durch sich verschlechternde Bedingungen plötzlich nicht mehr gut genug funktioniert.

Bakterielle Infektionen können ebenfalls die Folge einer hohen Stressbelastung sein, treten aber häufig auch als Folge von Parasitenbefall auf.

Unten Die Weißpünktchenkrankheit breitet sich schnell über den ganzen Fischkörper aus und führt zum Tode.

Häufige Fischkrankheiten

Nachfolgend sind einige sehr häufige Zierfischkrankheiten mit ihren Symptomen und Behandlungsmöglichkeiten beschrieben. Von diesen werden die Weißpünktchen- und Fischlauskrankheit von Parasiten verursacht, die übrigen von Bakterien.

Weißpünktchenkrankheit

Diese Erkrankung, die von parasitären Einzellern *(Ichthiophthirius)* verursacht wird, lässt sich leicht an den zahlreichen, weißen, stecknadelkopfgroßen Pünktchen auf dem Körper der Fische erkennen, wobei der Befall zumeist an den Flossen beginnt. Wird nichts unternommen, breiten sich die Erreger schnell aus, und sind erst einmal die Kiemen befallen, endet die Erkrankung normalerweise tödlich. Die Weißpünkt-

Unten Fischläuse sind große Außenparasiten, die sich am Körper des Wirtsfisches festsaugen.

Oben Die Bauchwassersucht, die alle Süßwasserfische befallen kann, scheint aus dem Nichts zu kommen.

Oben Die Flossenfäule, eine bakterielle Infektion, wird häufig durch schlechte Wasserqualität begünstigt.

chenkrankheit tritt häufig nach einem plötzlichen Temperaturabfall auf oder bei nicht optimalen Wasserwerten. Da die Erreger empfindlich gegenüber höheren Temperaturen sind, kann man das Beckenwasser auf 30 °C erwärmen; außerdem gibt es im Fachhandel wirksame Medikamente, die bei rechtzeitiger Behandlung für eine völlige Gesundung der Fische sorgen.

Fischläuse

Bei diesen Parasiten handelt es sich um Kleinkrebse aus der Gattung *Argulus*, die häufig mit frisch importierten Goldfischen eingeschleppt werden. Sie besitzen spezielle Saugnäpfe, mit denen sie sich am Körper der Fische anheften, um Blut zu saugen. Nachdem die Schmarotzer eine Größe von etwa 1 cm erreicht haben, lassen sie sich abfallen und legen Eier. Werden die Schmarotzer nicht bekämpft, breiten sie sich schnell aus, und die befallenen Fische gehen ein. Größere Parasiten lassen sich mit einer Pinzette entfernen; zum Abtöten der Eier und Jugendstadien gibt es geeignete Medikamente.

Bauchwassersucht

Diese Krankheit lässt sich leicht diagnostizieren, weil sich das Erscheinungsbild betroffener Fische in dramatischer Weise verändert: So schwillt der Körper durch eine übermäßige Flüssigkeitsansammlung stark an, bis die Schuppen abstehen und die Augen hervorquellen. Die Erkrankung tritt häufig bei schlechten Wasserbedingungen auf; eine (nicht immer erfolgreiche) Behandlung kann mit speziellen Arzneien erfolgen.

Flossenfäule

Flossenfäule wird durch Bakterien verursacht, die immer im Aquarienwasser vorhanden sind. Zum Ausbruch kommt die Krankheit aber normalerweise nur, wenn die Fische unter sehr schlechten Bedingungen leben müssen, etwa in ungefilterten Becken. Erfolgt keine Behandlung, fransen zunächst die Flossen aus, bevor die Krankheit dann zumeist auch auf den Körper übergreift und schließlich den Tod der Tiere verursacht. Zur Behandlung gibt es im Handel spezielle Medikamente.

Oben Das Wachstum parasitischer Pilze wird durch eine schlechte Wasserqualität begünstigt.

Oben Die Ursachen für Glotzaugen können unterschiedlich sein und eines oder beide Augen betreffen.

Pilzbefall

Ausgangspunkt für Pilzinfektionen sind zumeist einzelne Sporen, von denen sich immer einige im Aquarienwasser befinden. Typisch für den Befall mit Pilzen ist ein weißer, watteartiger Belag, der sich besonders dort bildet, wo die Schleimhaut zuvor durch schlechte Wasserqualität, durch Abschürfungen oder durch Infektionen geschädigt wurde. Wird Pilzbefall nicht rechtzeitig mit geeigneten Medikamenten behandelt, dringen die Pilzhyphen häufig tief in den Fischkörper ein und lassen sich dann kaum noch bekämpfen.

Glotzaugen

Weit hervortretende Augen eines Fisches (Glotzaugen), können im Zusammenhang mit einer Reihe unterschiedlicher Erkrankungen auftreten. Glücklicherweise sind zumeist nur einzelne Exemplare betroffen, während die übrigen Fische gesund bleiben. Oft lässt sich die Krankheit durch spezielle Medikamente behandeln, wobei Sie genau beobachten sollten, ob es sich auch nicht um ein frühes Stadium der Bauchwassersucht handelt (siehe S. 181).

Geschwüre

Geschwüre treten häufig bei Kaltwasserarten auf, etwa bei Goldfischen, die einer plötzlichen Temperaturerhöhung ausgesetzt waren oder unter einer schlechten Wasserqualität zu leiden hatten. Erkennbar ist die Krankheit an rötlichen, entzündeten Bereichen, bei denen die äußeren Gewebeschichten zumeist aufgelöst sind, so dass die betroffenen Stellen ein wenig an Verbrennungen erinnern. Behandeln lassen sich solche Geschwüre mit speziellen Medikamenten, die zumeist auch helfen, Sekundärinfektionen zu verhindern. Selbst wenn die Geschwürbildung gestoppt wurde, kann es aber oft lange dauern, bis die betroffenen Stellen vollständig abgeheilt sind, weil sich erst neues Gewebe bilden muss.

Schwimmblasendefekt

Von einem Schwimmblasendefekt sind besonders häufig stark überzüchtete Goldfisch-Varian-

Oben Geschwüre müssen unbedingt behandelt werden, um weitere Infektion zu verhindern.

Oben Schwimmblasenprobleme treten besonders häufig bei den extremen Goldfischzuchtformen auf.

ten betroffen (siehe S. 127–132). Zu den typischen Symptomen gehört ein verstärkter Auftrieb, so dass die Tiere zumeist dicht unter der Wasseroberfläche hängen – nicht selten mit dem Kopf nach unten. Ansonsten scheinen die Fische unversehrt, aber der mit diesem Problem verbundene Stress zieht normalerweise schnell andere Beschwerden nach sich. Grund für den Defekt kann eine Schwimmblasenentzündung sein, aber besonders bei den ausgefallenen Goldfischzuchtformen hängen die Beschwerden oft damit zusammen, dass die Schwimmblase durch die Wirbelsäule deformiert wurde. Grund für diese Missbildung ist der unnatürlich geformte Körper der Fische, der bei diesen Formen durch Zuchtwahl immer weiter verkürzt wurde. Dabei gilt: Je kürzer und gedrungener eine der Goldfischzuchtformen ist, um so anfälliger sind die Tiere. Wie es scheint, werden die Probleme durch hohe Temperaturen, aber auch durch Trockenfutter, das viel Luft enthält, verstärkt. Abhilfe lässt sich durch eine Ernährungsumstellung erreichen. So kann man beispielsweise eine Woche lang eingefrorene Daphnien füttern.

Tipp

An Altersschwäche sterben nur sehr wenige Fische, und wenn nicht eine mangelnde Wasserqualität der Grund für den Tod der Tiere ist, dann war normalerweise eine Krankheit dafür verantwortlich. Viele dieser Erkrankungen lassen sich durch die richtige Pflege und eine optimale Ernährung vermeiden. Falls Fische aber doch einmal erkranken, dann gilt: Je exakter eine gestellte Diagnose ist und je früher eine Behandlung erfolgt, umso erfolgreicher sind die Heilungschancen. Aber auch nach der Genesung sollten Sie die betroffenen Exemplare noch eine Zeit lang beobachten (möglichst in einem Quarantänebecken), weil es immer noch einmal zu Sekundärinfektionen kommen kann.

Die richtige Anwendung von Medikamenten

Wenn Sie eine Krankheit genau diagnostiziert haben, sollten Sie sofort Maßnahmen zu ihrer Behandlung ergreifen. Da Medikamentengebrauch bei falscher Anwendung aber nicht ganz ungefährlich ist, müssen Sie die beiliegenden Anweisungen genau befolgen. Kaufen Sie nur spezielle Arzneien zur Behandlung von Fischen und bewahren Sie diese kindersicher auf.

Wasserqualität testen

Ein Fisch wird nicht gesunden, wenn die Wasserqualität schlecht ist, nicht zuletzt, weil dies möglicherweise sogar die Ursache für die Erkrankung war. Daher sollten Sie parallel zu jeder Behandlung die Wasserwerte gründlich überprüfen (siehe S. 100–101).

Die richtige Dosierung

Um ein Medikament richtig dosieren zu können, muss man die Größe des Aquariums genau kennen, denn eine zu geringe Dosis kann die Behandlung unwirksam machen, während eine Überdosierung ein zusätzliches Gesundheitsrisiko für die Fische darstellt und zudem die Filterbakterien dezimieren kann. Auf Seite 24 finde Sie genauere Hinweise für die korrekte Berechnung des Beckenvolumens.

Wahl der richtigen Arznei

Bei handelsüblichen Medikamenten kann es sich um Breitbandmittel gegen Bakterien oder Parasiten handeln, aber auch um spezielle Arzneien zur Behandlung einer bestimmten Krankheit. Wenn Sie nicht sicher sind, was Ihren Fischen fehlt, sollten Sie einen erfahrenen Aquarianer oder Ihren Zoofachhändler um Rat fragen. Lassen Sie sich dabei nicht zu viel Zeit, denn besonders kleine Fische müssen so schnell wie möglich behandelt werden.

Sicherheitshinweise

Beim Umgang mit Medikamenten sollten Sie stets besonders vorsichtig sein, schon um Ihre eigene Gesundheit nicht zu gefährden. Achten Sie darauf, dass die verabreichten Mittel nicht mit Ihrer Haut in Kontakt kommen und nicht in die Augen geraten, was sich leicht durch Tragen von Gummihandschuhen und einer Schutzbrille verhindern lässt. Außerdem sollten Sie die Packungsanweisungen sehr sorgfältig lesen, weil dort auf mögliche Gefahren hingewiesen wird. Bewahren Sie die Arzneien stets so auf, dass sie nicht in Kinderhände gelangen können, und suchen Sie sofort einen Arzt auf, falls ein Mittel versehentlich verschluckt oder inhaliert wurde. Sofern Aktivkohle oder Zeolith eingesetzt werden, muss man diese Materialien unbedingt vor Anwendung einer Arznei aus dem Filter entfernen, weil das Medikament sonst gleich wieder aus dem Wasser herausgefiltert wird (siehe S. 40). Außerdem sollte man den UV-Entkeimer abschalten (siehe S. 210) und für eine gute Durchlüftung des Beckens sorgen.

Die wirksamsten Mittel sind oft Farbstoffe oder andere chemische Reinsubstanzen. Die Tabelle auf der folgenden Seite führt einige dieser Mittel mit ihren Vor- und Nachteilen auf.

Unten Berechnen Sie vor dem Einsatz eines Medikamentes stets das Wasservolumen und orientieren Sie sich dann an den Angaben des Beipackzettels.

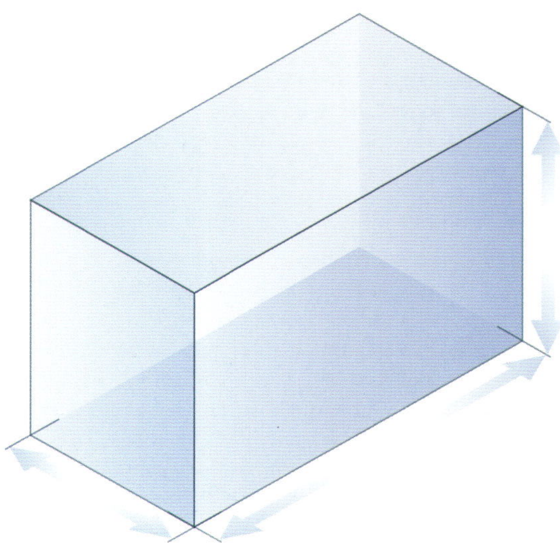

Vor- und Nachteile einer Behandlung mit Reinsubstanzen

REINSUBSTANZ	VORTEILE	NACHTEILE
Malachitgrün	Gutes Mittel gegen Pilze und einzellige Ektoparasiten	Bei niedrigem pH-Wert stärker giftig; karzinogen
Formaldehyd	Wirkt gegen Hautparasiten und Kiemenwürmer, lässt sich zusammen mit Malachitgrün verwenden	Kann dem Wasser Sauerstoff entziehen; ist bei niedrigem pH-Wert stärker giftig
Kaliumpermanganat	Gutes Mittel gegen Parasiten und zur Behandlung von bakteriellen Infektionen	Ist bei höheren pH-Werten stärker giftig; kann das Wachstum der Filterbakterien negativ beeinflussen
Acriflavin	Gutes Mittel gegen bakterielle Infektionen	Tötet auch Bakterien ab, die eine wichtige Rolle für das Immunsystem der Fische spielen
Kochsalz	Senkt die toxische Wirkung von Nitrat im Blut; unterstützt die Kiemenfunktion; tötet bestimmte Parasiten ab	Keine – allerdings darf der Einsatz bei Arten, die weiches Wasser bevorzugen, nicht zu sehr ausgedehnt werden

Unten links Vergewissern Sie sich, dass der Filter einwandfrei funktioniert, um ihn als Ursache für die Erkrankung ausschließen zu können.

Unten Mitte Sorgen Sie für eine gute Durchlüftung, weil einige Mittel den Sauerstoffgehalt des Wassers verringern.

Unten rechts Entfernen Sie vor dem Einsatz von Medikamenten Aktivkohle oder Zeolith aus dem Filter.

Tipp

Eine zu häufige Anwendung verringert nicht selten die Wirkung, so dass man Fische nur behandeln sollte, wenn es wirklich erforderlich ist.

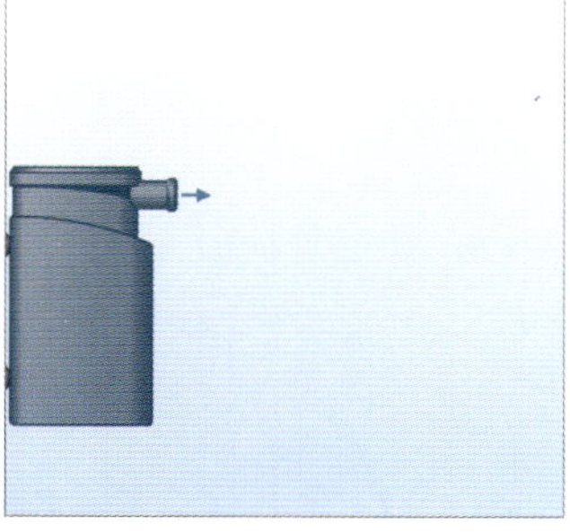

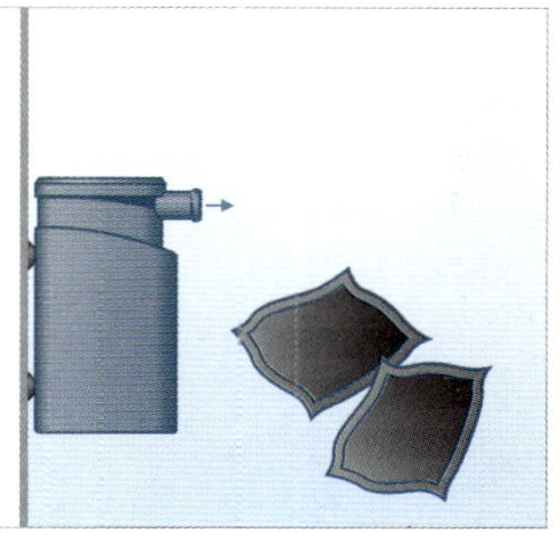

Einrichtung eines Behandlungsbeckens

Wenn Sie ein zweites Aquarium besitzen, das nicht mehr benötigt wird, können Sie es gut als Behandlungsbecken einrichten. Anschließend lässt es sich dann sowohl zur separaten Behandlung erkrankter Fische verwenden, aber auch als Quarantänebecken, in dem man neu gekaufte Tiere einige Zeit gesondert hält, um mögliche Krankheiten zu erkennen und so eine Ansteckung der übrigen Fische im Hauptbecken zu vermeiden.

Empfohlene Größe

Ein Behandlungsbecken muss nicht groß sein. Für Süßwasserfische reicht schon ein Aquarium von 45 cm Länge, für Meerwasserfische sollte es mit 60 cm etwas größer sein. Und da es sich nicht um ein Schaubecken handeln soll, kann man durchaus ein altes, vielleicht schon etwas zerkratztes Aquarium benutzen.

Erforderliche Ausrüstung

Für ein Behandlungsbecken benötigt man die gleichen Ausrüstungsgegenstände wie für ein normales Aquarium, also u.a. einen ausreichend großen Filter (siehe S. 34–37) und einen geeigneten Heizstab, wenn das Becken für tropische Fische gedacht ist (siehe S. 44). Einzelheiten zum benötigten Zubehör finden Sie in den Einkaufslisten unten auf der Seite. Bodengrund ist dagegen nicht erforderlich, und auch auf Pflanzen sollte man verzichten, um keine Parasiten oder bakteriellen Erreger einzuschleppen.

Die Beleuchtung darf nicht zu hell sein (siehe S. 46), damit man einzeln gehaltene Fische, die zudem oft gerade erst in einem Beutel nach Hause transportiert wurden, nicht weiter beunruhigt. Verwenden Sie keine Aktivkohle oder andere chemische Filtermedien (siehe S. 40–41), weil diese Medikamente aus dem Wasser herausfiltern; bei Meeresaquarien wird der Eiweißabschäumer ausgestellt (siehe S. 206–207), weil die eingesetzten Arzneien sonst ebenfalls zu schnell aus dem Wasser entfernt werden. Befüllt wird das Behandlungsbecken mit Wasser aus dem Hauptaquarium, weil dies bereits den richtigen pH-Wert und die richtige Härte besitzt.

Filter einfahren

In einem Behandlungsbecken verwendete Filter müssen gut eingefahren sein. Dies wird entweder dadurch erreicht, dass man das Gerät eine Zeit lang am Hauptaquarium betreibt, oder man lässt es dauerhaft im Behandlungsbecken laufen

Einkaufsliste für ein tropisches Süßwasser-Behandlungsbecken

- ❍ **Becken von 45 cm Länge**
- ❍ **Heizstab**
- ❍ **Thermometer**
- ❍ **Testset**
- ❍ **Luftbetriebener Schwammfilter**
- ❍ **Luftpumpe**
- ❍ **Höhlenversteck oder Blumentopf**
- ❍ **Abdeckscheibe**
- ❍ **Styroporunterlage**

Einkaufsliste für ein Meerwasser-Behandlungsbecken

- ❍ **Becken von 60 cm Länge**
- ❍ **Heizstab**
- ❍ **Thermometer**
- ❍ **Testset**
- ❍ **Motorbetriebener Innenfilter**
- ❍ **Höhlenversteck oder Blumentopf**
- ❍ **Abdeckscheibe**
- ❍ **Styroporunterlage**

(siehe S. 98–99). Der Grund ist leicht verständlich, denn falls nicht ausreichend nützliche Bakterien im Filter vorhanden sind, verschlechtert sich der Zustand kranker Fische durch die schlechte Wasserqualität zumeist noch weiter. Und das letzte, was wir wollen, ist ja, dass ein Fisch gegen eine Krankheit *und* gegen schlechte Wasserwerte kämpfen muss!
Nach Möglichkeit sollte ein Behandlungsbecken ständig in Betrieb sein, damit kranke Fische nach Entdecken des Problems ohne weitere Verzögerung aus dem Hauptaquarium umgesetzt werden können. Dies scheint bei einem wenig ästhetisch wirkenden Becken vielleicht etwas viel verlangt, aber wenn man ein großes Aquarium oder gar mehrere besitzt, wird man ein Behandlungs- bzw. Quarantänebecken, das zudem zur Aufzucht von Jungfischen benutzt werden kann, schnell schätzen lernen.

Oben Verwenden Sie Kunststoffpflanzen, die sich leicht entfernen und sterilisieren lassen.

Behandlungsbecken
1 Heizstab, um die Temperatur konstant zu halten
2 Thermometer, um die Temperatur zu überprüfen
3 Blumentöpfe als Versteck für ängstliche Fische
4 Luftbetriebener Schwammfilter für kleine Süßwasserfische
5 Motorbetriebener Außenfilter für große Süß- oder Meerwasserfische
6 Fehlender Bodengrund, um das Becken besser sauber halten zu können

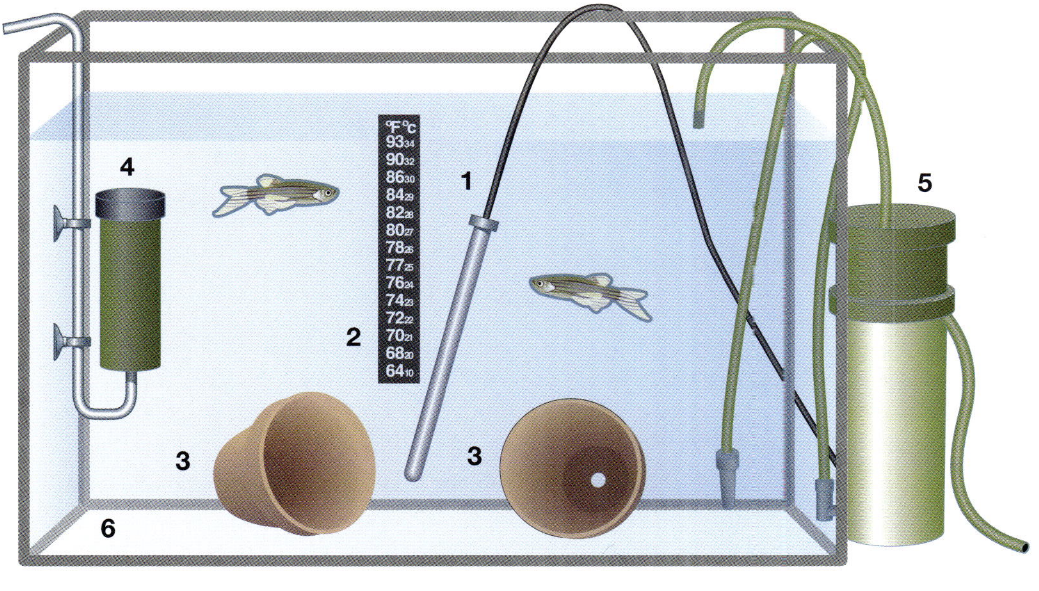

Unterschiedliche Fortpflanzungsstrategien

Um sich perfekt an die jeweiligen Lebensräume anzupassen, haben Fische im Verlaufe ihrer Evolution ganz verschiedene Fortpflanzungsmethoden entwickelt. Und diese muss man zur Zucht im Aquarium simulieren – in vielen Fällen unter Einsatz spezieller Hilfsmittel, die im Folgenden vorgestellt werden sollen, ebenso wie die häufigsten Methoden der Eiablage bei Zierfischen.

Freilaicher

Die Mehrzahl unserer Aquarienfische sind Freilaicher, das heißt, sie legen ihre Eier frei ins Wasser ab und überlassen sie dann ihrem Schicksal. Vorteil dieser Methode ist, dass der schnelle Laichvorgang kaum Eiräuber anzieht; außerdem wird zumeist eine große Zahl von Eiern von einem oder mehreren Paaren gleichzeitig abgelegt, so dass immer auch einige übrig bleiben, aus denen später Jungfische schlüpfen.
Schon Tage vor dem Ablaichen sind die Weibchen normalerweise prall mit Eiern gefüllt und sehen dann häufig sehr viel rundlicher aus. Dagegen wird bei den Männchen zumeist die Färbung verstärkt, damit sie bei der Partnersuche besonders eindrucksvoll wirken. Während des Ablaichens schwimmen beide Partner ganz dicht nebeneinander, und das Männchen befruchtet die Eier direkt nach dem Ablegen. In der Natur wird die Fortpflanzung oft durch äußere Bedingungen ausgelöst, beispielsweise durch eine jahreszeitliche Temperaturerhöhung oder ein erhöhtes Nahrungsangebot.
Häufig werden die Eier über Pflanzen abgelegt, an deren Blättern sie haften bleiben, oder sie fallen zwischen Steine, wo sie ebenfalls gut geschützt sind. Typische Freilaicher sind Salmler, Barben und Regenbogenfische.

Einrichtung eines Zuchtbeckens für Freilaicher

Wenn Sie frei laichende Fische nachzüchten wollen, müssen Sie für die Zuchtpaare ein spezielles Aquarium einrichten. Der Hauptgrund dafür ist, dass die Nachkommen der meisten Arten in einem normalen Gesellschaftsbecken praktisch keine Überlebenschance hätten, weil nicht nur die Eier, sondern auch die Jungfische oft so winzig sind, dass sie sofort von anderen Fischen gefressen oder in den Filter gesaugt würden.

Zur Vermehrung von Freilaichern gibt es unter Aquarianern zwei bewährte Methoden:

Methode 1

Die Eier vieler Freilaicher, etwa die von Salmlern (siehe S. 139–144), sind so beschaffen, dass sie an Blättern oder anderen Gegenständen haften bleiben. Daher schwimmen frei laichende Arten zur Eiablage auch gern zwischen Pflanzen, damit der Laich dort einigermaßen geschützt heranreifen kann.

Becken für Freilaicher
(Methode 1)
1 Kork sorgt für den nötigen Auftrieb
2 Aus Wollfäden hergestellter Laichmopp
3 Die häufig leicht klebrigen Eier bleiben an den Wollfäden hängen

In einem Zuchtbecken kann man anstelle von Pflanzen auch Laichmopps verwenden, die sich recht einfach herstellen lassen, indem man Wollfäden mehrfach um ein festes Stück Pappe wickelt. Anschließen wird das eine Ende zusammengebunden und das andere aufgeschnitten, so dass ein Mopp entsteht. Damit dieser schwimmt, befestigt man das zusammengebundene Ende einfach an einem Stück Kork oder Styropor; will man ihn versenken, wird er mit einem Bleigewicht beschwert. Anstelle eines künstlichen Laichmopps kann man auch echte Pflanzen verwenden, etwa *Cabomba-* und *Myriophyllum*-Arten (siehe S. 70 und 74).

Methode 2

Um die Eier vor Laich fressenden Elterntieren zu schützen, kann man in einem Zuchtbecken ohne Bodengrund ein Netz aufspannen. Eine andere Möglichkeit ist das Anbringen von Kunststoffgittern, die es im Handel gibt. Für Netz und Gitter gilt, dass die Löcher so klein sein müssen, dass nur die Eier, nicht aber die Fische hindurchpassen. Später kann man die Elterntiere dann herausfangen und die Jungen in dem Becken aufziehen.
Alternativ lassen sich Zuchtbecken für Freilaicher auch mit Glaskugeln auslegen, zwischen die die Eier nach dem Ablaichen fallen, so dass sie für die Elterntiere unerreichbar sind. Allerdings ist dieses Vorgehen etwas umständlicher als das Aufspannen eines Netzes oder das Anbringen eines Gitters. Geeignet ist die Methode vor allem für Barben und Bärblinge (siehe S. 149–150 und 151–152).

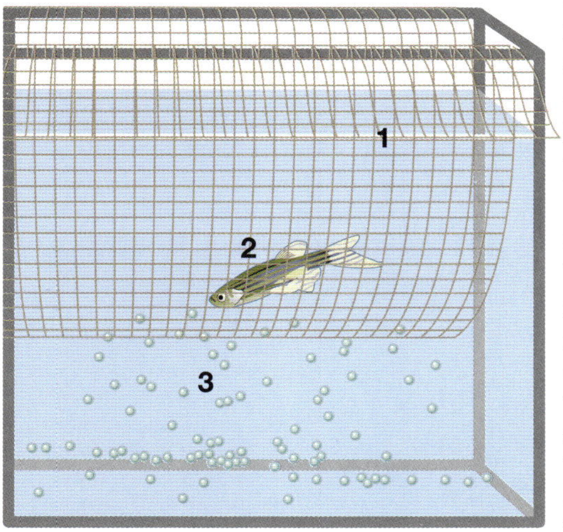

Becken für Freilaicher
(Methode 2)
1 Durch Netz oder Kunststoffgitter geteiltes Becken
2 Paarung und Eiablage finden oberhalb der Begrenzung statt
3 Die Eier fallen durch die Maschen und können so nicht von den Elterntieren aufgefressen werden

Tipp

Setzen Sie Jungfische erst dann ins Hauptbecken um, wenn sie eine Länge von etwa 2,5 cm erreicht haben. Geschieht das nicht, werden sie sehr schnell von anderen Fischen gefressen.

Schaumnester

Viele Labyrinthfische (siehe S. 135–137) legen ihre Eier in einem Schaumnest ab. Dieses wird in der Regel vom Männchen aus Hunderten einzelner Blasen an der Wasseroberfläche errichtet, wo es dann wie ein Floß schwimmt. Anschließend kommt es unter dem Nest zur Eiablage, wobei das Männchen die zu Boden sinkenden Eier mit dem Maul auffängt, um sie ins Nest zu transportieren. Auch die weitere Betreuung des Nachwuchses ist Aufgabe des Männchens.
Bei einem Zuchtbecken für Labyrinthfische sollte es sich um ein halb gefülltes Becken ohne Bodengrund handeln, weil das Männchen aus dem Nest herausfallende Eier dann leichter findet. Und da die Tiere ihre Nester gern verankern, empfiehlt es sich außerdem, einige Schwimmpflanzen, etwa *Riccia*-Arten (siehe S. 74), oder auch Stängelpflanzen einzusetzen.
Labyrinthfische verdanken ihren Namen einem

Becken für Schaumnestbauer
1 Nur halb mit Wasser gefülltes Becken
2 Schwimmpflanzen zum Verankern des Nestes
3 Feinblättrige Pflanzen werden gern zum Befestigen des Nestes benutzt
4 Schaumnest kann über die Wasseroberfläche hinausragen
5 Kein Bodengrund, damit die Eltertiere herausgefallene Eier finden und zurückholen können

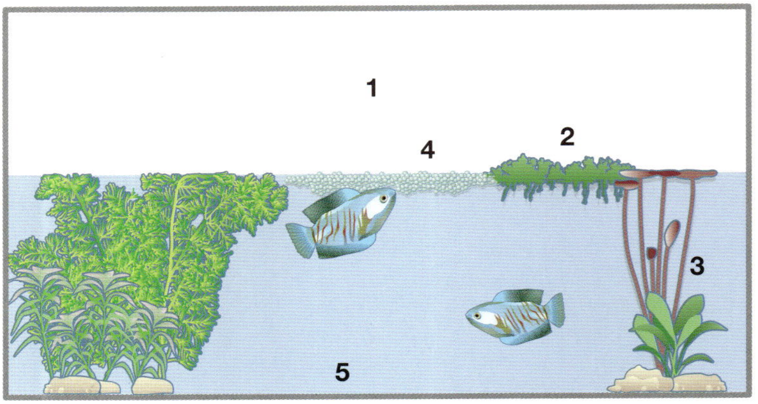

zusätzlichen Atemorgan, dem so genannten Labyrinth, das es ihnen ermöglicht, atmosphärische Luft zu atmen. Die Bildung dieses Organs ist bei den Jungfischen manchmal etwas kritisch, so dass sich die Luft über der Wasseroberfläche nicht zu stark abkühlen darf, was sich durch Auflegen einer gut schließenden Glasscheibe erreichen lässt.

Haftlaicher

Auch bei dieser Gruppe ist die Bewachung und Betreuung des Nachwuchses fester Bestandteil des Fortpflanzungsverhaltens. Wo die Eier abgelegt werden, variiert allerdings von Art zu Art. So bevorzugen Skalare (*Pterophyllum scalare*) die großen Blätter von Schwertpflanzen wie *Echinodorus bleheri*, während Diskusfische (*Symphysodon* spp.) gern glatte, senkrechte Gesteinsflächen nutzen. Dagegen wühlt der Feuermaulbuntbarsch (*Thorichthys meeki*) mehrere kleine Laichgruben aus, von denen eine zum Ablaichen benutzt wird. Aber auch die übrigen sind nicht überflüssig, denn die Eltern ziehen die Jungen später häufig in eines der anderen Erdlöcher um. Buntbarsche verhalten sich zur Laichzeit gegenüber anderen Fischen oft sehr aggressiv, so dass man sie zur Paarung am besten in ein gesondertes Becken umsetzt, das ausreichend Eiablageplätze in Form von Höhlen, Pflanzen, Steinen oder Blumentöpfen enthalten sollte, damit sich die Tiere den Platz zum Ablaichen selbst auswählen können. Anschließend kümmern sich

Becken für Haftlaicher
1 Ausreichend Bodengrund, damit die Fische Laichgruben ausheben können
2 Große, glatte Steine als Laichplätze
3 Pflanzen mit großen Blättern für die Eiablage
4 Dichte Bepflanzung als Unterschlupf für die Jungfische
5 Nur ein Zuchtpaar pro Becken
6 Frei schwimmende Jungfische werden normalerweise von den Eltern bewacht

Oben Nahaufnahme eines Fischeies, das sich an die schmalen Blätter einer Pflanze geheftet hat

entweder beide oder eines der Elterntiere bis zu einem Monat um den Nachwuchs.

Lebendgebärende Fische

Die bemerkenswerte Fähigkeit, voll entwickelte Jungtiere zur Welt zu bringen, hat diese Gruppe, zu der z.B. Guppys (*Poecilia reticulata*), Platys (*Xiphophorus maculatus*), Mollys (*Poecilia* spp.) und Schwertträger (*Xiphophorus helleri*) gehören, sehr erfolgreich werden lassen. Weil die Männchen den weiblichen Tieren ständig nachstellen, sollten die Weibchen stets in der Überzahl sein, damit sie nicht bis zur Erschöpfung verfolgt werden. Trächtige Weibchen wirken nicht nur ziemlich rund, sondern lassen sich auch an einem dunklen Bauchfleck erkennen, dem so genannten Trächtigkeitsfleck (siehe S. 193). Wann die Jungen zur Welt kommen, lässt sich aber nicht genau voraussagen, so dass man trächtige Weibchen rechtzeitig in einen Ablaichkasten oder ein Zuchtbecken umsetzen sollte. Dabei ist zu beachten, dass Ablaichkästen wegen ihrer geringen Größe deutlich mehr Stress für die trächtigen Tiere verursachen, so dass Zuchtbecken vorzuziehen sind. Diese sollten zahlreiche feinblättrige Pflanzen enthalten, damit die Jungen sich vor der Mutter verstecken können, weil diese sie sonst frisst. Gleich nach der Geburt wird das Weibchen dann wieder in das Hauptbecken zurückgesetzt.

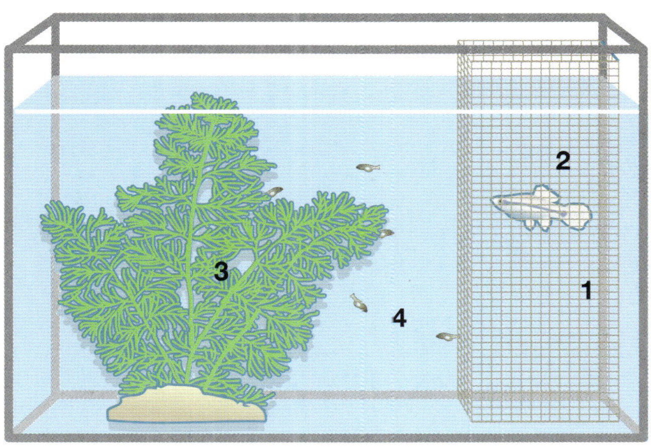

Becken für Lebendgebärende Fische

1 Ablaichkasten zur Aufnahme des trächtigen Weibchens
2 Trächtiges Weibchen
3 Feinblättrige Pflanze als Unterschlupf für die neugeborenen Jungfische
4 Jungfische können sich nach der Geburt durch die Maschen des Ablaichkastens in Sicherheit bringen

Vorbereitung auf die Paarung und Eiablage

Bei den meisten unserer Zierfische erfolgt die Fortpflanzung im Aquarium nur nach einer ganz gezielten Vorbereitung auf die Paarung und Eiablage. So müssen sich die Tiere vor allem in einem ausgezeichneten gesundheitlichen Zustand befinden, aber es ist auch wichtig, dass die ausgewählten Paare optimal ernährt wurden. Erreichen kann man einen solchen Zustand durch eine besonders ausgewogene Versorgung mit Futter und bestmögliche Wasserbedingungen.

Fütterung

Zwar unterscheidet man bei Zierfischen zwischen lebendgebärenden und eierlegenden Arten, aber für die Vorbereitung auf die Fortpflanzung ist das ohne Belang. Schließlich verbrauchen alle Fische in dieser Phase sehr viel Energie, was daher auch in beiden Gruppen bei der Ernährung berücksichtigt werden muss.

Weibliche Fische

Um Fische für eine geplante Fortpflanzung richtig füttern zu können, muss man ihre natürlichen Nahrungsgewohnheiten kennen und nach Möglichkeiten suchen, gleiches oder ähnliches Futter zur Verfügung zu stellen. So wird für die Produktion von Eiern oder lebenden Nachkommen viel protein- und energiereiche Nahrung benötigt, so dass Sie, falls Ihre Fische normalerweise hauptsächlich Trockenfutter (siehe S. 166) bekommen, nun viel mehr Lebend- und Gefrierfutter (siehe S. 164) anbieten müssen.

Männliche Fische

Auch Männchen brauchen zur Paarungszeit viel proteinreiche Nahrung, weil Partnersuche, mögliche Rivalenkämpfe und Paarungsrituale ebenfalls viel Energie kosten. Außerdem müssen sie zum Anlocken eines Weibchens ihre schönsten Farben zeigen, was man mit speziellem Futter zur Verstärkung der Farben unterstützen kann. In der Natur pflanzen sich Fische übrigens nur fort, wenn die Bedingungen so gut sind, dass für den Nachwuchs sofort ausreichend Nahrung zur Verfügung steht.

Wasserbedingungen

Die richtigen Wasserbedingungen spielen bei der Fortpflanzung ebenfalls eine entscheidende Rolle. In der Natur bewirken bestimmte, nicht ohne weiteres erkennbare Auslöser, dass Fische plötzlich in Paarungsstimmung kommen. Zu den häufigeren Ursachen gehört eine Veränderung der Wassertemperatur. So beginnen beispielsweise Goldfische (siehe S. 127–132) mit der Eiablage, wenn das Wetter wärmer wird, während einige tropische Arten nach kräftigen Regenfällen ablaichen, weil das Wasser dann kälter ist. Zusätzlich werden Goldfische aber oft auch von der Morgensonne zum Ablaichen angeregt, während die Eier einiger Salmler (siehe S. 139–144) so lichtempfindlich sind, dass der Lichteinfall ins Becken unterbunden werden muss. Daher ist es wichtig, sich genau über die Bedürfnisse einzelner Arten zu informieren. Besonders gilt das für den pH-Wert und den richtigen Härtegrad (siehe S. 104–105), denn Fische aus weichem pflanzen sich normalerweise nicht in hartem Wasser fort und umgekehrt.

Spezielle Ansprüche

Besonders bei eierlegenden Fischen gilt es, oft noch eine Reihe weiterer Bedürfnisse zu berücksichtigen, weil es sonst nicht zur Fortpflanzung kommt. So brauchen viele Haftlaicher, etwa Buntbarsche (siehe S. 144–147), glatte Flächen, auf denen sie ihre Eier ablegen können, während die meisten Labyrinthfische möglichst Pflanzen benötigen, an denen sie ihr Schaumnest verankern können (siehe S. 190).

Laichbereitschaft erkennen

Wichtig ist es auch zu erkennen, wann Fische laichbereit sind. Typische Anzeichen sind Veränderungen in der Färbung und im Verhalten, aber es gibt bei einzelnen Arten auch ganz spezielle Anzeichen für die Laichbereitschaft, die im Folgenden bei eierlegenden und lebendgebärenden Arten getrennt behandelt werden sollen.

Oben Wenn sich zwei Fische absondern, ist dies oft ein Zeichen für die bevorstehende Paarung.

Eierlegende Arten

Wie auf den Seiten 188–190 beschrieben, lässt sich diese Gruppe noch weiter in Frei- und Haftlaicher unterteilen. Zu den erstgenannten gehört die Sumatrabarbe (*Barbus tetrazona*; siehe S. 150), bei denen die Männchen laichreife Weibchen fast ununterbrochen verfolgen. Zur Paarung kommt es, wenn zwei Tiere ihre Körper unter deutlichen Zitterbewegungen aneinander pressen.

Typisch für Haftlaicher, etwa für den Purpurprachtbarsch (*Pelvicachromis pulcher;* siehe S. 146), ist, dass die Tiere nach der Paarbildung deutlich unverträglicher werden. Außerdem sind sie kaum noch zu sehen, sondern halten sich möglichst versteckt im hinteren Teil des Beckens auf. Und dort findet dann normalerweise auch die Eiablage statt.

Tipp

Achten Sie darauf, dass die Fortpflanzung nicht von anderen Fischen beeinträchtigt wird. So fressen Welse oft über Nacht die abgelegten Eier, und Revier bildende Arten versuchen gern, die Eiablage anderer Fische in ihrer Nähe zu verhindern.

Lebendgebärende Arten

Bei dieser Gruppe werden geschlechtsreife Weibchen fast ununterbrochen von den Männchen verfolgt und begattet. Vor der Geburt der Jungfische haben die weiblichen Tiere eine sehr rundliche Form; außerdem ist bei einigen Arten ein dunkler Fleck auf dem Bauch, der so genannte Trächtigkeitsfleck, zu erkennen.

Zuchtbecken

Ein Zuchtbecken kann zur Eiablage außerhalb des Hauptaquariums dienen, aber auch zur Aufzucht von Jungfischen. Die ideale Größe hängt natürlich von der jeweiligen Art ab, für die es gedacht ist, aber bei den meisten Zierfischen reicht ein Aquarium von 60 cm Länge. Bezüglich der Einrichtung sollte vor allem Wert auf Zweckmäßigkeit gelegt werden, denn es soll sich ja nicht um ein Schaubecken handeln.

Die Grundeinrichtung

Natürlich muss ein Zuchtbecken zunächst einmal Wasser enthalten, das den Ansprüchen der jeweiligen Art angepasst wurde, also die richtige Temperatur und den optimalen pH-Wert aufweist. Bei der Einrichtung ist es wichtig, das Laichverhalten der entsprechenden Fische zu berücksichtigen, also beispielsweise flache Steine für Haftlaicher oder feinblättrige Pflanzen für Freilaicher einzubringen (siehe S. 188–189). Außerdem gilt es, einen Filter auszuwählen, der nicht zu stark ist, damit die Jungfische nicht eingesaugt werden, etwa einen einfachen, luftbetriebenen Schwammfilter (siehe S. 34), der zudem gut eingefahren sein muss, damit die Wasserqualität optimal bleibt.

Einkaufsliste für ein Zuchtbecken

- **60 cm Becken**
- **Abdeckscheibe**
- **Heizstab**
- **Thermometer**
- **Luftbetriebener Schwammfilter**
- **Luftpumpe**
- **Luftschlauch und Ausströmerstein**
- **Test-Set**
- **Laichhilfen (Blumentopf, feinblättrige Pflanzen usw.)**
- **Aufzuchtfutter**
- **Beckenteiler (sofern für Ihre Aquariengröße erhältlich)**
- **Aufbereitetes Wasser (wird normalerweise aus dem Hauptaquarium genommen)**

Ablaichkästen

Die normalerweise zweigeteilten Ablaichkästen werden hauptsächlich bei der Vermehrung kleinerer, lebendgebärender Zahnkarpfen verwendet, etwa Guppys (*Poecilia reticulata*) oder Platys (*Xiphophorus maculatus*; siehe S. 158–159), weil die Mütter ihren Jungen nachstellen. Trächtige Weibchen setzt man einige Tage vor der Geburt der Jungen in den oberen Teil des Kastens; die Jungen fallen nach der Geburt durch die kleinen Schlitze der Trennwand in den unteren Teil des Kastens, wo sie in Sicherheit sind. Anschließend bringt man das Weibchen wieder in das Hauptbecken und zieht die Jungen zunächst im Ablaichkasten auf. Bei kleinen Kästen müssen die Jungtiere dann später aber umgesetzt werden.

Aufzuchtbehälter

Ein Aufzuchtbehälter besteht normalerweise aus einem Kunststoffrahmen, der mit Netz bespannt wurde. Verwendet wird er zumeist, um Jungfische getrennt von den übrigen Beckenbewohnern aufzuziehen. Großen Fischen gelingt es allerdings manchmal, die sehr kleinen Jungfische durch die Löcher im Netz zu saugen.

Beckenteiler

Bei Beckenteilern handelt es sich um durchsichtige Kunststoffplatten, mit denen sich ein Becken in einzelne Bereiche unterteilen lässt, etwa um Jungfische von den übrigen Beckenbewohnern zu trennen. Da die Platten durchlöchert sind, steht in allen Abteilen das gleiche Wasser zur Verfügung, so dass kein weiterer Filter und keine zusätzliche Heizung benötigt werden. Der Vorteil gegenüber Ablaichkästen und Aufzuchtbehältern besteht darin, dass sich größere Teilbecken einrichten lassen, um die heranwachsenden Jungfische dort längere Zeit zu halten. Allerdings gibt es handelsübliche Beckenteiler nicht für alle Aquariengrößen.

Beckenteiler
1 Aquarium
2 Genau in das Becken passende Trennwand
3 Wasser kann sich dank der Löcher im gesamten Becken verteilen

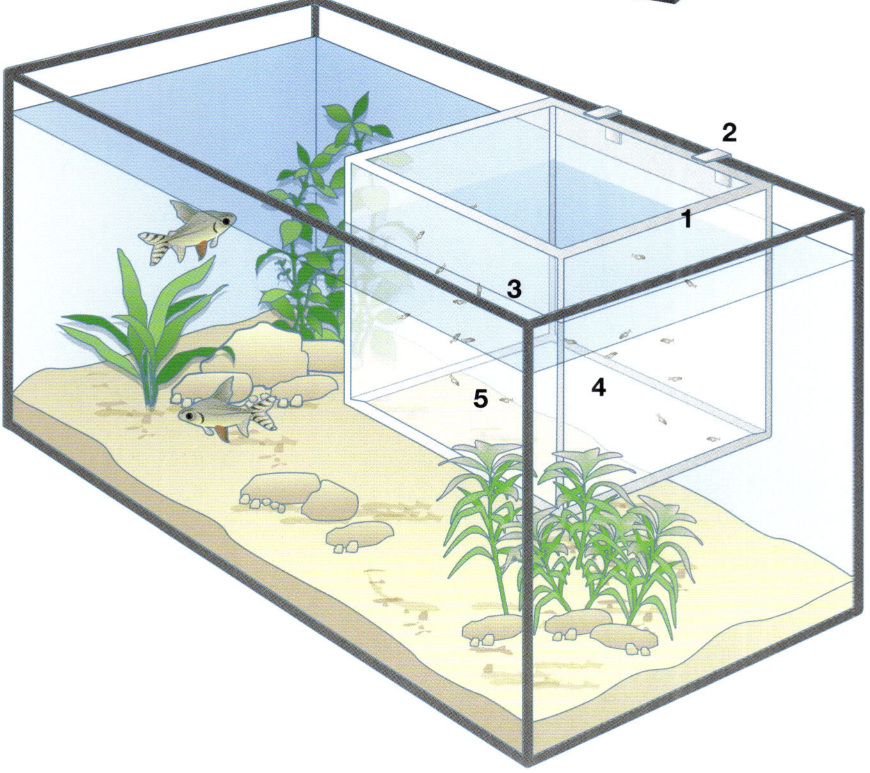

Aufzucht-behälter
1 In einen Rahmen gespanntes Netz
2 Befestigungshaken
3 Oberer Teil des Kastens befindet sich über der Wasseroberfläche
4 Das Netz schützt den Nachwuchs
5 Jungfische

Jungfische aufziehen

Eine gelungene Nachzucht kann sehr befriedigend sein, denn sie ist die Belohnung für eine gute Pflege. Aber auch die Jungen brauchen noch viel Aufmerksamkeit. Sie sind im Vergleich zu ihren Eltern winzig und benötigen daher spezielles Futter, das nicht nur in ihr Maul passt, sondern auch genau auf ihre Bedürfnisse abgestimmt ist. Außerdem müssen sie häufiger gefüttert werden als ausgewachsene Exemplare.

Schutz vor Nachstellungen

Jungfische brauchen besonderen Schutz, damit sie nicht von größeren Fischen gefressen werden, wobei oft sogar heranwachsende Exemplare eine Gefahr für die nächste Brut darstellen. Deshalb sollte man Jungtiere unterschiedlichen Alters unbedingt getrennt aufziehen.

Unten Diese winzigen, von ihren Eltern bewachten Buntbarsche würden ohne Aufzuchtfutter schnell verhungern.

Nahrungsansprüche

Anders als in natürlichen Gewässern, gibt es in Aquarien für Jungfische nur wenig Nahrung. Am einfachsten haben es da noch die Nachkommen lebendgebärender Arten wie Guppys (*Poecilia reticulata*) und Platys (*Xiphophorus maculatus*; siehe S. 158–159) oder von Maulbrütern, die vergleichsweise groß sind, so dass sie gleich fein zerriebenes Flockenfutter (siehe S. 166) fressen können. Allerdings müssen sie häufiger gefüttert

Oben Diskusfische produzieren ein nahrhaftes Sekret auf ihrer Haut, von dem sich die Jungen anfangs ernähren.

Oben Buntbarsche führen ihre Nachkommen zur Nahrungssuche manchmal im gesamten Becken herum.

Oben Die Nachkommen von Maulbrütern sind oft so groß, dass sie gleich herkömmliches Trockenfutter fressen können.

werden als ausgewachsene Exemplare, nämlich mindestens drei- oder viermal pro Tag.
Dagegen sind die Nachkommen von Salmlern (siehe S. 139–144) oder Labyrinthfischen (siehe S. 135–137) oft so winzig, dass sie kein Flockenfutter fressen können, selbst wenn dieses zu Pulver zerrieben wurde. Daher muss man sie mit Flüssignahrung versorgen, also speziellem Aufzuchtfutter aus winzigen Nahrungspartikeln oder auch mit Infusorien (siehe unten).

Unterschiedliches Aufzuchtfutter

Geeignetes Aufzuchtfutter für Jungfische kann man entweder selbst herstellen oder aber im Fachhandel erwerben.

Infusorien

Eine Infusorienlösung, die aussieht wie grünes Wasser, enthält Nahrungsbestandteile, die auch in der Natur als erstes Futter für Jungfische dienen, denn es handelt sich um winzige, häufig einzellige Organismen.
Zur Kultur von Infusorien kann man ein altes, nicht zu großes Becken benutzen, das auf eine Fensterbank gestellt und mit Aquarienwasser befüllt wird. Anschließend setzt man eine Apfelschnecke (*Pomacea canaliculata*) hinein und legt ein Kopfsalatblatt dazu, damit die Schnecke etwas zu fressen hat und ihr Kot das Wasser düngt. Dank des Sonnenlichtes und der vorhandenen Nährstoffe wachsen dann schnell zahlreiche, winzige Futterorganismen heran.

Salinenkrebschen

Ausgewachsene, zumeist tiefgefroren angebotene Salinenkrebschen (siehe S. 164) sind ein beliebtes Futter für Zierfische. Zur Ernährung von Jungfischen werden allerdings frisch geschlüpfte Larven benötigt, die man mit Hilfe handelsüblicher Zuchtanlagen leicht selbst heranziehen kann. Von diesen benutzt man am besten mehrere, damit verschieden alte Parallelkulturen vorhanden sind und so eine konstante Versorgung sichergestellt ist.

Handelsübliches Aufzuchtfutter

Im Zoofachhandel ist sehr hochwertiges Aufzuchtfutter erhältlich, das bezüglich Partikelgröße und Nährstoffgehalt genau an die Nachkommen der verschiedensten Fischarten angepasst wurde. Entwickelt wurde diese praktische Alternative zu selbst kultiviertem Futter vor allem für Fischzuchtbetriebe und wissenschaftliche Institute, sie lässt sich aber auch gut für die Zierfischzucht verwenden.
Daneben gibt es aber auch eine breite Palette weniger spezieller Aufzuchtfuttersorten, die ebenfalls gut zur Ernährung zahlreicher Jungfische verwendet werden können. Zumeist handelt es sich dabei um flüssige Lösungen, die dort ins Wasser gegeben werden, wo die Jungfische gerade herumschwimmen. Zu beachten ist, dass zwischen Futter für lebendgebärende und Eier legende Arten unterschieden wird.

Die Grundlagen

Meerwasserfische sind normalerweise deutlich teurer und schwieriger zu halten als die meisten Süßwasserfische, aber dafür zeigen sie oft auch ganz außergewöhnliche Färbungen oder besonders interessante Verhaltensweisen. So können Meerwasseraquarianer z. B. beobachten, wie der Falsche Clownfisch (*Amphiprion ocellaris;* siehe S. 233) zwischen den nesselbewehrten Tentakeln bestimmter Anemonen Schutz sucht, was anderen Fischen schnell zum Verhängnis würde.

Ungeeignete Arten

Einige interessante Meerestiere lassen sich nur mit sehr großem Aufwand in Aquarien halten. Das liegt in vielen Fällen daran, dass solche Arten ganz spezielle Nahrungsansprüche haben. Beispiele dafür sind die Seepferdchen, die man hauptsächlich mit winzigen Garnelen *(Mysis)* füttern müsste, aber auch viele Pinzettfische (siehe S. 236), die sich ausschließlich von Korallenpolypen ernähren. Die Haltung anderer Arten ist schwierig, weil sie in der Natur lange Wanderungen unternehmen, etwa in ihre angestammten Laichgründe, und daher mit der Enge eines Aquariums nur sehr schlecht zurechtkommen, so dass man sie besser im Meer lässt.

Faszinierende Korallen

Mit lebenden Korallen kann man sich eine ganz neue, faszinierende Dimension der Aquaristik erschließen. Früher glaubte man, Korallen seien Pflanzen, aber heute weiß man, dass es sich tatsächlich um Tiere handelt. Und auch sonst ist inzwischen so viel mehr über diese ungewöhnlichen Organismen bekannt, dass man zahlreiche Arten sogar erfolgreich in einem Meerwasseraquarium halten kann.

Naturschutz

Der Schutz der Meere ist eine wichtige Angelegenheit, die uns alle angeht. Daher muss man die Meerwasseraquaristik auch in gewissem Maße kritisch hinterfragen, denn bisher stammt der überwiegende Teil der im Handel erhältlichen Meerwasserfische immer noch aus Wildfängen. Der Grund dafür ist, dass die Nachzucht der

Oben Die recht ungewöhnlich aussehenden Seepferdchen sind leider sehr schwer zu ernähren.

Unten In manchen Becken werden ausschließlich lebende Korallen gehalten.

weitaus meisten Meerwasserarten bisher noch nicht gelungen ist.
Wird der Fang der Korallenfische von ortsansässigen Fischern mit kleinen Handnetzen durchgeführt, kann man dem Handel mit Meeresfischen aber auch positive Seiten abgewinnen, denn dadurch besteht ein Interesse seitens der heimischen Bevölkerung, die Riffe am Leben zu erhalten. Und Fangmethoden, bei denen Zyanid verwendet wurde, gehören inzwischen ohnehin der Vergangenheit an. Außerdem soll nicht unerwähnt bleiben, dass die Verwendung von Korallenmaterial als Baustoff oder der Fang bestimmter Korallenfische als Futter für Thunfischzuchtbetriebe zweifellos weitaus bedenklicher ist.

Zukünftige Entwicklungen

Es ist aber auch möglich, ein Meeresaquarium ausschließlich mit nachgezüchteten Arten zu unterhalten, beispielsweise mit Falschen Clownfischen (*Amphiprion ocellaris*; siehe S. 233) und den dazugehörigen Korallen. Und je mehr Erfahrungen auf dem Gebiet der Meeresaquaristik gemacht werden, umso mehr Nachzuchten kommen nach und nach auch in den Handel. So hat man zum Beispiel herausgefunden, dass Bruchstücke von gesunden, wilden Korallen auch allein weiterwachsen können – eine Erkenntnis, die die Meeresaquaristik durchaus revolutionieren könnte.

Verantwortungsvolles Handeln

Mit der Haltung von Fischen und Wirbellosen aus dem Meer übernimmt man eine große Verantwortung, denn man muss dafür sorgen, dass die aus ihrem angestammten Lebensraum entnommenen Meereslebewesen auch gesund bleiben. Korallen und Anemonen leben normalerweise Jahrzehnte, wenn nicht gar Jahrhunderte, so dass man den Verlust einer solchen Kreatur innerhalb von zehn Jahren keineswegs als Triumph betrachten kann. Und falls Sie beschließen, Ihr Meerwasseraquarium abzuschaffen, sollten Sie die Tiere Ihrem Zoofachhändler zurückbringen, damit dieser möglichst schnell einen neuen Besitzer finden kann.

Unten Viele Meeresorganismen sind sehr langlebig, so dass man sich die Anschaffung gut überlegen muss.

Unterschiedliche Systeme

Dass Meeresfische oder auch Korallen warmes, schadstofffreies und sauerstoffreiches Salzwasser benötigen, ist unter Aquarianern unumstritten, aber es gibt durchaus unterschiedliche Ansichten darüber, wie man die anfallenden Schadstoffe am besten aus dem Wasser entfernt. Einige der häufigsten Methoden zu diesem Problem sollen nachfolgend beschrieben werden.

Das Berlin-System

Zu den wohl effektivsten Verfahren zum Betrieb eines Meerwasseraquariums gehört das Berlin-System, bei dem das gesamte Wasser eines stark beleuchteten Beckens mehr als zehnmal pro Stunde vollständig umgewälzt wird. Außerdem gehören zum Aufbau so genannte Lebende Steine (siehe S. 213) und ein großer Eiweißabschäumer (siehe S. 206); Innen- oder Außenfilter sind nicht vorgesehen.

Die Lebenden Steine sind für den Großteil der biologischen Filterung verantwortlich, denn sie besitzen eine stark poröse Struktur, die eine Ansiedlung zahlreicher, aerober und anaerober Bakterien ermöglicht, die dann Ammoniak, Nitrit und sogar Nitrat abbauen (siehe S. 106-109). Im ersten Moment mag das Fehlen eines Filters etwas verwirrend wirken – schließlich wurde in diesem Buch immer wieder betont, wie wichtig die Filterung des Aquarienwassers ist. Der Verzicht ist jedoch möglich, weil der Eiweißabschäumer einen Teil der Filterfunktionen übernimmt, denn er sorgt dafür, dass beträchtliche Mengen organischen Abfalls entfernt werden. Und der Rest wird dann von den Bakterien in den lebenden Steinen abgebaut. Also findet auch hier eine Filterung statt, wenngleich in etwas anderer Form.

Tipp

Die Installation eines Eiweißabschäumers (siehe S. 206) ist immer noch die beliebteste und schnellste Methode, organische Abfallstoffe aus dem Becken zu entfernen. Daher sollten besonders Anfänger keinesfalls auf die Anschaffung eines solchen Gerätes verzichten.

Einsatz eines Planktonbeckens

Damit Korallen an ausreichend Nahrung gelangen, muss in Becken, in denen diese Tiere leben sollen, nicht nur ausreichend Licht, sondern auch eine ständige Strömung vorhanden sein. Der Grund ist, dass sich viele Korallen von Plankton ernähren, also winzigen Lebewesen, die sich nicht selbstständig fortbewegen, sondern im Wasser schweben. In Meeresaquarien gelangt Plankton vor allem über Lebende Steine, wo es aber schnell wieder gefressen wird. Damit dennoch ausreichend Plankton zur Verfügung steht, kann es daher sinnvoll sein, ein zusätzliches, mit dem Hauptaquarium verbundenes Planktonbecken zu installieren, das dann auch noch die Heizung und eventuell den Eiweißabschäumer aufnehmen kann.

Nachdem das Zusatzbecken mit Lebenden Steinen und „Lebendem Sand“, der ebenfalls viele verschiedene Mikroorganismen enthält, aus dem Hauptaquarium bestückt wurde, kann sich dort nun das Plankton vermehren, ohne sofort gefressen zu werden. Sind in diesem Becken sehr viele der winzigen Lebewesen herangewachsen, gelangen stets einige von ihnen in das Hauptbecken, wo sie den dort lebenden Tieren als Nahrung dienen. Allerdings bleibt auch immer ein Teil zurück, der als Grundstock für die weitere Planktonproduktion dient, so dass diese wichtige Nahrungsquelle für die Fische niemals ganz versiegt.

Erweitertes Planktonbecken

In separaten Becken kann man auch Meeresalgen der Gattung *Caulerpa* wachsen lassen, die im Hauptbecken ebenfalls kaum Chancen auf eine ungestörte Entwicklung hätten. Der Vorteil dabei ist, dass die Algen überschüssiges Nitrat und Phosphat aus dem Wasser aufnehmen, was dem

System dann durch Entfernen der Pflanzen entzogen werden kann. Unter normalen Bedingungen wachsen *Caulerpa*-Algen zwar schlecht, aber wenn man das Zusatzbecken 24 Stunden pro Tag beleuchtet, ist die Entwicklung zumeist zufrieden stellend.

Meeresaquarien, in deren separaten Becken zusätzlich *Caulerpa*-Algen wachsen, werden nicht nur ausreichend mit Plankton versorgt, sondern sie benötigen oft nicht einmal einen Eiweißabschäumer, weil alle organischen Abfallstoffe bereits im Zusatzbecken aus dem Aquariumwasser entfernt werden.

Oben So ansprechende Meeresaquarien lassen sich normalerweise nur mit Hilfe eines guten Eiweißabschäumers unterhalten.

Meerwasserfische

Bei der Vergesellschaftung von Meeresfischen, die inzwischen ebenfalls recht zahlreich im Handel angeboten werden, gelten ähnliche Einschränkungen wie bei den Süßwasserfischen (siehe S. 122–123). So gibt es auch hier winzige Arten, während andere recht groß werden, aber auch friedliche Schwarmfische und gefräßige Räuber, was bei der Auswahl unbedingt zu berücksichtigen ist.

Fische für Gesellschaftsaquarien

Der Einrichtung eines Gesellschaftsbeckens für Meerwasserfische müssen ähnliche Planungen vorausgehen wie sie bei der Zusammenstellung tropischer Süßwasserfische beschrieben wurden (siehe S. 122–123). So ist es wichtig, sich genau über die vorgesehenen Arten zu informieren, also über ihre Nahrungsgewohnheiten, den erforderlichen Platzbedarf und die Verträglichkeit. Zu beachten ist aber auch, dass man einige Fische, die in der Natur durchaus in Gruppen auftreten können, in Aquarien nicht vergesellschaften kann. Der Grund ist, dass diese Tiere nur zum Ablaichen zusammenkommen, um sich anschließend wieder in alle Himmelsrichtungen zu zerstreuen, was in einem Aquarium natürlich nicht möglich ist.

Riffverträgliche Bewohner

Fische finden sich in Riffen aus verschiedenen Gründen zusammen. So sind Korallen nicht nur ausgezeichnete Verstecke, sondern sie dienen bestimmten Arten zusätzlich als Futter. Aber auch die unzähligen dort lebenden Wirbellosen, etwa Krabben, Garnelen, Würmer und Seesterne, stehen auf dem Speiseplan vieler Fische. Daneben gibt es jedoch auch Arten, die sich gefahrlos mit allen frei beweglichen und festgewachsenen Wirbellosen in einem Aquarium halten lassen (siehe S. 204). Diese werden hier als riffverträgliche Bewohner bezeichnet.

Fischbecken

Als Fischbecken bezeichnet man Meeresaquarien, in denen nur Fische und keine Korallen oder andere Wirbellose gehalten werden (siehe S. 216), weil man nicht an der Pflege wirbelloser Tiere interessiert ist oder weil die ausgewählten Fische die niederen Organismen fressen würden. Letzteres gilt beispielsweise für einige der schönsten Meerwasserarten, etwa Pinzettfische (siehe S. 236) oder auch große Zwergkaiserfische (siehe S. 232).
Ein reines Fischbecken kann mit Lebenden Steinen ausgestattet und als Berlin System be-

Unten Das robuste und friedliche Grüne Schwalbenschwänzchen ist eine gute Wahl für Anfänger.

Oben Informieren Sie sich vor dem Kauf umfassend über die angebotenen Tiere, denn es gibt bei Meerwasserfischen zahlreiche Arten, die sich nicht vergesellschaften lassen.

Rechts Die Vergesellschaftung von großen und kleinen Arten verbietet sich auch bei Meerwasserfischen, weil letztere normalerweise schnell gefressen werden.

trieben werden (siehe S. 200); man kann aber auch einen Außenfilter und einen Eiweißabschäumer verwenden (siehe S. 206–207). In beiden Fällen ist der Eiweißabschäumer besonders wichtig, um eine optimale Wasserqualität zu gewährleisten. Beliebte Dekorationsstücke für solche Aquarien sind Meeresgestein, Kalktuff und unechte Korallen (siehe S. 212).

Arten für Neueinsteiger

Meerwasserfische sind nicht leicht zu halten, aber es gibt dennoch einige Arten, die auch Neueinsteigern besonders zu empfehlen sind. Dazu gehören die robusten Falschen Clownfische (*Amphiprion ocellaris*; siehe S. 233), die sich auch mit Wirbellosen vertragen. Empfohlen wird die Haltung eines Paares, wobei man die Weibchen daran erkennt, dass sie etwas größer sind als die Männchen. Außerdem sollte man sich für nachgezüchtete Tiere entscheiden, weil diese nicht nur als unempfindlicher gelten, sondern auch keine Entnahme aus der Natur nötig machen. Aber auch andere Arten aus der Gruppe der Riffbarsche (siehe S. 233–235) werden oft als Erstbesatz für neu eingerichtete Meeresaquarien ausgewählt, denn unter ihnen gibt es eine Reihe kleiner, sehr farbenprächtiger Arten. Allerdings sind viele unter ihnen territorial und damit unverträglich, was jedoch nicht für die Grünen Schwalbenschwänzchen (*Chromis viridis*; siehe S. 233) gilt, die man problemlos als kleinen Schwarm halten kann.

Wirbellose Meerestiere

Die Haltung von Wirbellosen gehört zu den größten Herausforderungen in der Meerwasseraquaristik, denn für diese Lebewesen müssen die natürlichen Bedingungen in einem Korallenriff möglichst genau nachgebildet werden. Prinzipiell lassen sich die wirbellosen Meerestiere in zwei Gruppen einteilen – in bewegliche und unbewegliche.

Bewegliche Wirbellose

Zur großen Gruppe der beweglichen wirbellosen Tiere gehören beispielsweise Garnelen, Krabben, Seesterne sowie Schnecken mit und ohne Gehäuse. Von diesen setzt man die auffällig gefärbten Arten vor allem zu Dekorationszwecken ein, aber es gibt auch zahlreiche niedere Organismen, die nützliche Aufgaben erfüllen können. Dazu gehören beispielsweise die Turbanschnecken (*Turbo* spp.) oder die kleinen rot- und blaubeinigen Einsiedlerkrebse (*Pylopagurus* spp.) die unerwünschte Algen von Lebenden Steinen abgrasen. In einem Meerwasseraquarium wachsen außerdem verschiedene Algen, von denen aber nur wenige Arten, etwa die Rotalge *Hydrolithon boergensenii*, gern gesehen sind. Andere, besonders in neuen Aquarien auftretende Arten wirken dagegen häufig sehr unansehnlich und ruinieren dann schnell jedes zuvor attraktive Becken. Daher sollte man pro zehn Liter Wasser zwei Einsiedlerkrebse und Turbanschnecken einsetzen, damit diese unerwünschte Algen sowie Futterreste beseitigen.

Daneben gibt es aber auch noch andere nützliche Wirbellose aus dieser Gruppe, etwa die Atlantische Weißband-Putzergarnele (*Lysmata grabhami;* siehe S. 251). Diese hübsch gefärbten Tiere befreien Fische von Parasiten und Hautresten, was den Garnelen eine leichte Mahlzeit beschert und den Fischen Erleichterung verschafft.

Festgewachsene (unbewegliche) Wirbellose

Zu dieser Gruppe gehören die Korallen (siehe S. 244–249), die besonders gern zur Dekoration von Riffaquarien verwendet werden. Auswählen kann man zwischen Weichkorallen und Steinkorallen, wobei eine Kombination aus beiden am natürlichsten aussieht.

Unten Putzergarnelen sind nicht nur hübsch anzuschauen, sondern außerdem sehr nützlich.

Oben Muscheln können sehr attraktiv aussehen, sind aber nichts für Anfänger.

Oben Seesterne, die man sofort an ihrer typischen Form erkennt, gibt es in vielen Farben.

Weichkorallen

Die zu dieser Gruppe gehörenden Organismen sind meistens weniger anspruchsvoll als Steinkorallen und daher für Anfänger besonders gut geeignet. Alle Weichkorallen benötigen viel Licht; die Strömung sollte mäßig bis stark sein. Man kann Korallen nebeneinander setzen, wobei sich die einzelnen Exemplare aber nicht berühren sollten, um zu vermeiden, dass sie sich gegenseitig abtöten, um an mehr Licht zu kommen.

Steinkorallen

Diese Organismen verdanken ihren Namen der Tatsache, dass sie die eigentlichen Schöpfer eines Korallenriffs sind. Ihre Haltung ist sehr schwierig, denn sie brauchen sogar noch mehr Licht und stärker bewegtes Wasser als Weichkorallen sowie ausreichend Mineralstoffe für den Aufbau des Riffskeletts. Daher sollten sich an Steinkorallen auch nur erfahrene Aquarianer versuchen.

Gefährliches Kupfer

Wirbellose Meeresorganismen sind sehr empfindlich gegenüber Kupfer. Diese Information ist insofern wichtig, als viele Arzneien zur Bekämpfung von Fischparasiten Kupfer enthalten, denn die Behandlung richtet sich ja häufig gegen wirbellose Tiere. Daher dürfen solche Medikamente in Riffaquarien nicht verwendet werden. Aber auch Kupferleitungsrohre können eine Gefahr darstellen, so dass man bei der Haltung von Wirbellosen gegebenenfalls eine Umkehrosmoseanlage (siehe S. 84) zur Wasseraufbereitung einsetzen muss.

Eiweißabschäumer

Die auch nur Abschäumer genannten Geräte sind eine Art physikalische Filter, die fast ausschließlich in Meerwasseraquarien verwendet werden. Ihre Anschaffung ist nicht ganz billig, aber sie können dafür auch sehr viel zu einer guten Wasserqualität beitragen.

Oben Ein Eiweißabschäumer sollte auf Ihrem Einkaufszettel ganz oben stehen.

Funktionsweise

In einem Abschäumer steigen winzige Luftblasen in einer Kammer zur Oberfläche und nehmen dabei sich anlagernde Schmutzpartikel und Proteine mit. Diese unzähligen, mit Abfallstoffen angereicherten Bläschen sammeln sich an der Wasseroberfläche an, so dass in einem dort vorhandenen Auffangbecher ein dichter, recht stabiler Schaum entsteht. Dieser wird dann regelmäßig aus dem Auffangbehälter entfernt und mit ihm die unerwünschten Substanzen.

Vorteile

Proteinmoleküle setzen bei ihrem Zerfall Ammoniak frei. Normalerweise wird dieses – wie auf Seite 98 genauer beschrieben – von nützlichen Bakterien in Nitrit und dann in Nitrat umgewandelt, das sich anschließend durch Teilwasserwechsel aus dem Kreislauf entfernen lässt. Ein Meerwasseraquarium darf allerdings nur sehr geringe Konzentrationen der drei genannten Substanzen enthalten. Daher setzt man Eiweißabschäumer ein, denn weniger Protein bedeutet weniger Ammoniak, Nitrit und Nitrat. Aber auch Algenzellen werden häufig mit den Luftblasen aus dem Wasser entfernt und somit übermäßiger Algenwuchs verhindert.
Vom Einsatz eines Abschäumers profitieren alle Arten von Meerwasseraquarien, so dass man sie sowohl bei reinen Fischbecken als auch in Riffaquarien einsetzen kann (siehe S. 216 und 222).

Nachteile

Als einer der Nachteile dieses Verfahrens gilt, dass auch nützliche Bakterien aus dem Aquarium entfernt werden. Daher ist es wenig ratsam, einen Eiweißabschäumer in einem neu eingerichteten Becken laufen zu lassen, weil sich diese Bakterien dort ja so schnell wie möglich vermehren sollen. Zu den weiteren Nachteilen gehört, dass dem Wasser außerdem winzige Planktonorganismen entzogen werden, die dann nicht mehr für die Ernährung von Korallen zur Verfügung stehen. Außerdem sind gute Eiweißabschäumer nicht ganz billig, und sie passen wegen des Auffangbechers an der Spitze nicht unter jede Aquarienabdeckung.

Eiweißabschäumer zum Aufhängen
1 Wassereinlauf
2 Pumpe
3 Lufteinlass
4 Luft-/Wassergemisch sammelt Abfallstoffe
5 Auffangbecher
6 Aktivkohle oder Austauscherharz
7 Wasserrücklauf ins Aquarium
8 Zusätzlicher Behälter für Medien

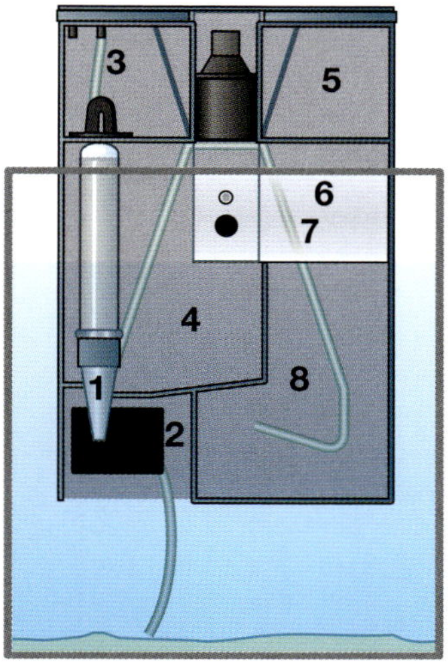

Effektives Abschäumen

Die Wirksamkeit von Eiweißabschäumern wird von folgenden Faktoren beeinflusst:

- **Kontaktzeit – die Zeit, die vergeht, bis die Blasen zur Wasseroberfläche gelangt sind. Eine längere Kontaktzeit kann die Wirksamkeit eines Gerätes erhöhen.**
- **Blasengröße – je kleiner die Blasen, umso größer ist ihre Oberfläche im Vergleich zum Volumen.**
- **Der Schaum – die Masse im Auffangbecher sollte so „trocken“ wie möglich sein. Gemeint ist damit, dass sich die dort sammelnden Blasen eine stabile, nur wenig Salzwasser enthaltende, übel riechende, braune Masse bilden müssen. Ein zu feuchter Schaum bedeutet, dass die Abfallstoffe nicht wirksam genug herausgefiltert wurden.**

Häufig gestellte Fragen

Kann man zu viel Protein entfernen?
Nein. Ein effektiver Eiweißabschäumer trägt immer zu einer besseren Wasserqualität im Meerwasseraquarium bei.

Kann man ein Meerwasseraquarium ohne Eiweißabschäumer betreiben?
Ja, aber die Wasserwerte sind im Allgemeinen weniger gut. Ohne einen Eiweißabschäumer enthält das Aquarienwasser normalerweise mehr Ammoniak, Nitrit, Nitrat und Eiweiß, was häufig zu einem verstärkten Algen- und geringerem Korallenwachstum führt. Einige Korallen, etwa Scheibenanemonen wie *Discosoma florida* (siehe S. 244) sollen aber ohne Abschäumer sogar besser wachsen, wenngleich es auch gegenteilige Behauptungen gibt.

Sollte der Eiweißabschäumer ständig angeschaltet sein?
Im Prinzip ja, aber wenn Sie mit flüssiger Korallennahrung füttern, müssen Sie ihn vorübergehend ausstellen, weil die Nahrung sonst ebenfalls herausgefiltert wird. Ungefähr eine Stunde nach dem Füttern können Sie das Gerät dann wieder anschalten.

Beleuchtung für Meerwasseraquarien

Bei der Beleuchtung von Meer- und Süßwasseraquarien gibt es Unterschiede, denn im Meer hat das Licht eine andere Intensität und ein anderes Spektrum als in Flüssen, Teichen und Seen. Zu beachten ist außerdem, dass bestimmte Meereslebewesen eine ganz spezielle Beleuchtung benötigen, für die man unbedingt sorgen muss, wenn solche Organismen erfolgreich gehalten werden sollen.

Lampen mit hohem Blaulichtanteil

Riffaquarien werden heute zumeist mit Lampen ausgestattet, die nicht nur eine große Beleuchtungsstärke, sondern auch einen hohen Blaulichtanteil besitzen. Der Grund ist, dass solche Bedingungen den Verhältnissen am natürlichen Standort ziemlich nahe kommen, denn im Meer dringt blaues Licht am weitesten in die Tiefe vor, während die Strahlung am roten Ende des Spektrums schnell absorbiert wird. Und diesen Bedingungen haben sich die meisten Meeresorganismen angepasst, denn selbst Flachwasserriffe liegen zumeist in einer Tiefe von über 10 m, so dass die dort wachsenden Korallen nur noch vom Licht einer ganz bestimmten Wellenlänge erreicht werden. Im Süßwasser sind die Verhältnisse dagegen genau umgekehrt. Daher nutzen die dort wachsenden Pflanzen auch hauptsächlich den roten Anteil des Sonnenlichtes.
Die Beleuchtung hat aber natürlich auch einen großen Einfluss auf die Wirkung eines Beckens. Daher vermitteln Lampen mit hohem Blaulichtanteil den Eindruck größerer Tiefe; man kann sie aber auch verwenden, um abends noch eine Mondlichtphase zu simulieren.

Licht für Korallen

Die meisten in Aquarien gehaltenen Korallen stammen aus vergleichsweise flachen Küstengewässern, wo sie täglich viele Stunden dem vollen Licht der tropischen Sonne ausgesetzt sind. Und das ist häufig auch nötig, weil viele Korallen in Symbiose mit einzelligen Algen (Zooxanthellen) leben, die zur Fotosynthese in der Lage sind und ihre Partner daher mit organischen Verbindungen versorgen können. Glücklicherweise wurde auf dem Gebiet der Beleuchtung von Meerwasseraquarien in den letzten Jahren intensive Forschung- und Entwicklungsarbeit geleistet, so dass heute Lampen zur Verfügung stehen, die eine erfolgreiche Pflege von Korallen möglich machen.

Unterschiedliche Ansprüche

Zwar gibt es auch unter den Meeresfischen einige nachtaktive Arten, aber die meisten brauchen einen normalen Tag-Nacht-Rhythmus mit 10 bis 12 Stunden heller Beleuchtung. Dagegen kommen viele Wirbellose auch mit weniger Licht aus, aber wenn Korallen in einem Aquarium leben sollen, ist ebenfalls eine helle Beleuchtung notwendig, die 10-12 Stunden angeschaltet sein muss.

Helles Licht

Helles Licht kann man mit Hilfe von hochwertigen Leuchtstoffröhren (siehe S. 48) oder Halogen-Metalldampflampen erzeugen (siehe unten). Die Leistung solcher Lampen wird in Watt gemessen, ihre Farbtemperatur in Kelvin. Für Riffaquarien sollte man eine Kombination von Leuchtstoffröhren zwischen 10 000 und 20 000 Kelvin (K) verwenden; ist das Becken tiefer als 60 cm, sind Metalldampflampen oder T5-Leuchtstofflampen (ebenfalls zwischen 10 000 und 20 000 K) die bessere Wahl.

T5-Leuchtstofflampen

Die Bezeichnung T5 bezieht sich auf den Durchmesser dieser Röhren, der nur 16 mm beträgt – im Gegensatz zu den T8-Standardröhren, die 26 mm dick sind. Entwickelt wurden T5-Röhren mit dem Ziel, eine hohe Lichtleistung bei möglichst geringem Stromverbrauch zu erzielen. Gleichzeitig wird das Licht bei T5-Leuchten aber auch noch effektiver reflektiert, weil wegen der geringen Dicke der Röhren automatisch mehr Licht ins Becken fällt. Daher liefern auch zwei T5-Röhren mit Reflektoren etwa gleich viel Licht wie vier T8-Leuchtstofflampen, was eine beträchtliche Ersparnis bei den Beleuchtungskosten bedeutet.

Halogen-Metalldampflampen

Halogen-Metalldampflampen werden wegen ih-

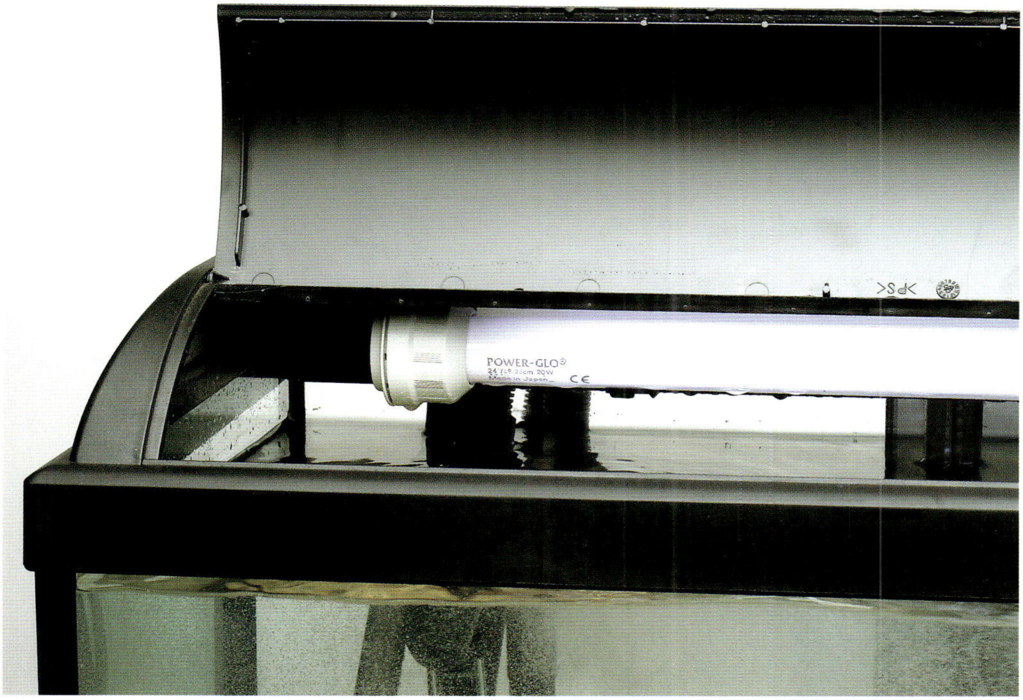

Oben Für die Beleuchtung eines Riffaquariums sind normalerweise mehrere Röhren notwendig.

Rechts Der Nachteil hell beleuchteter Becken ist die große Wärmebildung, die einen Ventilator erforderlich machen kann.

rer hohen Lichtausbeute besonders in der Industrie für die unterschiedlichsten Zwecke genutzt. Inzwischen gibt es aber auch speziell auf Aquarien zugeschnittene Modelle, die mit Leistungen von 150, 250 oder 400 Watt allerdings einen vergleichsweise hohen Energieverbrauch haben. Dafür liefern sie ein Licht, das dem der Sonne recht ähnlich ist. Auch die Anschaffung von Halogen-Metalldampflampen ist nicht ganz billig, aber weil sie sehr hell sind, eignen sie sich gerade für Meeresaquarien recht gut, wobei zu beachten ist, dass sie sehr warm werden, was leicht zu einer Erhöhung der Temperatur im Becken führt. Daher muss man sie in einem Abstand von mindestens 20 cm zur Wasseroberfläche an der Zimmerdecke aufhängen.

UV-Entkeimer

UV-Entkeimer sind mit einer speziellen Lampe ausgestattet, die ultraviolettes Licht (UV-Licht) ausstrahlt. Dieses hat eine schädigende Wirkung auf bestimmte Organismen im Aquarium, so dass man die Geräte verwendet, um Parasiten, Bakterien oder übermäßige Algenbildung zu bekämpfen.

Funktionsweise

UV-Entkeimer sind mit einer UV-Birne ausgestattet, die sich in einer Röhre aus Quarzglas befindet, weil normales Glas die UV-Strahlung größtenteils absorbieren würde. Diese Röhre ist von einem weiteren, lichtundurchlässigen Gehäuse umgeben, durch das ständig Wasser gepumpt wird. Dabei wird es der UV-Strahlung ausgesetzt, die dafür sorgt, dass Algen, Bakterien und bestimmte Parasiten sowie andere Krankheitserreger abgetötet werden. Anschließend fließt das so behandelte Wasser wieder in das Aquarium zurück.

Vorteile

Wegen der abtötenden Wirkung auf eine Reihe von Mikroorganismen kann man UV-Entkeimer verwenden, um bestimmte Problemen in Aquarium zu bekämpfen. So lassen sich mit solchen Geräten das Wasser trübende Schwebalgen beseitigen, aber auch eingeschleppte Parasiten. Daher sind UV-Entkeimer auch von besonderem Nutzen, wenn beispielsweise Fische gehalten werden, die anfällig gegen die Weißpünktchenkrankheit sind (siehe S. 180).

Anbringen des UV-Entkeimers

Am einfachsten werden Entkeimer in den Filterkreislauf eingebunden. Dazu wird der Auslaufschlauch des Außenfilters durchgeschnitten; anschließend verbindet man die Enden mit dem Ein- und Auslauf des UV-Entkeimers. Ist kein Außenfilters vorhanden, muss das Gerät an ein Powerhead, also eine spezielle Unterwasserpumpe angeschlossen werden.

Optimale Nutzung

Besonders wichtig ist bei UV-Entkeimern die Durchflussgeschwindigkeit, denn wenn das Wassers zu schnell an der UV-Lampe vorbeifließt, reicht die Zeit nicht aus, um die Mikroorganismen abzutöten. Deshalb geben alle Hersteller auch eine maximale Durchflussrate an, die nicht überschritten werden sollte. Fließt das Wasser langsamer als empfohlen, ist das dagegen kein Problem.
UV-Birnen verlieren im Laufe der Zeit immer mehr an Wirkung, so dass sie mindestens alle 12 Monate ausgetauscht werden müssen. Dabei sollte man die neuen Birnen nur mit Handschuhen anfassen, weil Fingerabdrücke die Wirksamkeit erheblich beeinträchtigen können. Aber auch die leicht zerbrechlichen Quarzröhren müssen gelegentlich gereinigt und eventuell ersetzt werden.

Sicherheitshinweise

Schalten Sie die UV-Birne keinesfalls an, wenn sie sich nicht in ihrem Gehäuse befindet, weil dies zu schweren Schäden an ungeschützten Augen führen kann. Beim Austausch der Birne sollte man diese nach dem Ausschalten zunächst noch einige Zeit abkühlen lassen, bevor man sie berührt.

Die Wahl des richtigen Modells

Damit Ihr UV-Entkeimer wirklich effektiv arbeiten kann, sollten Sie ein großes Modell auswählen. Fehler können Sie dabei kaum machen, denn eine Überdosierung von UV-Strahlung ist nicht möglich. Daher setzen Zoofachgeschäfte oder Großhändler auch regelmäßig UV-Lichtbänke zur Sterilisation des verwendeten Wassers

Tipp

Erwerben Sie stets das größte der angebotenen Modelle, denn UV-Strahlung kann nicht überdosiert werden.

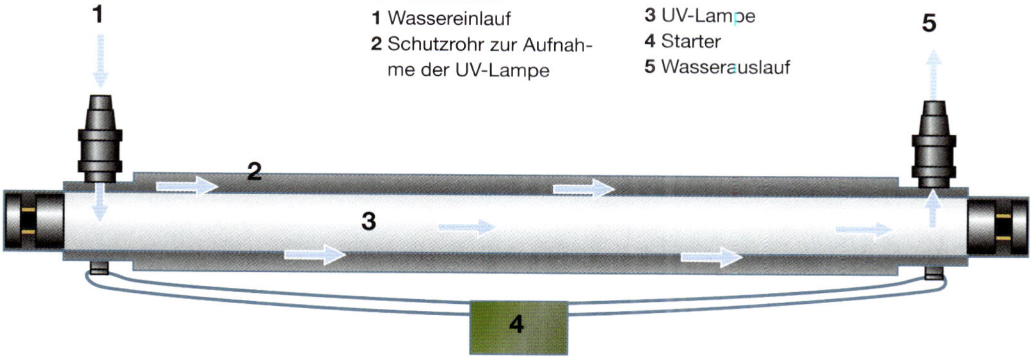

UV-Entkeimer
1 Wassereinlauf
2 Schutzrohr zur Aufnahme der UV-Lampe
3 UV-Lampe
4 Starter
5 Wasserauslauf

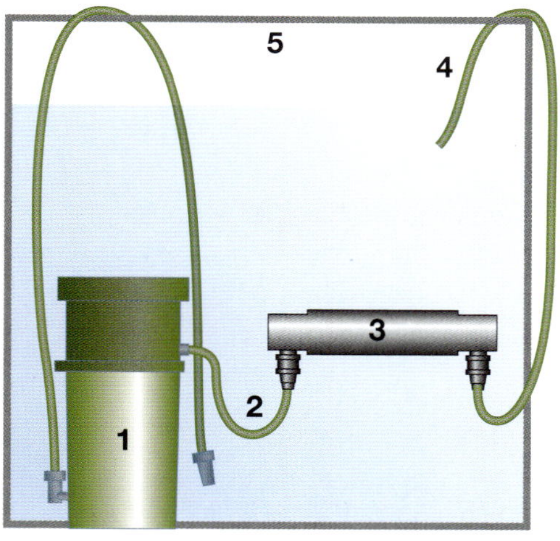

Installation eines UV-Entkeimers (Möglichkeit 1)
1 Außenfilter
2 Flexibler Schlauch
3 UV-Entkeimer
4 Auslassschlauch
5 Aquarium

Installation eines UV-Entkeimers (Möglichkeit 2)
1 Powerhead
2 Flexibler Schlauch
3 UV-Entkeimer
4 Auslassschlauch
5 Aquarium

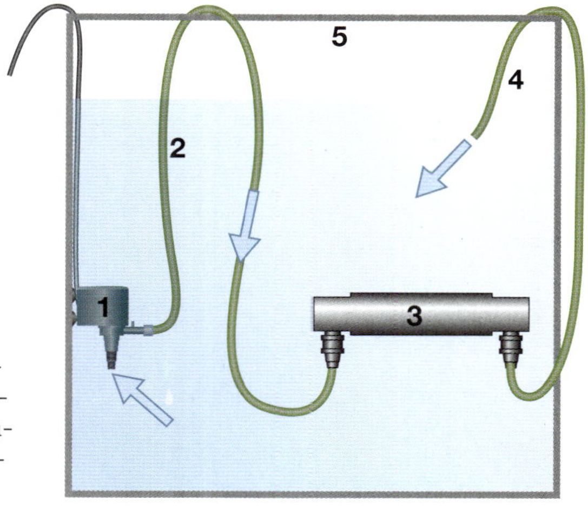

ein, um so zu verhindern, dass sich Krankheitserreger in ihren Becken ausbreiten. Für Gartenteiche gibt es übrigens spezielle Geräte, die häufig auch als UV-C-Algenklärer bezeichnet werden.

Dekorationsgegenstände

Das Material zur Dekoration von Meer- und Süßwasseraquarien kann beträchtliche Unterschiede aufweisen. Daher müssen Sie bei Einrichtung eines Meerwasserbeckens auch genau darauf achten, was Sie zur Dekoration benutzen. So geben Moorkienholzwurzeln (siehe S. 54) Gerbstoffe und Säuren ins Beckenwasser ab, die in Meerwasseraquarien unerwünscht sind. Aber auch Steine, die Metalle enthalten, dürfen keinesfalls verwendet werden, weil das für Meeresorganismen sehr gefährlich werden kann.

Ästhetische Überlegungen

Die überwiegende Mehrzahl der Meerwasseraquarianer hat den Wunsch, einen Teil des Ozeans möglichst vollständig und realistisch nachzubilden. Damit das gelingt, sollte man Materialien verwenden, die tatsächlich aus dem Meer stammen, etwa Korallensand und Meeresgestein. Diese wirken nicht nur besonders echt, sondern man hat auch die Gewissheit, dass sie Fischen und Wirbellosen nicht schaden.

Die Wahl des Materials

Bei der Auswahl geeigneter Materialien für ein Meerwasseraquarium können Sie sich an den beiden nebenstehenden Listen orientieren. Dabei kann das unbedenkliche Material aus der oberen Liste sowohl für reine Fisch- als auch Riffaquarien verwendet werden (siehe S. 216 und 222) und außerdem zusammen mit Lebenden Steinen (siehe nächste Seite).

Unbedenkliches Material

- **Kalktuff**
- **Meeresgestein**
- **Gehäuse und Schalen**
- **Korallenskelette**
- **Aragonitsand**

Ungeeignetes Material

- **Moorkienholz**
- **Bestimmte Lavasteine**
- **Metallhaltiges Gestein**
- **Wasserlösliches Material**
- **Bemalte Gehäuse oder Korallen**

Unten Korallensand wird am häufigsten als Bodengrund verwendet, denn er stabilisiert den pH-Wert.

Häufige Fragen zu Lebenden Steinen

Was sind Lebende Steine?
Hierbei handelt es sich um Material, vor allem Steine oder Geröll, das in der Nähe von Korallenriffen gesammelt wurde.

Wie kam es zu diesem Namen?
Die Bezeichnung wurde gewählt, weil auf dem Material zahlreiche mikroskopisch kleine Organismen leben, angefangen bei winzigen Algen und Würmern bis hin zu Schwämmen und Korallenpolypen sowie nützlichen Bakterien, die Ammoniak, Nitrit und Nitrat abbauen (siehe S. 98).

Schadet die Entnahme den Riffen?
Nein. Bei dem Material handelt es sich um Steine, die nach Stürmen aus dem Riff geschwemmt wurden, also nicht um herausgebrochenes Material.

Sind Lebende Steine teuer?
Ja. Das Material kostet oft fünf- bis sechsmal mehr als anderes Gestein aus dem Meer. Allerdings rechtfertigt der Nutzen durchaus die relativ hohen Kosten.

Was muss beim Kauf Lebender Steine beachtet werden?
Vergewissern Sie sich, dass die Steine sachgemäß gelagert und aufbereitet wurden. Dazu gehört nicht nur das Entfernen abgestorbenen Materials, sondern auch eine mehrwöchige Aufbewahrung in gut durchlüfteten Fässern – eine Prozedur, die vor allem den nützlichen Bakterien zugute kommt.

Gibt es noch andere „lebende" Materialien?
Ein vergleichbares Material ist Lebender Sand, der ähnliche Eigenschaften wie Lebende Steine besitzt. So enthält er vor allem nützliche Bakterien, aber auch winzige Wirbellose sowie Plankton.

Wann kommen die „lebenden" Materialen ins Becken?
Sowohl Lebende Steine als auch Lebenden Sand bringt man ins Aquarium, sobald dieses mit Salzwasser der richtigen Konzentration (siehe S. 214) und Temperatur befüllt wurde.

Rechts Da nicht alle Lavasteine für Meerwasseraquarien geeignet sind, sollte man besser ganz auf sie verzichten.

Tipp

Verwenden Sie in Aquarien keine Muschelschalen oder Korallenskelette, die als Souvenirs für die Fremdenverkehrsindustrie aufbereitet wurden. Der Grund ist, dass sie Farben, Klebstoffe oder andere schädliche Substanzen enthalten können, die Fischen und Wirbellosen schaden.

Die Aufbereitung des Salzwassers

Die Vorstellung, bei jedem Teilwasserwechsel neues Salzwasser ansetzen zu müssen, hält viele Menschen davon ab, es überhaupt einmal mit der Meerwasseraquaristik zu versuchen. Dabei ist die Herstellung von Salzwasser sehr einfach: Man erhitzt Wasser, fügt Salz hinzu und stellt den richtigen Salzgehalt dann mit einem Aräometer (Hydrometer) ein.

Wasser erhitzen

Für Meeresaquarien kann man unbehandeltes oder über eine Umkehrosmoseanlage (siehe S. 84) aufbereitetes Leitungswasser benutzen. Regenwasser ist dagegen nicht zu empfehlen. Bei Verwendung von reinem Leitungswasser wird dieses zunächst auf die erforderliche Temperatur gebracht, die bei 24–25 °C liegen sollte. Dazu kann man es in einem Topf auf dem Herd erhitzen oder auch einen Heizstab (siehe S. 44) benutzen; die Kontrolle erfolgt mit Hilfe eines herkömmlichen Thermometers.
Wird mit einer Umkehrosmoseanlage aufbereitetes Wasser verwendet, fügt man vor dem Erhitzen noch eine spezielle, im Handel erhältliche Mineralsalzmischung hinzu.

Das richtige Salz

Im Handel sind normalerweise zwei verschiedene Salzmischungen für Meerwasseraquarien erhältlich: Synthetisches Meersalz, das im Labor hergestellt wurde, und ein Produkt, das bei der Trinkwassergewinnung aus dem Meer anfällt. Für Meerwasseraquarien sind beide geeignet – ganz im Gegensatz zu herkömmlichem Speisesalz. Wenn Sie das Salz bei Ihrem Zoofachhändler holen, sollten Sie stets mehr als die berechnete Mengen kaufen, denn:

- Salz ist in größeren Mengen preiswerter.
- Oft reicht das Salz nicht für die auf der Packung angegebene Wassermenge.
- Es sollte stets ein Vorrat für Wasserwechsel vorhanden sein.
- Es können sich Notfallsituationen ergeben, in denen neues Wasser angesetzt werden muss.

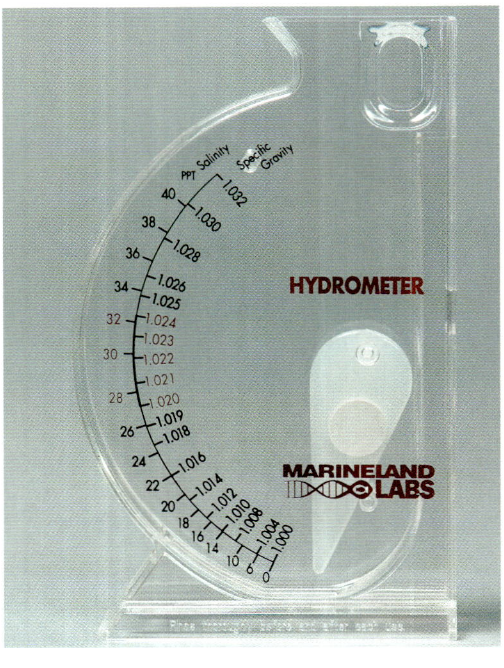

Häufig gestellte Fragen

Warum soll Wasser aus der Leitung und einer Umkehrosmoseanlage nicht gemischt werden?
Im Leitungswasser sind genau die Nitrate und Phosphate enthalten, die Sie zuvor mit einer Umkehrosmoseanlage aufwändig entfernt haben.

Warum ist Warmwasser aus der Heizung ungeeignet?
Wasser, das durch Kupferrohre läuft, kann für Meeresorganismen schädlich sein. In vielen Regionen sind die Kupferrohre heute zwar mit Kalziumkarbonat ausgekleidet, so dass sich kein Kupfer im Wasser lösen kann, aber ganz sicher kann man da nie sein.

Links Der Salzgehalt des Aquarienwassers lässt sich mit einem Aräometer genau einstellen.

Salzwasser herstellen

1 Füllen Sie einen sauberen Eimer mit Wasser. Fügen Sie bei Verwendung von Leitungswasser ein Aufbereitungsmittel hinzu (siehe S. 82).

2 Hängen Sie einen Heizstab in den Eimer und erhitzen Sie das Wasser auf 24–25 °C.

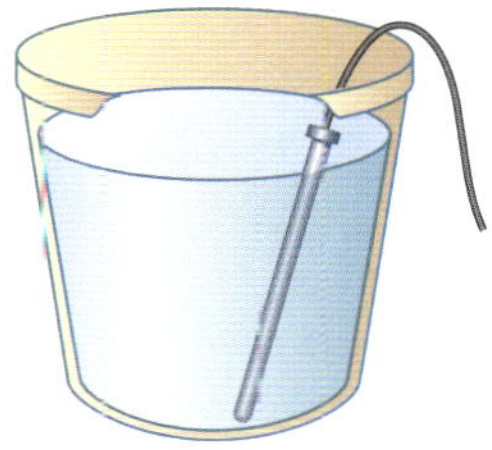

3 Überprüfen Sie das Wasser mit einem Thermometer und beginnen Sie, wenn die Temperatur erreicht ist, langsam Salz hinzufügen.

4 Stellen Sie die Dichte mit Hilfe eines Aräometers (siehe S. 214) genau auf einen Wert von 1,024 ein.

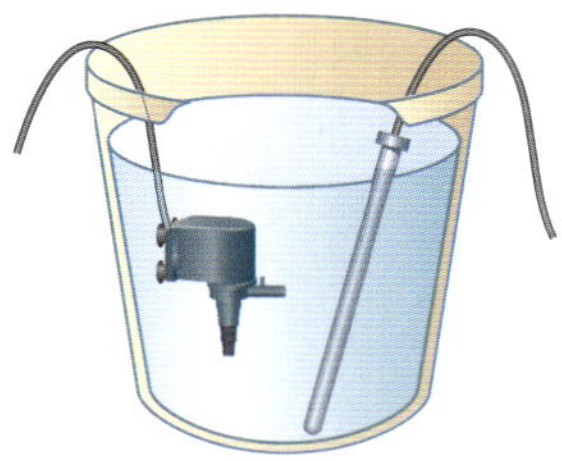

5 Installieren Sie einen Durchlüfterstein oder ein Powerhead im Eimer, bis sich das Salz vollständig im Wasser gelöst hat.

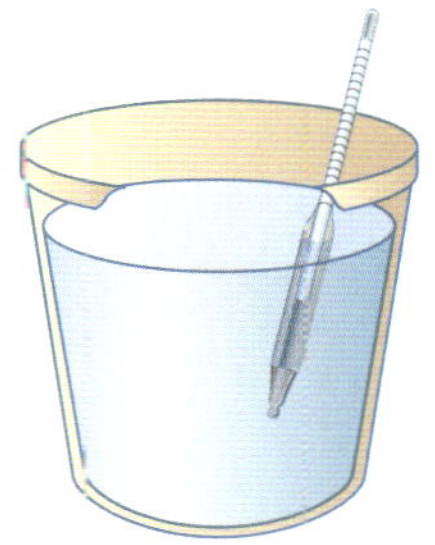

6 Lassen Sie das Wasser anschließend noch etwa 24 Stunden stehen, bevor Sie es dann ins Aquarium gießen.

Ansetzen des Salzwassers

Um die richtige Salzkonzentration für Meerwasseraquarien zu erhalten, muss man pro Liter Wasser 35 g Salz zugeben. Am einfachsten ist es, zunächst etwas geringer zu dosieren und die genaue Dichte dann mit Hilfe eines Aräometers so einzustellen, dass ein Wert von 1,024 angezeigt wird.

Überprüfung der Dichte

Zur Überprüfung der Dichte wird normalerweise ein Aräometer verwendet. Dabei kann es sich um ein schwimmendes Glasröhrchen oder ein durchsichtiges Kästchen mit einem beweglichen Zeiger handeln. Letztere sind für Anfänger leichter zu handhaben und zerbrechen auch nicht so leicht.

Vorbereitungen für die Einrichtung eines Fischbeckens

Ein Meerwasserbecken, in dem ausschließlich Fische gehalten werden, ist für Neueinsteiger zumeist die beste Wahl, weil Sie sich so erst einmal auf eine Tiergruppe konzentrieren können. Die wichtigsten Unterschiede zu einem Süßwasseraquarium sind, dass man dem Wasser Salz hinzufügen muss (siehe S. 214) und dass normalerweise ein Eiweißabschäumer benötigt wird (siehe S. 206).

Die Beckengröße

Ein Meerwasseraquarium sollte eine Mindestlänge von 90 cm aufweisen, denn in kleineren Becken kommt es schneller zu Temperaturschwankungen und zu einer Verschlechterung der Wasserqualität. Zu beachten ist außerdem, dass die Besatzdichte in Meerwasseraquarien deutlich geringer sein muss, als bei Süßwasserfischen. Daher sollte man in einem Becken der genannten Größe auch höchstens sechs kleine Fische halten.

Filterung

Werden keine Lebenden Steine verwendet, sollte die Filterung des Beckens von einem Außenfilter übernommen werden (siehe S. 36). Innenfilter sind weniger geeignet, weil sie normalerweise ein deutlich geringeres Volumen haben und daher weniger Filtermedien aufnehmen können. Benutzen Sie Schwämme für die mechanische, Keramikröhrchen für die biologische und Aktivkohle für die chemische Filterung, und wählen Sie ein Modell, dessen Durchflussrate für die Beckengröße eigentlich zu hoch ist.

Eiweißabschäumer

Der Betrieb eines Eiweißabschäumers ist sinnvoll, weil er organische Abfallstoffe aus dem System entfernt und so hilft, die Konzentration an Abbauprodukten aus der biologischen Filterung (vor allem Nitrat) niedrig zu halten. Außerdem kann er helfen, den Algenwuchs einzuschränken. Am preiswertesten sind luftbetriebene Geräte, die einfach mit einer Luftpumpe verbunden werden (siehe S. 43), aber deutlich effektiver arbeiten motorbetriebene Modelle. Und beim Eiweißabschäumer sollte man nicht sparen.

Dekoration

In Meerwasseraquarien dieses Typs können Sie Muschelschalen, Schneckengehäuse und Korallenskelette verwenden (siehe S. 212), wobei Sie sich aber genau über deren Herkunft informieren sollten, damit der Raubbau geschützter Lebewesen oder Materialien nicht unterstützt wird. Als Bodengrund lassen sich Korallensand oder -kies benutzen. Diese dürfen aber nur als dünne, leicht zu reinigende Schicht eingebracht werden, damit sich dort kein Phosphat und Nitrat ablagert (siehe S. 168).
Verwendet werden können außerdem Lebende Steine (siehe S. 213), die jedoch in der erforderlichen Menge von 20 kg oder mehr recht kostspielig sind. Weil es sich aber um ein nicht zu

Einkaufsliste für ein reines Fischaquarium

- ❍ 90-cm-Aquarium
- ❍ Außenfilter
- ❍ Heizstab
- ❍ Eiweißabschäumer
- ❍ Korallensand
- ❍ Meeresgestein
- ❍ Seepockengehäuse
- ❍ Meeressalz
- ❍ Aräometer
- ❍ Thermometer
- ❍ Leuchtstoffröhren
- ❍ Starter- und Vorschaltgerät
- ❍ Abdeckhaube
- ❍ Testset

Oben Hinter einem solchen Stapel aus Meeressteinen lassen sich sehr gut Einrichtungsgegenstände verbergen, die den Blicken des Betrachters entzogen werden sollen.

Rechts Diese Korallennachbildung aus Kunststoff wäre eine gute Wahl für ein Becken, in dem man ausschließlich Fische halten will.

kostspieliges Becken handeln sollte, wurde hier darauf verzichtet und stattdessen auf Meeresgestein zurückgegriffen – ein vielgestaltiges, ebenfalls ein natürliches, aber deutlich preiswerteres Produkt.

Meerwasser-Fischbecken einrichten

Sobald Sie alle Dinge von der Einkaufsliste auf Seite 216 besorgt haben, können Sie mit der Einrichtung Ihres Aquariums beginnen. Dabei soll Ihnen die folgende Anleitung helfen. Wichtig ist, dass Sie sich für die Aufgabe ausreichend Zeit nehmen, und auch hinterher müssen Sie noch viel Geduld beweisen, denn es dauert eine Woche oder mehr, bis Sie den ersten Fisch einsetzen können.

1 Alle Meerwasserfische brauchen eine sehr gute Wasserqualität. Um diese zu gewährleisten, empfiehlt es sich, einen Außenfilter zu installieren (siehe S. 36). Bringen Sie die Schläuche hinten links an der Rückwand an, wobei sich der Ansaugstutzen dicht über der Bodenplatte und der Auslauf nahe der späteren Wasseroberfläche befinden sollte. Schneiden Sie die Schläuche dazu auf die richtige Länge zurecht.

2 Installieren Sie den Heizstab ebenfalls an der Rückwand des Beckens, und zwar so, dass er später vollständig von Wasser bedeckt ist. Achten Sie darauf, dass er sich in der Strömung des Filterauslaufes befindet, wobei es keine Rolle spielt, ob man ihn schräg oder senkrecht anbringt. Soll er hinter Steinen versteckt werden, oder wird er in einem Becken installiert, in dem Fische mit kräftigen Zähnen leben, kann aus Sicherheitsgründen eine Kunststoffscheide sinnvoll sein. Stellen Sie die Heizung anschließend auf 24 °C ein.

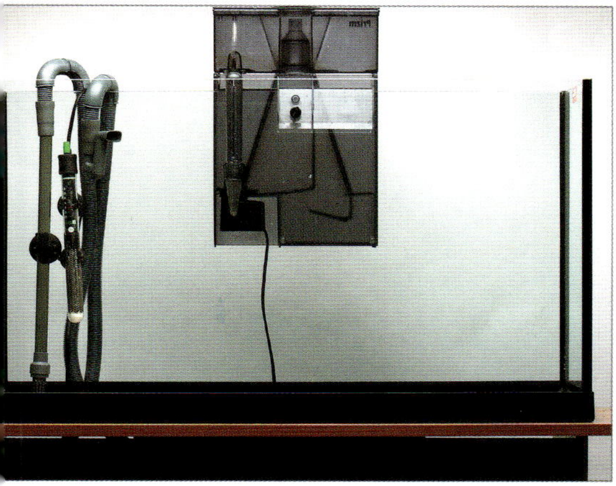

3 Installieren Sie danach den Eiweißabschäumer, der in diesem Fall an der Rückseite des Beckens eingehängt wird. Achten Sie beim Kauf des Gerätes darauf, dass das ausgewählte Modell für die Größe Ihres Aquariums ausreicht und dass sich die Abdeckung später noch schließen lässt.

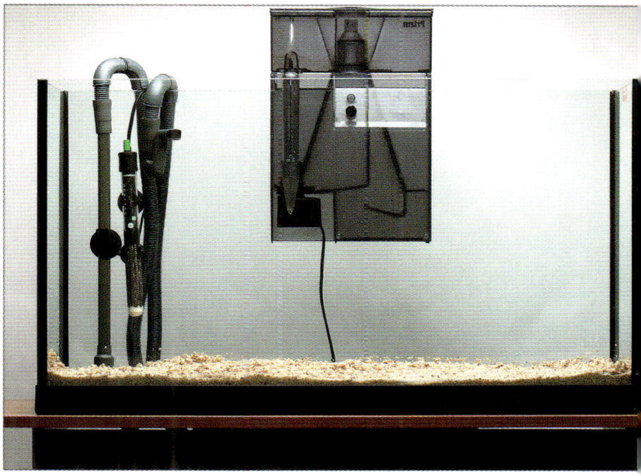

4 Füllen Sie etwa 5 cm Korallensand als Bodengrund ins Becken. Waschen Sie diesen zuvor, um Schmutzreste und andere Verunreinigungen zu entfernen. Korallensand wirkt nicht nur sehr dekorativ, sondern besitzt außerdem eine wichtige Pufferwirkung (siehe S. 105).

5 Meeressteine lassen sich sowohl zur Dekoration von Riff- als auch reinen Fischaquarien verwenden (siehe Seite 212). In diesem Beispiel sollen sie den Mittelpunkt des Beckens bilden. Errichten Sie den Steinstapel direkt auf der Grundplatte, damit er möglichst fest steht, und lehnen Sie ihn eventuell an die Rückwand, um ihm mehr Stabilität zu verleihen.

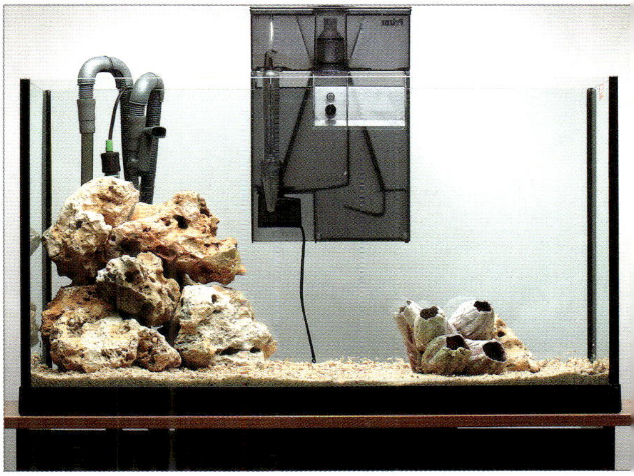

6 Die kleine Seepockengruppe – ebenfalls ein natürliches Produkt aus dem Meer – eignet sich gut zur Dekoration eines solchen Beckens. Achten Sie aber unbedingt darauf, dass die Objekte nicht angemalt oder geklebt sind; außerdem dürfen sie keine organischen Reste enthalten, die die Wasserqualität verschlechtern könnten.

7 Stellen Sie in einem Eimer Salzwasser der richtigen Dichte her und gießen Sie dieses dann ins Becken. Legen Sie einen Stein oder Teller unter, damit der Sand nicht aufgewirbelt wird. Füllen Sie das Aquarium bis ungefähr 5 cm unterhalb des Beckenrandes.

8 Bringen Sie ein Thermometer an, um die Wassertemperatur zu überprüfen, und kontrollieren Sie auch später immer noch einmal, ob die Temperatur gehalten wird. Wählen Sie ein Thermometer, das genau ist und sich gut ablesen lässt.

9 Verwenden Sie ein Aräometer (siehe S. 214), um die Salzkonzentration des Wassers zu überprüfen. Beachten Sie dabei, dass solche Geräte auf eine bestimmte Wassertemperatur geeicht sind. Bei frisch angesetztem Salzwasser kann sich die Konzentration noch ein wenig verändern, so dass Sie es einige Tage nach dem Einfüllen erneut prüfen sollten.

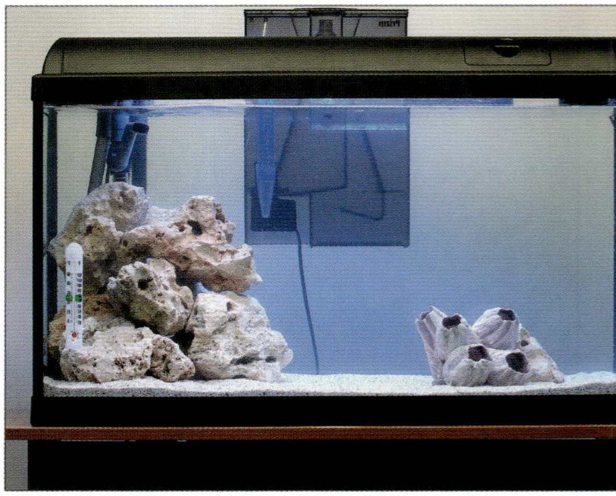

10 Da in dem Becken keine Korallen oder andere Wirbellose gehalten werden sollen, spielt die Beleuchtung keine sehr große Rolle. Um das typische blaue Licht tropischer Meere nachzubilden (siehe S. 208), sollten Sie allerdings Leuchten für Meeresaquarien verwenden. In unserem Beispiel sind dies eine weiße (vorn) und eine blaue Röhre (hinten).

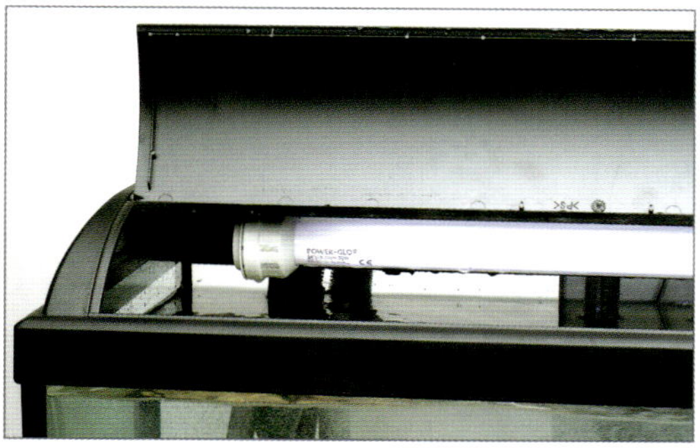

11 Damit ausreichend Platz für den Eiweißabschäumer vorhanden ist, wurde ein Stück der Abdeckhaube entfernt, was bei Modellen dieser Art häufig notwendig sein wird. Schalten Sie den Eiweißabschäumer die ersten Wochen noch nicht ein, damit sich die nützlichen Bakterien zunächst ungestört vermehren können.

12 Nun ist das Becken vollständig eingerichtet. Mit dem Einsetzen der ersten Fische müssen Sie aber noch mindestens eine Woche warten. Meerwasserfische sind empfindlicher als Süßwasserarten, so dass die vorherige Überprüfung der Wasserwerte (siehe S. 161) besonders wichtig ist. Setzen Sie die als besonders robust und friedlich geltenden Arten von Ihrer Liste zuerst ein.

Erste Pflegemaßnahmen

- **Wundern Sie sich nicht, wenn das Wasser anfangs trübe ist, und die Vorderscheibe voller Blasen. Nach einigen Tagen sind diese störenden Effekte normalerweise verschwunden.**
- **Um das Aquarium schneller bewohnbar zu machen, sollte man es in den ersten Wochen mit ausreichend nützlichen Filterbakterien animpfen.**
- **Lassen Sie vor dem Einsetzen der Fische das Licht aus, damit keine Algen wachsen können.**

Vorbereitungen zur Einrichtung eines Riffbeckens

Riffbecken gehören zu den besonders attraktiven Aquarien, stellen aber auch eine gewisse Herausforderung dar. Daher ist es empfehlenswert, sich erst daran zu versuchen, wenn man ausreichend Erfahrung mit Süßwasserfischen gesammelt hat, sich also nicht nur mit den Bedürfnissen der Fische, sondern auch mit Problemen bei der Wasserqualität auskennt.

Die Beckengröße

Ein Riffbecken, in dem auch Fische leben sollen, muss mindestens 180 Liter Wasser fassen. Die Länge anzugeben, ist in diesem Fall nicht sinnvoll, weil Riffaquarien für die Haltung von Korallen höher und breiter sein müssen als andere Becken. Im nachfolgenden Fall wurde ein Aquarium mit den Maßen 100 × 40 × 40 cm verwendet. Aber auch auf die Wasserwerte muss man bei der Haltung von Korallen besonders achten. Daher kann es an heißen Tagen sogar notwendig sein, das Becken mit einem Ventilator zu kühlen.

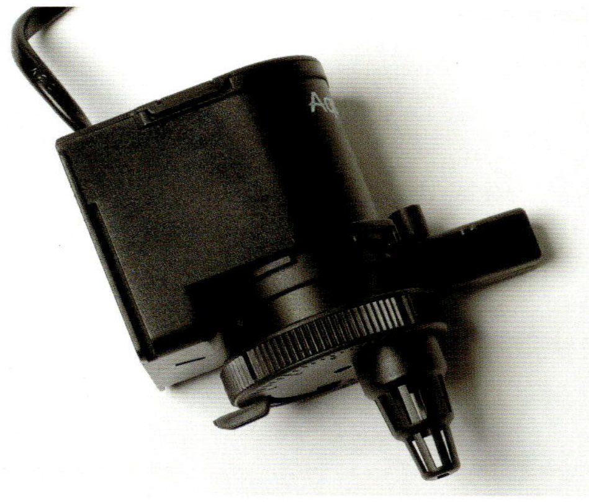

Rechts Powerheads sorgen für die erforderliche starke Strömung in Riffaquarien.

Einkaufsliste für ein Riffaquarium

- ❍ **180-Liter-Aquarium**
- ❍ **Powerheads (Tauchpumpen)**
- ❍ **Heizstab**
- ❍ **Eiweißabschäumer**
- ❍ **Korallensand**
- ❍ **Meersalz**
- ❍ **Aufbereitetes Wasser**
- ❍ **Aräometer**
- ❍ **Thermometer**
- ❍ **Lebende Steine**
- ❍ **Austauscherharz**
- ❍ **Leuchtstoffröhren**
- ❍ **Starter- und Vorschaltgerät**

Systemtyp

Das hier abgebildete Beispielbecken wurde nach der Berlin-Methode (siehe S. 200) eingerichtet, also mit Lebenden Steinen, einem hochwertigen Eiweißabschäumer, heller Beleuchtung und einer starken Strömung. Wenn es Ihnen Unbehagen bereitet, auf einen Außenfilter zu verzichten, können Sie einen solchen ruhig installieren (siehe S. 36), denn er wird das System eher noch stabiler machen.

Lebende Steine

Vergewissern Sie sich, dass die von Ihnen ausgesuchten Steine fachgerecht bearbeitet und gelagert waren (siehe S. 213). Wurden die Steine schon seit Wochen in der Zoofachhandlung angeboten, können Sie diese ohne Bedenken kaufen. Andernfalls sollten Sie eine Geruchsprobe machen: Riechen sie appetitlich wie frische Meeresfrüchte, sind sie in Ordnung, bei fauligem Geruch sollten Sie von einem Erwerb absehen. Kaufen Sie die Lebenden Steine möglichst bei einem Händler Ihres Vertrauens, denn auf minderwertigem Material wachsen kaum Algen, was häufig daran liegt, dass sie zwischendurch längere Zeit ausgetrocknet waren. Außerdem kann es vorkommen, dass in den Steinen noch Borstenwürmer leben, die nicht nur eine Gefahr für bestimmte Wirbellose darstellen, sondern bei Berührung außerdem Verletzungen der menschlichen Haut verursachen oder schmerzhaft zubeißen können.

Austauscherharze

Austauscherharze zum Entfernen von Phosphaten sind für alle Aquarien empfehlenswert, aber bei Riffbecken sollte man keinesfalls auf sie verzichten (siehe S. 109), denn schon winzige Mengen an Phosphaten können ein attraktives Becken zu einem grünen Sumpf machen.

Umkehrosmoseanlagen

Ebenso wenig wie auf Austauscherharze zum Entfernen von Phosphaten, sollte man bei Riffaquarien auf eine Umkehrosmoseanlage verzichten (siehe S. 84), denn Leitungswasser enthält normalerweise sehr viele Zusätze, die schädlich für eine ganze Reihe von Korallenriffbewohnern sind. Wenn Sie also nicht regelmäßig zu Ihrem Zoofachhändler gehen wollen, um dort aufbereitetes Wasser in Kanistern zu kaufen, sollten Sie sich eine Umkehrosmoseanlage anschaffen.

Unten Eine Umkehrosmoseanlage dient der Aufbereitung des Aquarienwassers.

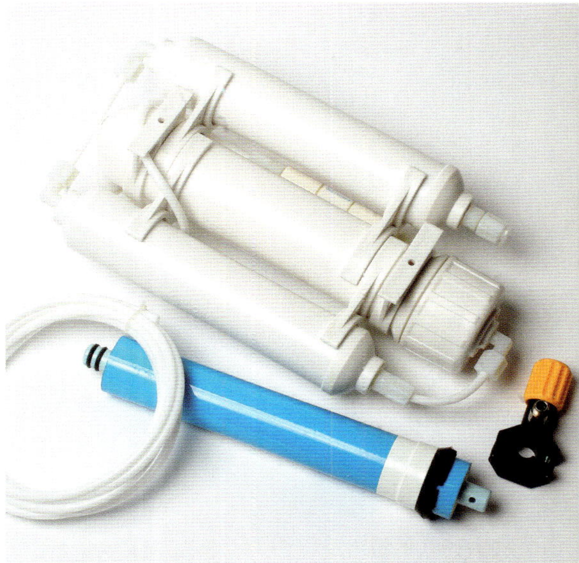

Eiweißabschäumer

Kaufen Sie den hochwertigsten Eiweißabschäumer, den Ihr Budget zulässt, wobei Markengeräte normalerweise die beste Wahl sind (siehe S. 206). Vor allem bei Nutzung des Berlin Systems (siehe S. 200) sollten Sie bedenken, dass diese Geräte sogar entscheidend für die Wasserqualität sind. Wählen Sie die Kapazität so, dass das Wasser des Beckens stündlich etwa zweimal umgewälzt wird. Lassen Sie das Gerät 24 Stunden täglich laufen und reinigen Sie es regelmäßig; außerdem sollten Sie sich beim Kauf vergewissern, dass es zu der Abdeckung des Beckens passt.

Links Ein Eiweißabschäumer sorgt zusammen mit Lebenden Steine für eine gute Wasserqualität.

Schritt-für-Schritt-Einrichtung eines Meerwasser-Riffbeckens

Sobald Sie die Dinge von der Einkaufsliste auf Seite 223 besorgt haben, können Sie mit der Einrichtung Ihres Riffbeckens beginnen. Riffbiotope sind zwar sehr komplexe Ökosysteme, aber wenn Sie einen guten Eiweißabschäumer besitzen, für ausreichend Licht sorgen, die Konzentration an Nitrat und Phosphat gering halten, und außerdem die nachfolgenden Ratschläge beherzigen, sollten Sie bald ein gut funktionierendes Riffbecken besitzen.

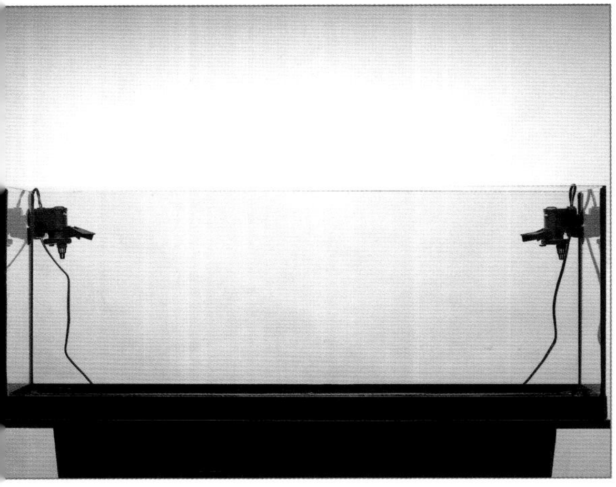

1 Für eine ausreichend starke Strömung in unserem Becken sorgen zwei Powerheads (Tauchpumpen), die im hinteren Teil des Beckens an den gegenüberliegenden Seiten installiert werden. Wählen Sie Modelle, die das Wasser des Beckens pro Stunde etwa zehnmal umwälzen. Eine zusätzliche Anbringung von Diffusoren (siehe S. 42) sollte nicht erfolgen, weil diese das Korallenwachstum einschränken können.

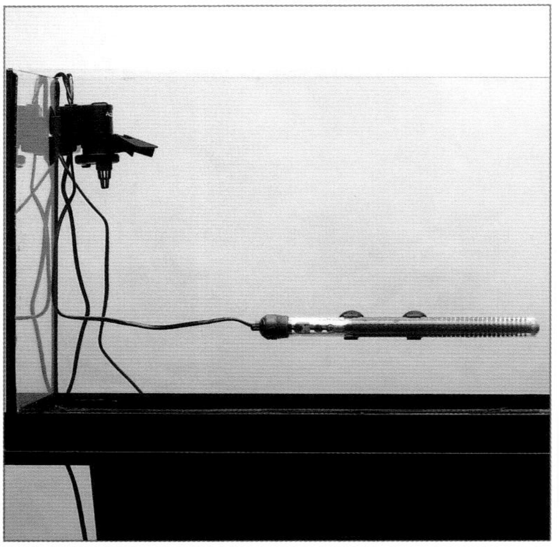

2 Installieren Sie den Heizstab ein Stück über dem Boden an der Rückwand des Beckens, damit die Strömung die Wärme gleichmäßig im Becken verteilen kann. Stellen Sie die Heizung auf 24 °C ein.

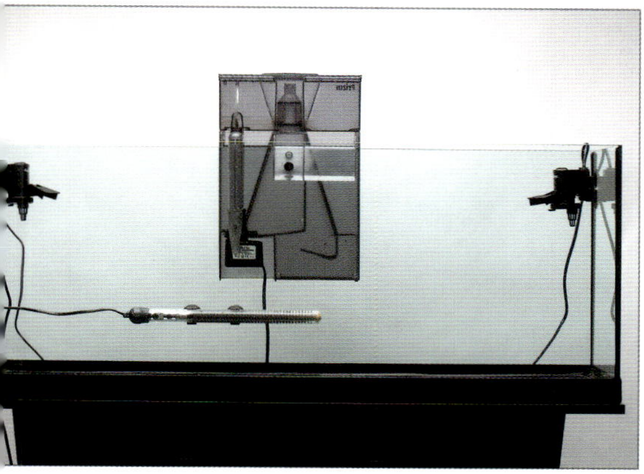

3 Hängen Sie den Eiweißabschäumer an der Beckenrückwand ein (siehe S. 206). Dieses Modell reicht deutlich über die Oberkante des Aquariums hinaus, was aber nicht in jedem Fall so sein muss. Kaufen Sie für Meerwasserbecken stets ein etwas überdimensioniertes Gerät, denn die Aufbereitung des Wassers mit Hilfe eines Eiweißabschäumers ist die Grundlage für ein gesundes und gut funktionierendes Becken.

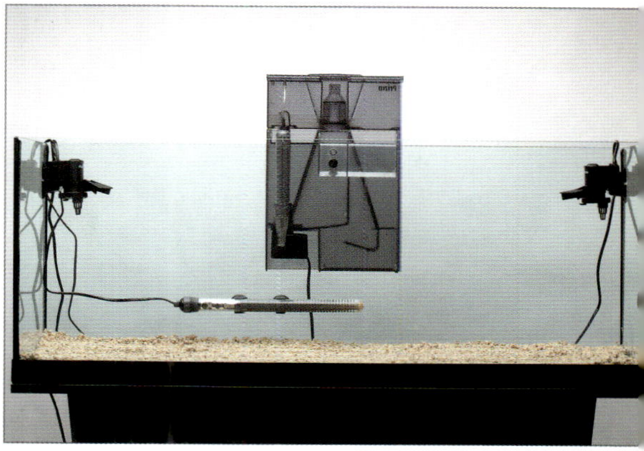

4 Bedecken Sie den Boden des Beckens mit einer dünnen Schicht Korallensand. Ist zu viel Bodengrund vorhanden, können sich dort Nitrat und Phosphat ablagern, was bei einem Riffaquarium häufig zu Problemen führt.

5 Füllen Sie Salzwasser der richtigen Dichte ein. Benutzen Sie dazu einen Teller, um den Sand nicht aufzuwirbeln. Das Wasser sollte mit einer Umkehrosmoseanlage aufbereitet worden sein (siehe S. 214–215), weil dadurch unerwünschte Nitrate und Phosphate entfernt werden, was gleichzeitig geringeres Algenwachstum bedeutet. Falls Sie Lebenden Sand verwenden (siehe S. 213), wird dieser erst ganz zum Schluss eingefüllt.

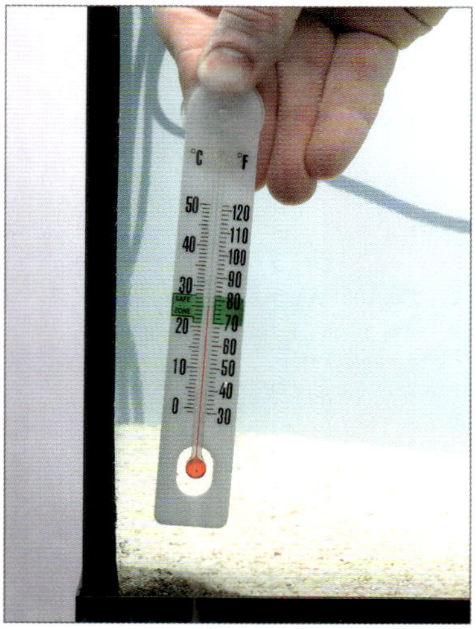

6 Wichtig ist, dass ein Riffaquarium nicht zu warm wird. Schon eine Temperaturerhöhung um 1 °C kann eine verheerende Wirkung haben. Der Grund für zu warmes Wasser sind oft die zumeist sehr starken Leuchten und die zahlreichen Geräte, die zum Betrieb des Aquariums notwenig sind. Überprüfen Sie die Temperatur regelmäßig mit einem Thermometer und kühlen Sie das Becken bei heißem Wetter mit Ventilatoren oder einem Kühlgerät.

7 Überprüfen Sie den Salzgehalt mit Hilfe eines Aräometers (siehe S. 215). Damit Korallen und Wirbellose optimale Bedingungen haben, sollte der ermittelte Wert 1,024 betragen. Ist das Wasser zu salzig, muss mehr Süßwasser hinzugefügt werden, im ungekehrten Fall Salz. Allerdings sollte das nicht im Becken geschehen.

8 Hat das Wasser im Becken die richtige Temperatur und den geforderten Salzgehalt, können die Lebenden Steine hinzugefügt werden. Diese sollen nun helfen, das Aquarium für die Fische und Wirbellosen bewohnbar zu machen. Achten Sie auf Qualität, weil dieser Prozess bei minderwertigem Material (siehe S. 213) bis zu sechs Wochen dauern kann.

9 Wie man heute weiß, ist eine zu hohe Phosphatkonzentration die Hauptursache für übermäßigen Algenwuchs in Aquarien, der dann durch das helle Licht, den hohen Sauerstoffgehalt und den pH-Wert in Meerwasserbecken noch weiter verstärkt wird. Abhilfe schafft man durch Austauscherharze (siehe S. 109) im Becken oder einem gesonderten Abteil des Eiweißabschäumers.

10 Das von den Korallen benötigte helle Licht wird in diesem Fall von T5-Röhren geliefert (siehe S. 208–209). Diese sitzen in einer erhöhten Leuchte mit Klappmechanismus und Reflektoren, die vier Röhren fassen kann. Da es sich um eine offene Aquarienleuchte handelt, kommt es zwar zu einer höheren Verdunstung als bei herkömmlichen Abdeckungen, aber dafür ist die Wärmebildung auch geringer.

11 Nachdem das Becken mehrere Wochen in diesem Zustand belassen und das Wasser regelmäßig getestet wurde (siehe S. 100), bringt man nun die ersten lebenden Korallen ein (siehe S. 244–249). Fische können sich zu diesem Zeitpunkt schon im Aquarium befinden; man kann sie aber auch gleichzeitig einsetzen (siehe S. 228–241) oder später als die Korallen. Wichtig ist, dass die Wasserqualität über einen längeren Zeitraum gleichbleibend gut war, damit sowohl Fische, als auch Korallen und andere Wirbellose (siehe S. 250–253) optimale Bedingungen vorfinden.

Erste Pflegemaßnahmen

Das größte Problem bei neu eingerichteten Riffaquarien sind Algen, denn die Kombination von frischen Lebenden Steinen und hellem Licht verursacht in den ersten Wochen eine Algenblüte. Um das zu vermeiden, sollte man das Becken bis zum Einsetzen der Korallen weniger beleuchten und Austauscherharz verwenden, um Phosphate zu entfernen.

12 Jetzt ist das Becken vollständig eingerichtet. Allerdings wird es noch eine Weile dauern, bis das Aquarium seine ganze Schönheit entfaltet. Haben sich aber erst einmal alle Korallen und Fische eingelebt, entsteht schließlich ein Schmuckstück, das jeden Betrachter in den Bann ziehen wird.

Tropische Meerwasserfische

Nachdem das Aquarium eingerichtet und eingefahren wurde, ist es nun an der Zeit, die Fische auszuwählen, die darin leben sollen. Dabei soll Ihnen die nachfolgende Auswahl helfen, in der beliebte Meerwasserarten mit einem Foto und den wichtigsten Informationen über ihre Herkunft und Haltung vorgestellt werden. Wichtig ist, dass man alle Meeresfische nach dem Kauf eine bestimmte Zeit in Quarantäne hält, bevor sie dann ins Hauptbecken gesetzt werden.

Größe der Fische

Die Angaben zur Größe sind Durchschnittswerte für ausgewachsene Exemplare in Aquarien. In ihren angestammten Lebensräumen werden viele Arten oft deutlich größer.

Größe des Beckens

Die hier angegebene Beckengröße ist als akzeptable Minimalgröße für ausgewachsene Tiere zu verstehen, wobei aber alle Meeresfische von geräumigeren Aquarien profitieren. Bei bestimmten Arten, etwa Doktorfischen (siehe S. 229–230), muss man die Größe unter Umständen sogar verdoppeln, um Kämpfe unter Artgenossen zu vermeiden.

Schwierigkeitsgrad

Wie bereits erwähnt, ist die Haltung von Meerwasserfischen deutlich schwieriger als die von Süßwasserarten. Daher entspricht bei dieser Gruppe der Schwierigkeitsgrad „leicht“ auch eher der Einstufung „mittel“ bis „schwierig“ bei Süßwasserfischen. Besonders achten müssen Sie vor allem auf eine stets gleich bleibend gute Wasserqualität.

Eignung für Riffbecken

Die Einstufung, ob Arten für Riffbecken geeignet sind, beruht sowohl auf eigener Erfahrung als auch auf dem Wissen vieler anderer Aquarianer in aller Welt. Zu beachten ist, dass sich bei Meeresfischen einzelne Exemplare oft recht unterschiedlich verhalten. So kann es durchaus vorkommen, dass ein Zwergkaiserfisch (*Centropyge* spp.; siehe S. 231–232) unter Umständen bestimmte Wirbellose doch einmal attackiert. Daher ist beim Einsetzen neuer Exemplare stets Vorsicht geboten.

Tipp

Beim Kauf von Meerwasserfischen sollten Sie sich davon überzeugen, dass die ausgewählten Exemplare angebotenes Futter bereitwillig annehmen. Wenn es sich um Wildfänge handelt, wurden diese möglicherweise gerade erst importiert, so dass sie noch stark gestresst und desorientiert sind und daher nicht fressen. Bitten Sie Ihren Zoofachhändler, die Fische in Ihrer Anwesenheit einmal zu füttern. Wenn sie Nahrung annehmen und auch sonst gesund aussehen, spricht nichts gegen einen Kauf. Andernfalls sollten Sie den Händler bitten, den Fisch für Sie zu reservieren und ihn erst dann mit nach Hause nehmen, wenn er angefangen hat zu fressen.

DOKTORFISCHE (*Acanthuridae*)

Weißkehl-Doktorfisch *Acanthurus leucosternon*

Herkunft Indischer Ozean

Größe 20 cm

Beckengröße 120 cm

Schwierigkeitsgrad Schwierig

Riffbeckeneignung Ja

Bemerkungen Wie viele Arten der Gattung, ist auch der Weißkehl-Doktorfisch etwas anfällig gegenüber der Weißpünktchenkrankheit. Leider lässt sich diese in Riffaquarien nicht mit den handelsüblichen, normalerweise kupferhaltigen Medikamenten behandeln, so dass man gleich einen UV-Entkeimer installieren sollte. Da Doktorfische untereinander oft etwas unverträglich sind, hält man besser nur eine Art.

Paletten-Doktorfisch *Paracanthurus hepatus*

Herkunft Indopazifik

Größe 20 cm

Beckengröße 120 cm

Schwierigkeitsgrad Mittel

Riffbeckeneignung Ja

Bemerkungen Diese Art, die im Alter oft etwas unverträglich wird, besitzt einen leuchtend hellblauen Körper und einen auffälligen gelben Schwanz. Da auch sie anfällig gegenüber der Weißpünktchenkrankheit ist, sollte im Becken ein UV-Entkeimer vorhanden sein. Als Nahrung eignen sich Algen und Gefrierfutter. Jungfische lassen sich noch in kleinen Gruppen halten.

Zitronen-Segelflossen-Doktorfisch *Zebrasoma flavescens*

Herkunft Pazifischer Ozean

Größe 15 cm

Beckengröße 120 cm

Schwierigkeitsgrad Mittel

Riffbeckeneignung Ja

Bemerkungen Diese Tiere, die sich sowohl für ein reines Fischbecken (siehe S. 216–219) als auch für ein Riffaquarium (siehe S. 222–225) eignen, wirken aufgrund ihrer leuchtend gelben Färbung besonders eindrucksvoll, wenn sie in einem großen Aquarium als Schwarm gehalten werden. Die ausgezeichneten Schwimmer, die gern Meeresalgen abweiden, benötigen eine starke Strömung im Becken.

GRUNDELN (*Gobiidae*)

Neongrundel *Gobiosoma oceanops*

Herkunft Ostatlantik

Größe 5 cm

Beckengröße 90 cm

Schwierigkeitsgrad Mittel

Riffbeckeneignung Ja

Bemerkungen Neongrundeln sind eine ausgezeichnete Wahl für Riffaquarien mit nicht zu großen Fischen (siehe S. 222). Es gibt inzwischen häufig nachgezüchtete, sehr robuste Exemplare im Handel, die dennoch weiterhin ihr interessantes Putzverhalten zeigen. Empfehlenswert ist die Haltung einer Gruppe in einem Becken mit Lebenden Steinen (siehe S. 213).

Goldstirn-Schläfergrundel *Valenciennea strigata*

Herkunft Indopazifik

Größe 15 cm

Beckengröße 120 cm

Schwierigkeitsgrad Mittel

Riffbeckeneignung Ja

Bemerkungen Diese Fische, die man am besten paarweise hält, durchsuchen fast ununterbrochen den Bodengrund nach Nahrung. Dabei säubern sie das Substrat von Futterresten, wühlen aber oft auch niedrige Steine mit Sand zu. Zusätzlich benötigen die Tiere aber abwechslungsreiches Futter für Meerwasserfische, weil es sonst zu einer Unterernährung kommt. Bei Haltung dieser Art müssen freie Sandflächen im Becken vorhanden sein.

ZWERGKAISERFISCHE (*Pomacanthidae*)

Blauschwarzer Streifen-Zwergkaiserfisch *Centropyge bispinosus*

Herkunft Indopazifik

Größe 10 cm

Beckengröße 100 cm

Schwierigkeitsgrad Mittel

Riffbeckeneignung Ja

Bemerkungen Diese Art gehört zu den Zwergkaiserfischen, die als sehr robust gelten und daher gut zu halten sind. Gegenüber anderen Zwergkaiserfischen verhalten sie sich allerdings oft recht aggressiv, so dass man sie am besten paarweise hält, wobei es allerdings nicht immer leicht ist, zueinander passende Paare zu finden.

Feuer-Zwergkaiserfisch *Centropyge loricula*

Herkunft Pazifischer Ozean

Größe 10 cm

Beckengröße 100 cm

Schwierigkeitsgrad Mittel

Riffbeckeneignung Ja

Bemerkungen Der Feuer-Zwergkaiserfisch ist wegen seiner hübschen Färbung sehr gesucht, so dass nur selten zusammengehörige Paare im Handel zu finden sind. Man kann die Art in Riffbecken halten, sofern dort keine Mördermuscheln leben; von einer Vergesellschaftung mit anderen Zwergkaiserfischen ist abzuraten. Die Tiere brauchen ein Becken mit vielen Steinen, zwischen denen sie sich verstecken und nach Futter suchen können.

Imperator *Pomacanthus imperator*

Herkunft Indopazifik

Größe 30 cm

Beckengröße 150 cm

Schwierigkeitsgrad Schwierig

Riffbeckeneignung Nein

Bemerkungen Weil man für diesen sehr beeindruckenden Kaiserfisch tief in die Tasche greifen muss und die Jungtiere zudem noch anders aussehen als ausgewachsene Exemplare, sollte man sich beim Kauf genau vergewissern, dass man auch die richtige Art erhält. Für die Haltung wird unbedingt ein leistungsfähiger Eiweißabschäumer (siehe S. 206–207) und täglich Gefrierfutter benötigt (siehe S. 164–165).

RIFFBARSCHE (*Pomacentridae*)

Falscher Clownfisch *Amphiprion ocellaris*

Herkunft Pazifischer Ozean

Größe 10 cm

Beckengröße 90 cm

Schwierigkeitsgrad Leicht

Riffbeckeneignung Ja

Bemerkungen Diese Art wird inzwischen erfolgreich nachgezüchtet, so dass heute viele Exemplare sehr gut an das Leben in Aquarien angepasst sind. Die Haltung erfolgt am besten paarweise mit oder ohne Wirtsanemone (siehe S. 243); gefüttert wird möglichst abwechslungsreich mit Gefrier- und Trockenfutter (siehe S. 164–167). Nah verwandte Arten sollten sich nicht im Becken befinden, weil es sonst häufig zu Kämpfen kommt.

Grünes Schwalbenschwänzchen *Chromis viridis*

Herkunft Indopazifik

Größe 7,5 cm

Beckengröße 90 cm

Schwierigkeitsgrad Leicht

Riffbeckeneignung Ja

Bemerkungen Diese Art kann besonders empfohlen werden, denn die robusten und verträglichen Tiere sind leicht zu halten, preiswert in der Anschaffung und fast immer verfügbar. Sie werden häufig als erste Fische in ein Becken gesetzt und können in Gruppen von fünf oder mehr Exemplaren auch in Riffaquarien leben, weil sie Korallen oder andere Wirbellose nicht anrühren (siehe S. 242–253).

Dreifleck-Preußenfisch *Dascyllus trimaculatus*

Herkunft Indopazifik

Größe 13 cm

Beckengröße 90 cm

Schwierigkeitsgrad Leicht

Riffbeckeneignung Ja

Bemerkungen Diese robuste Art eignet sich zwar gut als Erstbesatz für neu eingerichtete Aquarien, da die Tiere mit zunehmendem Alter aber oft recht aggressiv werden, sollte man sie nur einsetzen, wenn man in dem Becken später ausschließlich große Fische halten will. Eine Fortpflanzung im Aquarium ist möglich.

Gelbbauch-Demoiselle *Pomacentrus caeruleus*

Herkunft Indopazifik

Größe 10 cm

Beckengröße 90 cm

Schwierigkeitsgrad Leicht

Riffbeckeneignung Ja

Bemerkungen Diese recht unempfindliche Art wird ebenfalls oft als Erstbesatz für neu eingerichtete Becken empfohlen. Allerdings handelt es sich um Fische, die auch etwas unverträglich sein können, so dass man sie besser erst dann einsetzt, wenn sich die anderen Arten schon gut eingelebt haben. Die zumeist preisgünstigen Tiere sind regelmäßig im Handel erhältlich und nehmen häufig sogar Flockenfutter.

Samt-Anemonenfisch *Premnas biaculeatus*

Herkunft Tropische Meere

Größe 15 cm

Beckengröße 120 cm

Schwierigkeitsgrad Mittel

Riffbeckeneignung Ja

Bemerkungen Diese Art gehört zu den größeren, etwas aggressiveren Anemonenfischen. Sie sollten nach Möglichkeit zusammen mit einer Wirtsanemone (siehe S. 243) gehalten werden, weil die Partnerschaft normalerweise sehr eng ist. Neben weiß gestreiften Tieren gibt es auch eine sehr hübsche Form mit gelben Streifen, wie sie hier abgebildet ist.

ZWERGBARSCHE (*Pseudochromidae*)

Königs-Feenbarsch *Gramma loreto*

Herkunft Westatlantik

Größe 7,5 cm

Beckengröße 90 cm

Schwierigkeitsgrad Mittel

Riffbeckeneignung Ja

Bemerkungen Diese hübsch gefärbte Art benötigt ein Aquarium mit zahlreichen Verstecken, wobei es sich auch um ein Riffbecken handeln kann. Hält man sie in Gruppen, kommt es manchmal sogar zur Eiablage. Leider leben die Tiere aber sehr versteckt, so dass man sie zumeist nur bei der Fütterung zu sehen bekommt.

Friedmans Zwergbarsch *Pseudochromis fridmani*

Herkunft Rotes Meer

Größe 7,5 cm

Beckengröße 90 cm

Schwierigkeitsgrad Mittel

Riffbeckeneignung Ja

Bemerkungen Die auch König-Salomon-Fisch genannte Art ist nicht nur recht ungewöhnlich gefärbt, sondern außerdem auch sehr friedlich. Man kann die Tiere als Gruppe in einem geräumigen Becken mit Lebenden Steinen halten (siehe S. 213), aber nicht zusammen mit ähnlich aussehenden Arten, weil diese sonst häufig gejagt werden.

WEITERE MEERWASSERFISCHE

Kupferbinden-Pinzettfisch *Chelmon rostratus*

Herkunft Indopazifik

Größe 20 cm

Beckengröße 150 cm

Schwierigkeitsgrad Schwierig

Riffbeckeneignung Nein

Bemerkungen Kupferbinden-Pinzettfische nagen gern an Korallen, so dass man sie nicht in einem Riffaquarium halten sollte. Da viele Exemplare bei der Futteraufnahme etwas heikel sind, muss man sich beim Kauf überzeugen, dass sie das angebotene Futter tatsächlich fressen. Es handelt sich um sehr attraktive Fische, deren Haltung aber leider nicht ganz einfach ist.

Braunflecken-Igelfisch *Diodon holocanthus*

Herkunft Tropische Meere

Größe 30 cm

Beckengröße 150 cm

Schwierigkeitsgrad Leicht

Riffbeckeneignung Nein

Bemerkungen Die Arten dieser Gattung erinnern ein wenig an die bekannten Kugelfische. Es handelt sich um ziemlich gefräßige Tiere, die während der Fütterung alles versuchen, um Aufmerksamkeit zu erlangen, darunter Spuck- oder auch Rückenschwimmeinlagen. Es empfiehlt sich, die sehr robusten Fische mit Artgenossen zu vergesellschaften oder aber mit ähnlich unempfindlichen Exemplaren.

Pracht-Schwertgrundel *Nemateleotris magnifica*

Herkunft Indopazifik

Größe 7,5 cm

Beckengröße 90 cm

Schwierigkeitsgrad Mittel

Riffbeckeneignung Ja

Bemerkungen Diese Schwertgrundel ist eine ausgezeichnete Wahl für ein Riffaquarium mit kleineren Fischen und zahlreichen Verstecken. Da die Tiere häufig springen, muss eine gut schließende Abdeckung vorhanden sein, besonders, wenn die Tiere neu eingesetzt wurden. Eine ebenfalls sehr beliebte Art ist die nah verwandte Dekor-Schwertgrundel (*Nemateleotris decora*).

Feuer-Korallenwächter *Neocirrhites armatus*

Herkunft West- und Südpazifik

Größe 10 cm

Beckengröße 90 cm

Schwierigkeitsgrad Mittel

Riffbeckeneignung Nein

Bemerkungen Die kleine, leuchtend rot gefärbte, auch Flammen-Büschelbarsch genannte Art wird zwar manchmal in Riffaquarien (siehe S. 222–223) gehalten, wovon allerdings abzuraten ist, weil die Tiere kleinere Wirbellose wie Krabben, Garnelen und Schnecken fressen (siehe S. 250). Leider gewöhnen sich viele Exemplare nur sehr schlecht im Aquarium ein.

Sechsstreifen-Lippfisch *Pseudocheilinus hexataenia*

Herkunft Indopazifik

Größe 7,5 cm

Beckengröße 90 cm

Schwierigkeitsgrad Leicht

Riffbeckeneignung Ja

Bemerkungen Diese Art kann auch Anfängern empfohlen werden, denn sie ist sehr robust und lässt sich auch in kleineren Becken halten. Recht angenehm ist außerdem, dass die Fische unerwünschte Wirbellose fressen, die mit Lebenden Steinen (siehe S. 213) eingeschleppt wurden. Die Tiere benötigen ein Becken mit zahlreichen Verstecken; mit anderen Lippfischen sollte man sie nicht vergesellschaften.

Kardinalbarsch *Pterapogon kauderni*

Herkunft Indonesien

Größe 7,5 cm

Beckengröße 90 cm

Schwierigkeitsgrad Mittel

Riffbeckeneignung Ja

Bemerkungen Bei dieser hübschen Art, die sich häufig auch in Aquarien fortpflanzt, handelt es sich um Maulbrüter, wobei sich das Männchen um die Eier und den Nachwuchs kümmert. In ihrem natürlichen Lebensraum sind die Tiere inzwischen recht selten geworden, was erstaunlich ist, wenn man bedenkt, wie bereitwillig sich die Tiere im Aquarium vermehren.

Rotfeuerfisch *Pterois volitans*

Herkunft Indopazifik

Größe 35 cm

Beckengröße 150 cm

Schwierigkeitsgrad Mittel

Riffbeckeneignung Nein

Bemerkungen Die attraktiven Rotfeuerfische gehören zu den besonders beliebten Arten, denn sie sind robust und lassen sich gut mit Gefrierfutter ernähren (siehe S. 164–165). Zu beachten ist allerdings, dass sich keine kleinen Fische und Garnelen im Becken befinden, weil diese gefressen werden. Da die Tiere giftige Rückenflossenstrahlen besitzen, ist bei der Hantierung im Becken Vorsicht geboten.

Picassofisch *Rhinecanthus aculeatus*

Herkunft Indopazifik

Größe 25 cm

Beckengröße 150 cm

Schwierigkeitsgrad Mittel

Riffbeckeneignung Nein

Bemerkungen Zur natürlichen Nahrung des recht ungewöhnlich geformten und gefärbten Picassofisches gehören die verschiedensten Wirbellosen, so dass man ihn nicht in einem Riffaquarium halten sollte. Außerdem vertragen sich die Tiere nicht mit Artgenossen, und auch bei den anderen Fischen muss es sich um sehr robuste Arten handeln. Als Futter ist Fisch-, Krebs- und Muschelfleisch zu empfehlen.

Juwelen-Felshüpfer *Salarias fasciatus*

Herkunft Indopazifik

Größe 13 cm

Beckengröße 120 cm

Schwierigkeitsgrad Mittel

Riffbeckeneignung Nein

Bemerkungen Der friedliche Juwelen-Felshüpfer, der sich farblich seiner Umgebung anpassen kann, ernährt sich hauptsächlich von Algen. Sind davon nicht genug vorhanden, muss man zusätzlich spezielles Flockenfutter anbieten. Für die meisten Wirbellosen stellen die Tiere keine Gefahr dar, aber einige Muscheln oder Korallen werden manchmal angenagt, so dass eine Haltung in Riffbecken nicht anzuraten ist.

Kreide-Sägebarsch *Serranus tortugarum*

Herkunft Westatlantik

Größe 7,5 cm

Beckengröße 90 cm

Schwierigkeitsgrad Mittel

Riffbeckeneignung Ja

Bemerkungen Die auch Tabakfisch genannte Art eignet sich gut für ein Riffbecken (siehe S. 222–223), denn die Tiere sind friedlich und anspruchslos. In großen Aquarien kann man auch eine Gruppe halten, wobei das Becken gut abgedeckt sein muss, weil die Fische oft springen. Als Futter sollte vor allem Krebs- und Muschelfleisch angeboten werden; im Becken lebende Garnelen werden als willkomene Beute betrachtet.

Glänzender Mandarinfisch *Synchiropus splendidus*

Herkunft Pazifischer Ozean

Größe 7,5 cm

Beckengröße 7,5 cm

Schwierigkeitsgrad Schwierig

Riffbeckeneignung Ja

Bemerkungen Diese Fische werden wegen ihres ungewöhnlichen Aussehens gern gekauft, leben dann aber häufig nicht lange. Für ihre Haltung benötigt man ein technisch optimal ausgestattetes Becken mit Lebenden Steinen und Lebendem Sand, das schon mindestens sechs Monate in Betrieb ist, sowie kleine Wirbellose als Futter. Grundeln sollten sich als Nahrungskonkurrenten nicht im Aquarium befinden.

Meereskorallen

Diese auffallend gefärbten Organismen mit ihren spektakulären Bewegungen gehören zum Stolz jedes Aquarianers, der ein Riffbecken betreibt, aber auch Nicht-Aquarianer können sich der schwer zu beschreibenden Faszination lebender Korallen kaum entziehen. Auf den folgenden Seiten sollen einige der beliebtesten Arten vorgestellt werden, wobei es sich naturgemäß nur um einen Bruchteil der weltweit in den warmen Meeren vorkommenden Korallen handeln kann.

Größe

Bei der angegebenen Größe handelt es sich um Durchschnittswerte, die Korallen innerhalb von zwei Jahren im Aquarium erreichen können. In der Natur werden Korallenkolonien oft mehrere Meter groß und viele hundert Jahre alt.

Seeanemonen

Diese Hohltiere werden schon sehr lange in Riffaquarien gehalten. Sie ähneln den Weich- und Steinkorallen, sind aber im Gegensatz zu ihnen beweglich, können also im Aquarium umherkriechen. Allerdings geschieht das normalerweise nur, wenn an einem Standort zu viel oder zu wenig Licht vorhanden ist oder eine nicht optimale Strömung herrscht. Das Problem solcher Standortwechsel, die zumeist nachts erfolgen, ist, dass Seeanemonen sehr viel wehrhafter sind als die unbeweglichen Korallen, so dass diese – wenn sie im Wege stehen – oft verletzt oder gar getötet werden. Seeanemonen benötigen eine starke Strömung und optimales Licht.

Weichkorallen

Arten aus dieser Gruppe sollten zu den ersten Korallen gehören, an denen man sich versucht, denn sie sind robust und vergleichsweise preiswert.

Beleuchtung und Strömung

Empfehlenswert sind mindestens vier T8- bzw. zwei T5-Röhren. Die Strömung, die je nach Art etwas unterschiedlich stark sein muss, lässt sich am einfachsten mit Powerheads (Tauchpumpen) erzeugen, die das Becken etwa zehnmal pro Stunde umwälzen.

Steinkorallen

Diese Korallen gehören zu den größten Herausforderungen beim Betreiben eines Riffbeckens und können daher nur erfahrenen Aquarianern empfohlen werden. Aufgeführt wurden sie hier vor allem, damit man sie beim Kauf von anderen Arten unterscheiden kann.

Beleuchtung und Strömung

Steinkorallen brauchen noch mehr Licht und eine noch stärkere Strömung als Weichkorallen. Empfehlenswert sind mindestens vier T5-Röhren mit Reflektoren oder aber Halogen-Metalldampflampen (siehe Seite 208–209) und Powerheads, die das Becken 10–20mal pro Stunde umwälzen.

Tipp

Beim Kauf von Korallen sollten Sie sich vergewissern, dass die Gewebe intakt und die Tentakel vollständig ausgebildet sind. Sitzen sie auf einem kleinen Stein, müssen sie diesen – sofern es sich um ausgewachsene Exemplare handelt – vollständig bedecken. Sind freie Bereiche vorhanden, ist die Koralle vermutlich nicht völlig gesund. Seeanemonen sollten außerdem vollständig geöffnet sein und nicht an den Beckenwänden hochklettern. Verzichten Sie auch auf sehr helle Anemonen, denn gesunde, Algen enthaltende Exemplare sind dunkel mit fluoreszierenden Spitzen.

SEEANEMONEN

Sandanemone *Heteractis* spp.

Größe 45 cm

Schwierigkeitsgrad Mittel

Beleuchtung Hell

Strömung Stark

Bemerkungen Diese Art ist leichter zu halten, als die meisten anderen Anemonen. Daher kann sie auch allen empfohlen werden, die zum ersten Mal ein Riffbecken einrichten. Sandanemonen, deren Tentakellänge stark von den Lichtverhältnissen abhängt, wachsen am besten, wenn sie zusammen mit ihren Symbiosepartnern, den Falschen Clownfischen (*Amphiprion ocellaris;* siehe S. 233) gehalten werden, weil diese auch für die Ernährung ihres Wirtes sorgen.

Teppichanemone *Stichodactyla* spp.

Größe 45 cm

Schwierigkeitsgrad Mittel

Beleuchtung Hell

Strömung Stark

Bemerkungen Teppichanemonen, die weiß, blau oder grün gefärbt sein können, brauchen helles Licht (möglichst von einer Halogen-Metalldampflampe), eine kräftige Strömung und Gefrierfutter. Bei schlechten Bedingungen wandern sie gern umher und verletzen dabei oft andere Korallen. Außerdem sind sie in der Lage, Fische zu fangen, so dass man sie nur mit ihren Symbiosepartnern, den Falschen Clownfischen (*Amphiprion ocellaris;* siehe S. 233) halten sollte.

Röhrenkoralle *Clavularia* spp.

Größe 2,5 cm

Schwierigkeitsgrad Mittel

Beleuchtung Hell

Strömung Mäßig

Bemerkungen Diese hübsche Koralle, die sich von Plankton ernährt, besitzt grüne Tentakel, die einem purpurfarbenen Körper entspringen. Unter optimalen Bedingungen breitet sich die Art rasch im Becken aus und kann dann an andere Aquarianer weiterverschenkt oder verkauft werden.

Scheibenanemone *Discoma* spp.

Größe 7,5 cm

Schwierigkeitsgrad Leicht

Beleuchtung Mittel

Strömung Mäßig

Bemerkungen Die auch Pilzanemonen genannten Hohltiere werden normalerweise auf Lebenden Steinen zum Verkauf angeboten. Sie wachsen besser – ganz im Gegensatz zu vielen anderen Korallen – wenn das Licht nicht zu hell und die Strömung nicht zu stark ist, so dass herkömmliche Röhren normalerweise ausreichen. Zur Fütterungszeit breitet sich die Anemone möglichst weit aus und versucht, Nahrungspartikel aufzufangen.

Bäumchen-Weichkoralle *Nephthea* spp.

Größe 45 cm

Schwierigkeitsgrad Mittel

Beleuchtung Hell

Strömung Stark

Bemerkungen Zu dieser Gattung gehört eine Reihe von Arten, die sich recht gut in einem Riffaquarium halten lassen. Bei optimalen Lichtbedingungen und einer kräftigen Strömung wachsen die Korallen oft sogar verhälnismäßig schnell. Auf ein Umsetzen sollte man möglichst verzichten, da sich die Korallen sehr fest an den Untergrund heften und daher beim Ablösen leicht verletzt werden.

Gelbe Krustenanemone *Parazoanthus axinellae*

Größe 2,5 cm

Schwierigkeitsgrad Mittel

Beleuchtung Mittel

Strömung Mäßig

Bemerkungen Diese Art ist vor allem wegen ihrer auffälligen Färbung sehr beliebt, aber auch weil die Exemplare zumeist sehr preiswert sind. Allerdings wachsen Gelbe Krustenanemonen nicht in allen Riffaquarien gleich gut, was zumeist an der Versorgung mit Plankton liegt. Unter guten Bedingungen überziehen sie aber sehr schnell größere Flächen.

Pilzlederkoralle ***Sarcophyton* spp.**

Größe 45 cm

Schwierigkeitsgrad Leicht

Beleuchtung Mittel

Strömung Mäßig

Bemerkungen Diese Korallen sind gut für Neueinsteiger geeignet, denn sie passen sich den unterschiedlichsten Bedingungen an und sind daher leicht zu halten. Das gilt prinzipiell auch für die Lichtverhältnisse, wobei die Exemplare ihre optimale Größe aber nur dann erreichen, wenn das Becken mit Halogen-Metalldampflampen ausgerüstet wurde. Pilzlederkorallen vertragen zwar auch eine kräftigere Strömung, werden unter solchen Bedingungen aber oft weggespült.

Fingerlederkoralle ***Sinularia* spp.**

Größe 30 cm

Schwierigkeitsgrad Mittel

Beleuchtung Hell

Strömung Stark

Bemerkungen Fingerlederkorallen verdanken ihren Namen dem Umstand, dass sie ein wenig wie eine Hand mit Fingern aussehen. Einige Arten lassen sich gut in Riffaquarien halten, wo sie sich häufig sogar über größere Gesteinsflächen ausbreiten. Allerdings müssen die Licht- und Strömungsverhältnisse dafür annähernd optimal sein, andernfalls ist das Wachstum normalerweise nur mäßig.

Röhrenkoralle *Xenia* spp.

Größe 7,5 cm

Schwierigkeitsgrad Mittel

Beleuchtung Hell

Strömung Mäßig

Bemerkungen Ob es einer Röhrenkoralle gut geht, ist leicht zu erkennen, denn nur in diesem Fall sind die Polypen geöffnet und die feinen Tentakel entfaltet. Die meisten Arten dieser Gattung breiten sich unter optimalen Bedingungen schnell aus und lassen sich zudem leicht durch Teilung mit einem scharfen Messer oder Skalpell vermehren.

Pumpkoralle *Xenia* spp.

Größe 15 cm

Schwierigkeitsgrad Mittel

Beleuchtung Hell

Strömung Mäßig

Bemerkungen Bei diesen ungewöhnlichen Korallen führen die einzelnen Polypen unabhängig voneinander alle paar Sekunden regelmäßige Pumpbewegungen aus, um sich mit Sauerstoff zu versorgen. Unter optimalen Bedingungen breiten sich die Korallen schnell aus, wobei sich neue Kolonien gern an höhere Korallenskelette heften, weil sie in den oberen Wasserzonen besser an Nahrung gelangen.

Krustenanemone *Zoanthus* spp.

Größe 5 cm

Schwierigkeitsgrad Mittel

Beleuchtung Mittel

Strömung Mäßig

Bemerkungen Die einzelnen Polypen sind bei den sehr variabel gefärbten Arten dieser Gattung recht klein, aber da sich die Korallen unter optimalen Bedingungen schnell ausbreiten, überziehen sie häufig größere Flächen. Oft kann man beobachten, wie sich die Mundscheiben um Nahrungspartikel schließen, die nach einer Fütterung in ihre Nähe gelangen.

STEINKORALLEN

Margeritenkoralle *Goniopora stokesi*

Größe 20 cm

Schwierigkeitsgrad Schwierig

Beleuchtung Mittel

Strömung Mäßig

Bemerkungen Diese häufig im Fachhandel angebotene, aber nicht ganz einfach zu haltende Steinkoralle ist vor allem wegen ihrer attraktiven Färbung und der Art und Weise, wie sie in der Strömung treibt, sehr beliebt. Wichtig ist, dass die Art mit ausreichend Plankton versorgt wird; andere Korallen setzt man besser nicht in ihre Nähe, denn es handelt sich um eine sehr wehrhafte Art.

Blasenkoralle *Plerogyra sinuosa*

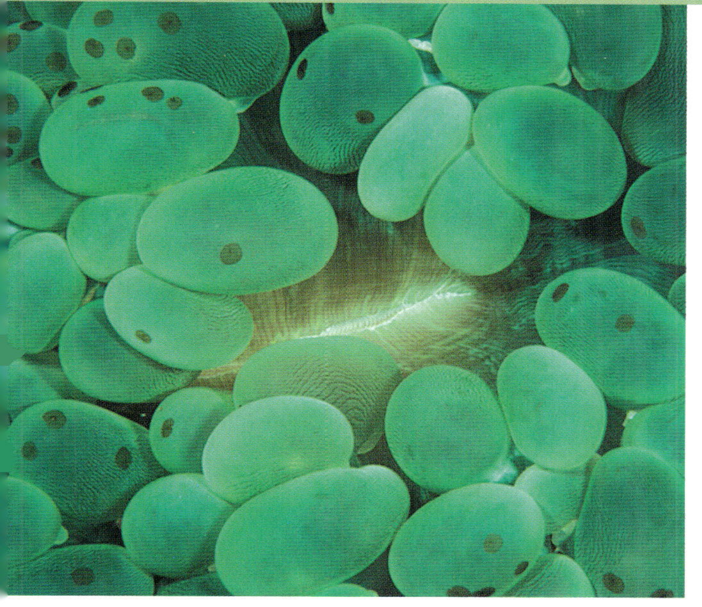

Größe 15 cm

Schwierigkeitsgrad Mittel

Beleuchtung Hell

Strömung Stark

Bemerkungen Diese attraktive Art gehört zu den Steinkorallen, deren Haltung nicht ganz so schwierig ist. Unter optimalen Bedingungen wachsen die Exemplare oft so gut, dass sich Seitenableger bilden, die man leicht abtrennen kann. Aber auch zu groß gewordene Kolonien lassen sich zumeist gut teilen. Bei einer zusätzlichen Fütterung mit Fisch oder Krebsfleisch wachsen die Korallen oft deutlich besser.

Wulstkoralle *Trachyphyllia* spp.

Größe 20 cm

Schwierigkeitsgrad Schwierig

Beleuchtung Hell

Strömung Mäßig

Bemerkungen Die manchmal auch Hirnkorallen genannten Organismen können ganz unterschiedlich gefärbt sein, wobei einige sogar fluoreszierend wirken. Es empfiehlt sich, sie nicht auf Steine, sondern direkt auf den Boden zu setzen, da dies ihrem Wachstum am natürlichen Standort am besten entspricht. Leider gehören die Mitglieder dieser Gattung zu den Steinkorallen, die nicht ganz einfach zu halten sind.

Weitere Wirbellose

Es gibt zahlreiche wirbellose Meeresbewohner, die sich gemeinsam mit Fischen und Korallen in einem Riffaquarium halten lassen. Von diesen sollen hier einige der häufig angebotenen Arten vorgestellt werden, wobei es sich vor allem um bewegliche Tiere wie Garnelen und andere Krebse handelt, aber auch unbewegliche, etwa Muscheln (siehe S. 204). Sollten Sie in Ihrem Zoofachgeschäft hier nicht erwähnte Wirbellose sehen, empfiehlt es sich, zunächst genaue Information über diese Tiere einzuholen, denn nicht alle sind verträglich, und viele brauchen zudem ganz spezielle Bedingungen.

Unterschiede bei der Haltung

Bei der Haltung von Wirbellosen gibt es große Unterschiede. So sind einige recht leicht zu pflegen, etwa der Pfauenfederwurm (*Sabella pavonia;* siehe S. 252) oder auch Einsiedlerkrebse (*Pylopagurus* spp.), während sich Anfänger an vielen anderen Arten besser nicht versuchen sollten.

Fütterung

Schnecken und Krebstiere suchen sich ihre Nahrung normalerweise selbst. Zumeist handelt es sich dabei um Fischfutterreste, aber auch im Becken wachsende Pflanzen werden oft gefressen. Der Pfauenfederwurm (*Sabella pavonia;* siehe S. 252) ist auf das angewiesen, was ihm das Wasser an Nahrung zutreibt, so dass diese Tiere nur dort leben können, wo eine leichte Strömung herrscht. Die Mördermuschel (*Tridacna* spp.; siehe S. 253) wird von Algen mit Nahrung versorgt, die in ihrem Gewebe wachsen. Daher benötigt sie vor allem einen Platz mit hellem Licht.

Langsame Anpassung

Wirbellose reagieren auf Veränderungen des Salzgehaltes und anderer Wasserparameter sehr empfindlich, so dass man sie nach dem Kauf langsam akklimatisieren muss. Dennoch sollten Sie auf diese Organismen in Ihrem Riffaquarium nicht verzichten, denn in vielen Fällen erfüllen erst die verschiedenen Wirbellosen das Becken mit Leben und Farbtupfern. Ein abwechslungsreich gestaltetes Riffaquarium ist ein faszinierender Anblick, wobei die Einrichtung auch Anfängern möglich ist. Allerdings muss es sorgfältig geplant und mit allen notwendigen Hilfsmitteln ausgestattet werden (siehe S. 222–223). Anschließend gilt es dann, auf eine gleich bleibend gute Wasserqualität zu achten, aber auch auf eine optimale Beleuchtung und die richtige Fütterung der im Becken lebenden Tiere, weil der hübsche Anblick sonst nicht lange erhalten bleibt.

Tipp

Achten Sie beim Kauf von Garnelen darauf, dass sie vollständig ausgefärbt und aktiv sind. Außerdem müssen alle Beine unverletzt und vollständig vorhanden sein, ebenso wie bei Seesternen die fünf Arme. Pfauenfederwürmer sollten auf im Wasser schwimmende Nahrungspartikel reagieren, und Mördermuscheln müssen nicht nur eine kräftige Färbung aufweisen, sondern ihr Mantel muss die Schalen vollständig ausfüllen und am Rand noch ein wenig überstehen, wenn sie vollständig geöffnet sind. Wichtig ist aber auch, dass die Muscheln im Zoofachgeschäft in einem Becken mit heller Beleuchtung gelebt haben. Andernfalls sollten Sie von einem Kauf absehen.

Blauer Seestern *Linckia laevigata*

Größe 15 cm

Schwierigkeitsgrad Schwierig

Riffbeckeneignung Ja

Bemerkungen Der Blaue Seestern ist ein Blickfang für jedes Aquarium, reagiert aber auf Veränderungen des Salzgehaltes und der Temperatur sehr empfindlich. Überprüfen Sie beim Kauf, ob der Magen auch nicht ausgestülpt ist, weil dies häufig auf gesundheitliche Probleme hinweist. Gesunde Seesterne sind eine Bereicherung für jedes Becken, auf die man nicht verzichten sollte.

Atlantische Weißband-Putzergarnele *Lysmata grabhami*

Größe 7,5 cm

Schwierigkeitsgrad Mittel

Riffbeckeneignung Ja

Bemerkungen Ihren Namen verdanken die auffällig gefärbten Putzergarnelen ihrer Neigung, Fische zu „putzen", also von Parasiten und Hautresten zu befreien. Man kann sie in Gruppen oder auch einzeln halten; die Weibchen lassen sich manchmal daran erkennen, dass sie Eier mit sich herumtragen. Die tagaktiven Tiere können mit unterschiedlichstem Gefrierfutter ernährt werden (siehe S. 164–165).

Variabler Seeigel *Lytechinus variegatus*

Größe 7,5 cm

Schwierigkeitsgrad Leicht

Riffbeckeneignung Ja

Bemerkungen Seeigel sind nicht zuletzt deswegen sehr bliebt, weil es sich um Aasfresser handelt, die helfen können, das Becken sauber zu halten. Die hier vorgestellte Art ist hübsch gefärbt, und sie hat zudem kürzere Stacheln als viele ihrer Verwandten, so dass bei ihrer Haltung einer geringere Verletzungsgefahr besteht. Allerdings grasen die Tiere häufig erwünschte Algen von den Steinen ab.

Pfauenfederwurm *Sabella pavonia*

Größe 15 cm

Schwierigkeitsgrad Leicht

Riffbeckeneignung Ja

Bemerkungen Wie andere Röhrenwürmer, ist auch der Pfauenfederwurm einen Nahrungsfiltrierer, so dass die Tiere kein helles Licht benötigen; zur Futteraufnahme dient die auffällige Tentakelkrone. Man setzt die Würmer am besten auf den Bodengrund oder in Gesteinslücken, wo sich gesunde Exemplare ständig außerhalb der Röhren zeigen werden. Vermeiden muss man eine Vergesellschaftung mit Fischen, die gern die Tentakel abfressen, etwa Zwergkaiserfische (siehe S. 231–232).

Gebänderte Scherengarnele *Stenopus hispidus*

Größe 10 cm

Schwierigkeitsgrad Mittel

Riffbeckeneignung Nein

Bemerkungen Diese beliebten, hübsch gefärbten Garnelen sollte man nicht in Riffaquarien halten, weil sie dort oft zu einem Ärgernis werden. So fallen ihnen häufig kleinere Wirbellose zum Opfer, und sie vertreiben nicht selten sogar Einsiedlerkrebse aus ihren Gehäusen, um sie zu töten und zu fressen, so dass schließlich nur noch die Scheren übrig bleiben. In anderen Aquarien ist Einzel- oder paarweise Haltung möglich.

Mördermuschel *Tridacna* spp.

Größe 30 cm

Schwierigkeitsgrad Schwierig

Riffbeckeneignung Ja

Bemerkungen Diese Muscheln sind mit ihrem auffällig gefärbten Mantel (dem fleischigen Teil in den Schalen), der Türkis bis Purpur sein kann, eine Bereicherung für jedes Riffbecken. Wichtig für die Haltung sind helles Licht (möglichst Halogen-Metalldampflampen; siehe Seite 208–209), Kalziumzugaben zum Aufbau der Schalen, sowie ausreichend Platz zum Wachsen. Eine Vergesellschaftung mit Zwergkaiserfischen (siehe S. 231–232) oder Grundeln (siehe S. 240) ist nicht zu empfehlen.

SERVICE

Zum Weiterlesen

Weitere Aquarien-Ratgeber aus dem KOSMOS-Verlag:
Beck, Peter: Aquarienpflanzen Grundkurs. Auswahl und Pflege.
Beck, Peter: Süßwasseraquaristik.
Dreyer, Stephan und Rainer Keppler: Das Kosmos-Buch der Aquaristik. Fische, Pflanzen, Wasser, Technik.
Gering, Claus-Peter: Aquarienpflanzen.
Gohr, Lutz: Meerwasseraquaristik.
Hiscock, Peter: Aquarien gestalten – nach dem Vorbild der Natur.
Kahl, Wally und Burkard und Dieter Vogt: Kosmos Atlas Aquarienfische. Über 750 Süßwasser-Arten.
Kasselmann, Christel: Pflanzenaquarien gestalten. Planen, pflanzen, pflegen. 100 Pflanzenarten auf einen Blick.
Kölle, Dr. med. vet. Petra: Fischkrankheiten.
Mayland, Hans J.: Diskus.
Osche, Claus: Lebendgebärende.
Ullrich, Martin: Buntbarsche.
Untergasser, Dieter: Krankheiten der Aquarienfische. Diagnose und Behandlung.
Vierke, Jörg: Welse.

Register